财智睿读

初为人师

——一群师范生的乡村教育顶岗实习田野报告

主编 王允健 李欣霖
指导/审订 齐健

早春，孕育着希望。
我们带着关切的期望到来，
准备着与自己的学生一起成长。

中国财经出版传媒集团
经济科学出版社
Economic Science Press

图书在版编目（CIP）数据

初为人师：一群师范生的乡村教育顶岗实习田野报告/王允健，李欣霖主编 .—北京：经济科学出版社，2021.9

ISBN 978-7-5218-2908-2

Ⅰ.①初… Ⅱ.①王…②李… Ⅲ.①乡村教育-教育实习-师范大学-文集 Ⅳ.①G725-53

中国版本图书馆 CIP 数据核字（2021）第 193383 号

责任编辑：于　源　李　林
责任校对：齐　杰
责任印制：范　艳

初 为 人 师
——一群师范生的乡村教育顶岗实习田野报告
王允健　李欣霖　主编
齐　健　指导/审订

经济科学出版社出版、发行　新华书店经销
社址：北京市海淀区阜成路甲 28 号　邮编：100142
总编部电话：010-88191217　发行部电话：010-88191522
网址：www.esp.com.cn
电子邮箱：esp@esp.com.cn
天猫网店：经济科学出版社旗舰店
网址：http://jjkxcbs.tmall.com
北京季蜂印刷有限公司印装
787×1092　16 开　18 印张　240000 字
2021 年 10 月第 1 版　2021 年 10 月第 1 次印刷
ISBN 978-7-5218-2908-2　定价：78.00 元
（图书出现印装问题，本社负责调换。电话：010-88191510）
（版权所有　侵权必究　打击盗版　举报热线：010-88191661
QQ：2242791300　营销中心电话：010-88191537
电子邮箱：dbts@esp.com.cn）

谨以此书献给我们亲爱的母校，以及有志于教育事业的后来者。

《初为人师》编委会名单

顾　问：林松柏　刘德增
策　划：李红艳　齐　健
指　导：齐　健
主　编：王允健　李欣霖
副主编：郑克真　邓景丽
　　　　张隆鑫　李婷婷
审　订：齐　健

序一
文质彬彬　然后君子

林松柏[*]

作为一所师范类院校，我校肩负着面向山东省基础教育培养优秀教师的神圣使命，在某种程度上，我校的人才培养质量将直接影响我省基础教育的发展提高和中小学生的成长成才。我一直在想，齐鲁师范学院培养出来的学生，不管将来是教师、工程师还是其他行业的专门人才，都应该独具这所大学应有的标志性特质。那么，这种特质是什么？我们又该如何去培养这种特质呢？……

三年前，我曾在我校的新生开学典礼上和同学们共同交流过这样一个话题——"文质彬彬，然后君子"。现在，当这部由我校2015级历史学专业师范类本科生在他们的老师指导下，独立执笔编著完成的乡村教育顶岗实习田野报告《初为人师》一书正式出版之际，我想再次以这个话题与当下正在就读的青年学子——尤其是广大师范类专业的学子们交流与共勉。

"文质彬彬，然后君子"语出《论语·雍也》。《现代汉语词典》对"文质彬彬"的解释是：原形容人既文雅又朴实，后来形容人文雅有礼貌。我觉得，单纯这样的理解，恐怕还远远达不到"然后君子"的要求。为了把这个问题讲清楚，我们有必要回到原典去理解什么是"文质彬彬"。

---

[*] 林松柏，齐鲁师范学院党委副书记、校长，教授、博士生导师。

《论语·雍也》中的原文是："质胜文则野，文胜质则史。文质彬彬，然后君子。"这里的"质"不仅仅指人的朴实本性之质，还应包括孔子所倡导的仁义忠信的道德本质，"行修言道，礼之质也"。这里的"文"，不仅仅有文雅之意，还具有大致相当于我们今天所说的"文化教养"的含义，包括当时的礼节仪式、诗书文章与六艺等。"彬彬"，是物相杂而适均之义，指文、质之间有一个合宜的平衡、调配。一个人如果只依其朴实的本性而行，率性而为，不经过文化教养，最终难免会流于简单、粗野；如果文化雕琢掩盖了他的朴实本性和品德本质，过分强调外在的修饰和形式，那又会流于虚伪、浮华。因此，君子既不是质过于文的粗野、率性之人，也不是文过于质的虚假、伪饰之人，而是在文、质之间配合恰当、相得益彰，也就是要达到"文质彬彬"。

翻开《论语》，有关君子的论述俯首即是："君子成人之美""君子坦荡荡""君子泰而不骄""君子和而不同""君子尊贤而容众，嘉善而矜不能"等。概括而言，这种理想的君子人格至少具有以下三大特征：

第一，君子是仁义道德之人。在《学而》篇中，孔子说："弟子入则孝，出则弟，谨而信，泛爱众，而亲仁。行有余力，则以学文。"在孔子看来，君子首先要有道德修养，恭谦有礼、诚信自重，是具备仁、德、义、礼、信、勇、和、忠、孝、悌等各种美德的有德者。我校校训中的"崇德象贤"，就是倡导同学们追求、效仿君子般的仁义道德品质。

第二，君子是博学好学之人。理想的君子不仅仅是有德者，还必须"行有余力，则以学文"，而且必须"博学""好学"，成为一个有知（智）者。《述而》篇中提道，"子以四教：文、行、忠、信"。就是说，孔子不仅以德行、忠信来教育学生，还重视古圣先贤传承下来的文章典籍的教育，不仅要求"君子博学于文，约之以礼"，而且要"敏而好学，不耻下问"。《论语·阳货》篇中特别强调好学的重要性：

"好仁不好学,其蔽也愚;好知不好学,其蔽也荡;好信不好学,其蔽也贼;好直不好学,其蔽也绞;好勇不好学,其蔽也乱;好刚不好学,其蔽也狂。"如果没有博学、好学,则会出现"质胜文则野"的问题。我校校训中的"博学明道",正是倡导同学们追求君子般的博学好学品格。

第三,君子是品位高雅之人。孔子理想中君子人格还须具备极高的艺术品位和鉴赏能力,要成为一个有品位者。《述而》有言:"子在齐闻《韶》,三月不知肉味。曰:'不图为乐之至于斯也。'"孔子曾说人"立身成德之法"为"兴于诗,立于礼,成于乐"。强调诗歌、音乐、舞蹈等艺术形式在涵养人之性情、洗涤人之污俗方面的作用,在品鉴、赏析之间感悟美的享受,有助于教人向善成德。

中华优秀传统文化在每个中国人心底都埋有一颗君子的种子。"君子一言,驷马难追""君子爱财,取之有道""君子动口不动手"等民间俗语可谓妇孺皆知;"天行健,君子以自强不息""地势坤,君子以厚德载物"等经典佳句,也是耳熟能详。君子已经成为中华民族千锤百炼的人格基因,成为数千年中华传统文化塑造的理想人格。君子文化也已经成为中华传统人文话语体系的重要组成部分,在中华民族数千年发展历程中,君子文化推动了道德经验和道德情感的人格升华、自强不息民族精神的涵养提升、尊道崇德价值观的弘扬引领,文质彬彬的谦谦君子已经成为公认的做人标准。

在我校70余年的办学历史中,我们秉承"学高为师、身正为范"的教师教育优良传统,形成了文化育人的办学特色。"博学明道、崇德象贤"的校训,则集中体现着我校育人特色中的君子文化特质。所以,我希望同学们从入学的第一天起,就能够时时铭记校训,"博学明道、崇德象贤",激活自己心中那颗君子的种子,倡行君子文化,让君子这颗带有中华民族基因的种子能够世代相传。

我希望,同学们在自己的大学生活中,能够处处践行我们的校训,

"博学明道、崇德象贤",用君子的标准来要求自己,勤勉好学,修德敬业;心怀三畏,即"畏天命,畏大人,畏圣人之言";躬行四绝,即"毋意、毋必、毋固、毋我"不凭空臆测,不绝对肯定,不拘泥固执,不自以为是;常怀九思,即"视思明,听思聪,色思温,貌思恭,言思忠,事思敬,疑思问,忿思难,见得思义",做一个真正有德、有知、有品位的谦谦君子。令人高兴的是,通过本书中同学们所记述的一个个生动的顶岗实习生活成长故事,让我们切身感受到了这些青年学子为践行"博学明道、崇德象贤"校训精神和弘扬"学高为师,身正是范"优良传统而做出的努力,在他们身上体现出了一种对"谦谦君子"品格的自觉追求。

由此,我更期待并相信,当同学们离开母校,走向社会,走上工作岗位——尤其是走上教育工作岗位以后,都能够继续自觉传承和弘扬我校"博学明道、崇德象贤"的校训精神,让文质彬彬的君子之风真正成为从我校校门走出去的一届又一届学子们的共有特质,并能潜移默化地影响和感召着未来你们所执教的一代又一代青少年学生,成为他们成长道路上学习的表率!

——努力吧,同学们!

谨以此代为序。

2021 年 9 月 10 日教师节,于齐鲁师院

序二
走向希望的田野

李红艳[*]

对于一个学习历史的人来说，时空观念很重要。许多时间需要记忆，甚至是刻骨铭心的记忆；许多空间需要熟悉和掌握，因为历史上的人和事都发生在特定的空间里。如今即将付梓出版的这部《初为人师》，是两年前尚在我院读书的2015级师范类历史学专业的本科生们在他们的老师齐健教授的指导下完成的。虽然如今这届学子已经毕业两年多了，但我总觉得校园里似乎还留存着他们的气息，43位同学的模样依然清晰地印在我的脑海里，至今难以忘怀。

从某种意义上讲，人类进步中所开辟的每一个领域都是一片希望的田野。从这个角度来讲，凡是涉及学校教育实践活动的领域也都可以看作教育的"田野"。我校作为一所地方性师范院校，主要从事中小学教育及学前教育师资的培养工作。其中，我们学院的师范类历史学专业人才培养的方向，主要就是面向区域最为辽阔的基础教育的广大基层学校这片"田野"的。毋庸讳言，在当下我国的基础教育领域，城乡学校之间的教育资源（特别是师资队伍）差距还是客观存在的，而我们所要培养的面向基础教育的师资后备力量，则就是要致力于缩小这种差距，为实现城乡学校教育的均衡发展，尤其是能使所有的孩子——尤其是广大农村的孩子——都能享有"师德高、能力强"的高水平师资的优质基础教育而着眼的。基于此，我们先后在省内部分地区的基层学校建立了师范生教育实践基地，定期组织师范生去基层学

---

[*] 李红艳，齐鲁师范学院历史与社会发展学院院长、教授。

校进行教育见习、教育实习，以及开展教育研习活动。其中，教育实习是师范生将专业知识和理论、教学理论和方法与教学实际相对接的主阵地，是每一个师范生必须接受的实战训练；而教育研习则是师范生对基础教育进行的实地调研和考察后习得的认知和感悟。从这个层面来说，本书即可以看作我们学院的师范生进行教育研习的一项成果。

在探索历史学专业师范生培养方面，我们经过多年的教育教学实践，逐步形成了"3C"特色和针对性较强的培养体系，即以"文化涵育（culture）、能力引领（capability）、田野见长（countryside）"为特色，以发展学生综合素质为目标、以齐鲁文化为根基、以培养学生教学能力为重心、以教育田野实践为途径的针对性较强的师范生培养体系。而这一特色和培养体系的形成，与近年来我们省、我们学校每年一度的师范生下乡顶岗实习活动有着一定的关系。

自2016年开始，我们学院历史学专业的每一届师范生都要分赴山东省基础教育状况比较薄弱的乡镇学校进行为期整整一个学期的顶岗实习活动，作为本书作者的2015级历史学专业全体师范生便是其中的亲历者之一。2018年3月，他们分别下沉到地处于山东省基础教育最基层、师资力量最薄弱的部分地区的乡镇中小学，开始了长达四个多月的带有支教性质的顶岗实习生活。这批新时代的年轻学子，面对住宿条件、生活条件、交通条件等各种困难，以及实习中的专业不对口、学段不对口等工作安排的大挑战，经历了人生中第一次大考验。坦率地说，如果不是当时我曾去过学生顶岗实习的一些学校，亲眼看见他们的实习环境和生活条件，很多事情是难以置信的。说实话，我对顶岗实习支教安排也曾一度不解：这种与学生们所学专业不对口的"安排"合适吗？这样的"实习"能有什么效果呢？……后来，当我到那些乡镇实习学校走访、探望学生们的时候，才了解到这样一个事实：由于各种原因所导致，目前在许多乡镇中小学的师资力量依然非常薄弱，极度匮乏！可能也正是因为这种现实情况，我们学院在基层顶岗实习的学生就成了那些农村学校领导心目中的"宝贝"。因为，这些前来顶岗实习的大学生们至少可以缓解他们学校一个学期因师资短缺而开不全课程的教学压力！所以，在那些校长们的眼中，这些实习生无疑就是可以暂时缓解学校师资短缺的"救火队员"啊！

这就是我们现实的农村学校原生态"教育田野"里的一个实际状况，这也是我们的师范生真正深入认识基层中小学教育面貌的第一课堂。只有深入最真实的基层一线，才能锤炼学生们的品质，才能检验学生们的实际能力，才能考察学生们的综合素养，才能厚植学生们的教育情怀。很多时候，人才的培养可能恰恰就需要这样出乎意外的一种熔炉般的淬炼，才能使得他们获得生活的免疫力，才能使得他们练就鹏程万里的本领。

让我感到开心的是，我们学院前去乡村学校顶岗实习支教的学生，不仅在课堂上带出了好成绩，获得了所教班级学生的喜爱，教学能力得到了提升，而且对于教育的责任感和使命感也获得了长足的增强。在这期间，有的学生实习一个月就开始上公开课、示范课，代表实习学校参加县区教学大赛，有的学生不仅带多个班级还带多个年级的不同课程，有的学生还积极参加学校的各种考评准备工作，以及积极组织学校的各种文化体育活动，等等。当我在走访中听到校长们和实习学校的指导老师们对他们交口称赞时，我真的是为他们感到由衷的骄傲和自豪！而当他们顶岗实习结束返校的时候，从他们带回来的所教班级成绩单上，从他们手里捧着实习学校让他们带回来的"感谢信"中，从他们身上所带回来的质朴的乡土气息里，特别是当他们拿出自己所教的孩子们写给他们的小卡片、送给他们的亲手制作的小礼物，自豪地"炫耀"着那一张张与天真烂漫的孩子们欢乐在一起的合影时，他们那种溢于言表的发自内心的幸福感、自豪感，都让我强烈地感受到：他们经历了风雨、懂得了不易、成熟了心智。这让同为教师的我，也品尝到了一份发自内心的欣慰与甜蜜。

在这里，我想向大家介绍一下我院 2015 级历史学专业这个班级，以及让他们尝试编著这部书稿的初衷。在四年的大学学习生活中，这个班级的同学们曾见证了教育部对我校的本科教学合格评估，并发起创办了我院的学生院刊《史界》，创建了多个学习社团。他们在齐健教授的指导下，还曾在国内中学历史教学界影响较大的《中学历史教学参考》专业期刊的首要位置上，发表了他们对历史学科核心素养问题的两万余言的课堂专题讨论成果，引起历史教学界的广泛关注和好评；他们还曾连续三年被评为校级优秀班集体，并被授予省级优秀班集体和学校学风建设先进班集体等荣誉称号，等等。2018 年春季，当他们即将奔赴基层学校进行顶岗实习支教前夕，为这个班级开设"历史课程与教学论"等学科教育课程的齐健教授向学院建议，交给他们一个特殊任务：顶岗实习期间，要求每人每天都坚持写一篇实习日记。他认为，如果同学们都能坚持将实习日记写下来，那么这无论是对于这些学生自身的专业成长，还是对于我们学院今后不断研究、改进师范生的培养工作，乃至对以后历届各专业的师范生深入了解基层学校教育实际和进行教育实习活动等，都是一笔不可多得的具有指导意义和参考价值的宝贵财富。我们学院党政班子认为，这是一个非常好的建议。于是，在实习动员大会上，我们就一并将这项任务布置了下去。说实话，尽管任务布置了，但他们能不能完成任务，我当时并没有很高的期望值。但没想到的是，当整整一个学期的顶岗实习支教活动结束时，他们竟然真的满载而归：不仅每位同学的教学技能得到大幅度提升，而且还积累了厚厚的 30 多万字的顶岗实习札记。同年秋季，我院历史学专业的师范生首次获得了参加山东省高校师范生从业技能大赛的资格，这个班共有 4 名同学参加决赛，最终取得了两个一等奖、一个二等奖和一个三等奖的优异成绩，在全省各高校中位居前三。更让我高兴的是，这个班级的同学大学毕业后仅仅过了两年多的时间，就有不少从事基础教育工作的同学已经成长为所在学校的教学新秀了。

今天，当见证着我校师范生专业成长的足迹和凝聚着我院2015级历史学专业学子的汗水，以及真实记述他们在基层磨砺中奋力前行的心路历程的这份成果，在校领导的大力支持下即将付梓出版之际，往日的点点滴滴不禁再次涌上我的心头。由此，我遂将以上这些片段回忆写下来，以作为对他们的深切纪念，并衷心祝愿他们在齐鲁大地的基础教育田野上不忘初心，勤于耕耘，立德树人，砥砺前行。

是为序。

2021年9月10日夜，于济南花园庄

目录
CONTENTS

引　言◎早春，去远方 /1

第一章　走向基层 /5

　　一、启程，出发 /10

　　二、初识"顶岗"校园 /21

　　[师说] /54

第二章　师者何为 /57

　　一、"见贤思齐" /62

　　二、"见不贤而内自省" /83

　　三、失衡的教育资源配置 /92

　　[师说] /98

第三章　初登讲台 /101

　　一、课堂初体验 /104

　　二、现实之挑战 /114

　　三、反思中成长 /129

　　四、采撷金果实 /149

　　[师说] /159

第四章　乐在其中 /163

　　一、与纯真相伴 /168
　　二、为师之乐趣 /197
　　三、与家长相遇 /203
　　四、关爱的力量 /207
　　[师说] /213

第五章　学着生活 /217

　　一、"一箪食，一瓢饮" /221
　　二、一心一陪伴 /235
　　三、一花一世界 /245
　　[师说] /256

尾　声　盛夏，正当时 /259

后　记 /263

跋　成长无止境 /265

引言
早春，去远方

从小学到大学，十几年来，我们已经习惯于静坐教室，或全神贯注，或奋笔疾书，或神游寰宇，演绎着作为学生的万千模样。青葱与年少，写在我们每个人学习生涯的扉页上，那些学生时光，少了些岁月如歌的感叹，多了些对明天的憧憬。

2015年9月。济南，章丘区文博路2号。没有夏末的余热，也不见初秋的清冷，我们43名刚刚告别了高中时代，怀揣着美好梦想的青年人在这里初次相遇、相识，并由此开始了属于我们的大学故事。也许这是命运，但我们更愿称之为缘分。我们可能承载了家人、师友太多的期盼，我们也愿意将那些期盼扛在肩上，以期成为无愧于历史担当的一群新人。我们是校园操场开学典礼上的马扎方队，我们是元旦晚会舞台上的歌手与舞者，我们是徜徉于古村落进行田野考察、记录口述历史的见证者，我们也是探讨基础教育教学前沿问题的后来人……这是一个勇于挑战、敢于创新的"我们"，这是一个被叫作齐鲁师范学院历史与社会发展学院2015级历史学专业本科班的"我们"。

2018年3月。尚未温暖的早春里，早已褪去了初进师院校门时的懵懂与无知的我们，背起简单的行囊，挥挥手告别我们朝夕相处了三年的校园，踏上了去往乡村顶岗实习支教的行程。背上的行囊里装着的有期待，有忐忑，当然，更有我们这些已是大三的师范生的真心、真情与真爱。载着我们的大巴车在看似遥远的奔赴顶岗实习支教基层的高速路上疾驶，但我们知道，比这条有形的道路更为遥远的，是我们的学为人师之路，更是我们未来漫长的教师职业生涯之路！当脚步声回荡在通往为师实习第一课的校园走廊上时，有人慌张，有人彷徨，有人脚步急促，也有人步履迟缓，一切都像一个故事开始时的模样。但当时我们并没有意识到，一簇基础教育园地里稚嫩的幼苗，就这样悄然开始了属于你、我、他的成长……

历史的责任是回望过去，以有益于未来；师者的使命则是教书育人，能托起万千英才。而当这两者结合起来，便是足以创造一个璀璨明天的。正因为如此，我们感受到手中的粉笔，虽细小却又分外之重。即使我们中的多数人在这期间因承担了其他诸多学科的教学任务，而遗憾于未能作为一名历史学科本专业教师的身份站立在讲台上，但"历史"赋予我们的责任感却从未熄灭我们热爱教育的理想之火！我们在教学与生活中，寻找学习榜样，探究教育问题，构想未来愿景……或许，这就是我们在顶岗实习支教的岁月里用诚心所绘就的最真实的写照。

是的，我们可能无缘成为那种娇艳夺目而又芳香浓烈的玫瑰，但我们即便就是那乡间路旁的一株株籍籍无名的小草，却也冀望着能以自己的微薄之力，在那偏僻、荒寂的土地上努力铺就一抹充满生机的新绿，并能散发出一种可以润泽乡村美好未来的生命的蓬勃气息！

——早春，孕育着希望。

我们带着关切的期望到来，

准备着与自己的学生一起成长。

现在，就请跟随我们的记述，一起从那个早春的清晨开始，走向基层，走向乡村，走向处在中国教育最基层的乡村幼儿园、乡村小学和乡镇中学，一起重温我们这群"95后"师范生在那些地方顶岗实习支教的日日夜夜和点点滴滴……

第一章
走向基层

> 我不去想是否能够成功，既然选择了远方，便只顾风雨兼程。
>
> ——汪国真

到基层教育教学的第一线去！高校师范生的教育实习首先便是这样要求同学们的。不可否认，在高校中专业理论知识的学习固然重要，但是对于师范生来说，到基层学校亲身体验课堂教学更是不可或缺的重要部分。亲身实战的教育教学经历，是师范类学生对于未来职业生涯的初体验，也是他们今后人生道路上十分重要的一个精神源泉。

顾名思义，所谓"顶岗实习"是指师范生在完成基本的专业知识与教学技能的学习后，到专业对口的教育教学现场直接参与工作过程的一种带有支教性质的实践性学习方式。顶岗实习生前往的地方，一般都是师资力量比较薄弱的基层乡村学校。2006年，河北师范大学率先实施"顶岗实习"工程，较早地安排师范类专业在校学生下乡顶岗支教，意在破解当时农村教育所面临的师资"人才荒"，并同时提高师范类大学生的从教技能，以更好地服务社会，服务教育。该工程的实施在社会上获得了较大反响。2007年，教育部针对师范生的教育实习工作，出台了《教育部关于大力推进师范生实习支教的意见》，其中提道："要引导师范生深入基层，了解国情，增强社会责任感和使命感……各地要创造有利条件，积极安排和接收高等院校师范生到农村学校进行实习支教。"此后，在2016年《教育部关于加强师范生教育实践的意见》中，进一步提出教育实践仍然是教师培养的薄弱环节，并再次重申"鼓励引导师范生深入薄弱学校和农村中小学，增强社会责任感和使命感……中小学要将接纳师范生教育实践作为应尽义务和重要责任"。教育部这两个意见的提出，体现了对于师范生培养问题的高度重视。师范生不仅仅需要学习教育理论，也并不是只要在理论上学会如何上课，就能真正学会如何做一名教师了。只有深入基层第一教学现场，师范生才能真正将自己的学生身份转化为教师身份，再去体验课堂，总结经验，最终形成独属于自己的教学理论。而从现实情况看来，省会以及一些大城市的教育水平和师资力量相对小县城和乡镇来说要高一些、充足一些，教师缺口也相对要少一些，所以师范生前去顶岗实习的地方，一般都是那些经济尚欠发达、教育水平相对薄弱的地区。不过，对此我们已经做好了足够的思想准备。事实上，我们也都很清楚：只有真正到最基层的乡镇、农村学校去体验生活、体验课堂，才能更好地了解当下中国乡土社会和乡村教育的现状。

于是，在2018年3月初的那个春寒料峭的清晨，我们齐鲁师范学院2015级历史学专业的43位同学收拾好行囊，开始踏上了到乡村基层学校顶岗实习支教的路途。我们的顶岗实习支教活动共分为三路，目的地分别是鲁西北平原地区的D县和G县，以及鲁中丘陵地区的X县。其中，D县和G县的经济发展状况在鲁西北地区属于中上游水平；而X县则曾被评为省级经济强县之一。所以，总体来看，这三处地方的经济发展状况在山东省都处于相对较好的水平。但令人意想不到的是，在这些地方的乡村学校里，却普遍存在师资队伍人手严重短缺，开课捉襟见肘的窘状。这是我们所面对的第一个深感意外和不解的现象。

我们都知道，一般来说，城区的教育总要比乡镇好一些，不管是教育资源还是师资力量。同时，生活条件自然也会比在乡镇要方便一些。所以，坦率地说，一开始，我们这些大多是家里独生子女的同学，心里多多少少地还是期望着能够被分在城区学校里顶岗实习的。不过，我们也知道这只是一种奢望，事实是同学们所去顶岗实习的学校，基本上都是分布在这三个县区较偏远的乡镇农村，而被留在城区学校里顶岗实习的同学只是极少数。乡镇农村学校的生活条件，目前还是无法与城区学校相比。我们有些同学所去的地方，交通条件不太便利，住宿条件也比较简陋，有些学校干脆是直接挤出一间教室来给我们做宿舍的；有些乡镇学校不能每天都供应自来水，在那里顶岗实习的同学只能在每天中午特定的时间点提着水桶接水存起来使用；等等。其实，对于可能遇到的诸如此类的生活上的种种不便，大家事先是有一定的心理准备的，所以当我们在真正到达了顶岗实习地点，面对自己所处的或好或差的实际生活环境时，大多能够做到坦然接受，安之若素。

不过，让我们始料未及的是，我们这些历史学专业的师范生被分配任教的课程却是五花八门，大大出乎我们的意料。起初，我们是抱着能够在顶岗实习过程中实践自己所学的历史学专业的期盼的，然而，事实上却很少有人能够真正在中学担任一名历史学科的实习教师，大部分同学被分派到了当地的小学，甚至还有一些同学被分到了幼儿园。分在幼儿园的同学每日的工作任务就是照顾好那些三五岁的小孩子，分在小学的同学则基本上负责的是语文、数学、美术、体育、道德与社会、自然与科学等课程，分在初中和高中的同学也有不少是担任语文等其他课程的教学工作。这样的"无准备之仗"难免会让我们觉得慌张，好在大家拥有足够的自信，不论分配到哪里，分配到哪个学科，尽管心中有一些忐忑，但都能够排除万难，尽快适应，认真备课，表现得还是相当淡定的。

时间回到我们出发启程的那一天，当载着我们的大巴车缓缓驶离师院校门的那一刻，同学们或激动，或憧憬，或怅惘，或忐忑……说不清的各种思绪充斥在胸间。"纸上得来终觉浅，绝知此事要躬行。"走向基层，同学们心中的千万种幻想终于有了它的模样，虽然基层的生活条件各异，但却用同样的声音告诉大家要坚强。面对一个个完全陌生的生活环境与教学环境，我们43颗年轻的心里面，装着同样的信念，那是对自己的鼓励，鼓励自己努力适应；那是对自己的宽慰，宽慰自己磨砺成金；那是对自己的警告，警告自己要努力做到"行为世范"。

从我们踏上出发的大巴车，到达那些我们顶岗实习支教的最基层的乡村学校，这已然是一种成长。剩下的，还怕什么呢?!

一、启程，出发

（一）前程未知的内心纠结

从安逸的师院校园即将走入社会，走入环境各异的乡镇基层学校，我们这些"95后"的心中难免有些抗拒情绪，害怕环境艰苦，害怕孤独，害怕无法胜任教学角色，等等。面对茫茫未知的顶岗实习支教的乡村学校、将要一起共事的同事、陌生的生活环境，还有那些将要朝夕相处的孩子们，我们心中的恐惧与不安在所难免。就像有人所说的那样：生活就像一盒巧克力，不去尝试就永远也不知道那种滋味。回想那个时候，我们纵然内心有些忐忑甚至抗拒，但仍坚定地走了下去。一句"既来之，则安之"，成了当时同学们给自己最好的强心剂。那时，我们内心的感受，就如同学们所口述的那样五味杂陈：

韩　雪：自小我便是恋家的人，只身来省城上学已经是我独自长时间离家所到的最远的地方了，而我们此次的顶岗实习地点无一不是更远的、陌生的。在顶岗实习通知下来的那天，同学们（包括我）叽叽喳喳地忙了一整天，或找学长学姐，或找上个学期实习过的其他专业的同学打听各地的实习情况，为了自己将要开始的为期半年的顶岗实习生涯做各方面的准备。心里想着：做老师也许并不难，我再怎么说也是师范类专业科班出身，即便没有实践，但总归在理论上和心理上还是做好了自认为"万全"的准备了。

可等我寒假结束回校真的要去实习地时，紧张感却突然遍布全身，总不自觉地在想：实习学校的孩子们是否会听话？同学校的老师是否好相处？怕自己的教学功力不足耽误了孩子们，怕自己的暴脾气会忍不住发火，等等。就这样，自己在寒假里做了一个多月无忧无虑的"懒猪"，到临出发的两天却日日焦虑得吃不下饭，夜夜不能安眠。结果，我在寝室里收拾东西准备离开的时候，林林总总装满了十几个袋子、箱子，大到被褥、衣橱，小到针头线脑，件件都想一股脑儿的全都带上。收拾完东西，看着空荡荡的寝室，甚至还产生了一种我并不是去顶岗实习，而是真的毕业走上社会，到学校里教书育人的感觉！而这种感觉直到我坐上了开往顶岗实习目的地的大巴车才算是尘埃落定。我们班共有15位同学一起去往这个县，我在车上感觉时间过得太快了，我暗暗希望车子开得慢点、再慢点，要是能开上整整一天才到达最好！可是，事实上大巴车仅仅只花了两个小时，便把我们送到了目的地……

李欣霖：从出发那天开始，我就要在鲁西北平原上的那所乡镇中心小学度过为期4个月的顶岗实习支教生活了。还记得那天早上在师院的宿舍里慌慌张张收拾东西，一遍又一遍检查需要带的是否都带上了，直到在慌乱中坐上了送我们的大巴车。"真不想走啊！"看着从眼前掠过的那座朝夕相处的学校食堂，我内心里不禁暗暗这样想。

旅程是在睡觉中快速度过的。只用了不到两个小时的时间，我们就到达了顶岗实习所在县的接待站——当地县城一所由企业投资兴办的中学。这所学校的建筑设施都挺不错，我暗暗想："要是能够留在这里就好了！"但是，有位老师操着一口当地的方言过来通知我们，我的两个舍友留在这里实习，而我和阿航（高航）则需要到下面乡镇的某学校去。于是，我们俩把行李从大巴上取下来，又装到来接我们的一位老师的小车上，沿着一条两侧长着郁郁葱葱树木的乡村公路继续向基层一线进发。最终，我们到达了这个县规模比较小的一个乡镇驻地。

我们到达的时候，正巧这个小镇上正在修饰其主干道两旁的店面。据来接我们的那位老师介绍，这个乡镇有一所初级中学和一所中心小学。在生活方面，小超市、粮油店、服装店等，应有尽有，称得上是"麻雀虽小，五脏俱全"了。我一边听，一边心想：挺不错嘛，这比我自己原先想象得要好很多了……

朱林建： 身为一名师范生，什么事情才是大学四年的时光里最难忘的呢？于我而言，我觉得最难忘的时光莫过于长达一个学期的顶岗实习支教生涯了。

你问我在去乡村支教前会不会紧张？如果你真的知道我要去干的事情究竟代表着什么的话，你也许就不会有这样"无意义"的问题了。"支教"这个词说得已经很明白了，我要做的是成为学生们的老师。

我紧张的来源是什么？这个问题，我想用"恐惧"二字作答足矣。

现在想来，出发前的那天晚上，我并不是因为紧张而睡不着觉，说到底我是在害怕。今天的我还是一个师范院校的学生，而在明天之后，我就要踏上一个我从未见过的土地，并且成为一个"真正的"教师，承担起教书育人的重任了。

我害怕的东西有很多，如担心我不能很好地和其他教师前辈们以及学生们友好相处，担心我负责教授的科目不是我擅长的东西，担心我教不好孩子们拖了他们的后腿，等等。现在的我可能会很鄙夷那天晚上放空自己瘫倒在床上胡思乱想的我，并且对我自己发出一系列的犀利吐槽。

宁静的半夜，我可以把我大脑的思考运算功能发挥到极限，那时候的我别说是思考哲学问题，就是你让我做一个密码破解程序大概我都能够信手拈来。见鬼的是，两个小时的时间，我竟然没有想出来在明天之后应该以一个什么样的方式和身份去面对我的学生！

手表震了一下，我就像是得到了就寝信号的士兵一样闭眼，停止了思考，在舍友此起彼伏，但是比交响乐的效果差了不止十万倍的呼噜声"大合奏"里沉沉睡去。

那时候是凌晨两点，丑时，说不定我触犯了学校的"宵禁"条例呢，哈哈。

刘　冉： 2018年3月初，我们2015级师范类专业的大三学生响应"顶岗实习"的号召，走向了农村基层教学的第一线。出发那天，我一边收拾行李，一边心里感到忐忑不安。因为我要去的是一个陌生地方，而且不知道具体在哪里实习，所以一直很惶恐。坐在飞奔的大巴车上，我一直害怕自己被分到一个交通不便利的地方，或者只有自己一个人被分到某一个地方。虽然是为了教学实习，为了锻炼自己，但如果是自己一个人去到一个陌生的地方心里还是很慌乱的，没有安全感……

贾　琳：3月7日那天，我们坐着大巴车踏上了顶岗实习支教之路。说实话，我对这次顶岗实习没有多大的期盼，反而在心理上是有些排斥的，一是因为要去到一个自己完全不熟悉的地方，二是听学姐们说顶岗实习的环境都很艰苦。所以，在去顶岗实习的路上，我的心情是比较烦闷和忐忑的，但我也一直在心里安慰自己，"既来之，则安之"。

姜婷婷：早就听闻学长、学姐对顶岗实习支教生活的"吐槽"：屋里的老鼠苍蝇乱窜乱飞、自己买菜做饭，时不时还要遭受个别在职老师的"欺压"，以及铺天盖地的课时安排，等等。所以，说老实话，接到实习通知后，我当时并没有即将成为一名教师的兴奋感，倒是对接下来四个多月的顶岗实习生活感到有一种莫名的恐惧和焦虑感。我默默祈祷自己能和一些性格平易近人、没有"公主病"或"王子症"的小伙伴分到一组，我不想一入"江湖"就遭不测啊！

李　茜：3月7日那天，我和同学们一起正式踏上了顶岗实习支教的"征程"。如今记忆犹新的是，当时接到实习通知后自己忐忑的心情：怕上不好课，怕老师不认可，怕学生不喜欢，也怕陌生的生活环境……

谭　欣：由于在去顶岗实习支教之前从学长们那里听到的都是一些关于顶岗实习中的不好的遭遇，所以从知道自己也要去顶岗实习开始，脑海里就会时不时地冒出来一些问题：我会到哪里去实习？能不能和熟悉的同学分到一起？实习学校的条件会不会很差？是小学、初中还是高中？要教一群什么样的学生？会不会遇到一些很难搞的学生？

是不是会教他们历史以外的科目？等等。诸如此类的疑问，在去顶岗实习前一直不断缠绕在我的脑海里……

丁　瑞：我们是3月7日启程出发前去顶岗实习支教的。临行前一天，因为收拾行李，我焦头烂额地在宿舍里团团转，突如其来的焦虑掺杂着期盼、担心的复杂心情，使我重温了久违的噩梦。凌晨惊醒后看着满地乱糟糟的行李袋，说实话，我当时对即将到来的顶岗实习生活充满了抗拒感。

出发的那天清晨，我们起得很早，由于担心我们住的新宿舍楼电压不稳，所以我们是开着手电筒把剩余的行李收拾完的，黑暗的影子打在墙上，真有点像"无头苍蝇"的感觉。后来因为宿管阿姨太过于较真，以至于帮我们搬行李的学弟们被拦在宿舍楼下不准上来，只能像一根根柱子望着我们从楼梯往下踹行李包。我们被分到同一个县顶岗实习支教的同学共15人，杂七杂八的行李堆满了车的后半截。一路上看着坐在车前面的领队老师疲惫地靠着车窗睡成歪脖子表情包的状态，我们一直憋笑到顶岗实习的那个县的集合点……

（二）忐忑不安中的满怀期待

当考验即将到来，忐忑与期待总是能萦绕在身旁。即将面对等待传授知识、等待成长的学生，大家忐忑的内心不断发出"我能做好吗"的疑问。面对神圣的教师职业，赤诚之心总是怦怦跳动，勾画出太多亮丽的场景。夹杂着忐忑与期待的同学们，总是埋怨自己的想象力不够强大，不能够准确预见自己将面临何样的支教生活，等等。无论如何，忐忑与期待将成为我们为人师表、责任担当的见证。

李婷婷：3月初的那个早晨，我们带着行李启程前往顶岗实习支教地点，一行人在车上说说笑笑，既期待又害怕。后来，迷迷糊糊地睡了好长时间，一睁眼，到达我们的目的地了。

那天天气很好，阳光明媚，本应该寒冷的日子却感受不到一丝冷意。卸下沉重的行李，我们同寝室的人一起紧张而又焦急的等待。我听到有人喊我的名字，然而没有听到喊我熟悉的其他同学的名字。我拖着行李，到指定的车上，期待着会有我认识的人和我一起去一个陌生的地方。然而没有，我望着窗外，跟我同寝室的三个人还有隔壁宿舍的五个人在那里有说有笑，不一会儿不知道听到了什么消息，她们高兴地抱在了一起。其实，她们听到了什么好消息我已猜到了，一瞬间我突然就有了一种孤独感。然后，我换乘的车子发动了，我的心情也变成了蓝色的！之后，当地的有关负责人把实习地点通知了我们，天哪，万万想不到，我居然被分在了一所幼儿园顶岗实习！听到通知的那一刻，我的心情顿时跌入了谷底，彻底变成了灰色。

这样的结果，跟我之前想象的出入实在太大了：我是一名中学历史教师，在课堂上把我的专业知识教授给学生，神采飞扬地体会着初为人师的滋味儿。然而，现在却根本不可能出现这样的场景了！一时间，我有点蒙，有些不知所措了。无奈之际，我开始百度搜索"幼儿园教师"，结果手机屏幕上出现了很多"虐待儿童"的案例，我的心里不禁"咯噔"一下。然后，我又迅速找到一个幼儿园教师上课的视频，当看着视频中那些圆头圆脑的小小的孩子们时，我也不知道为什么，心里竟然有点期待了……

孔　杨：出发那天，一想到自己即将走上讲台成为一名实习教师了，自己的内心充斥着激动和兴奋，还带着一点点的不安。脑海里一直都是我要怎样备课，怎样让孩子们喜欢我，怎样和我一起喜欢历史、学习历史。结果，到了目的地后，听到自己被分去顶岗实习支教的是一所乡镇小学，说实话心里是有一些失落感的！我不知道怎样去面对一群调皮捣蛋的"熊孩子"，想起自己平时对妹妹的不耐烦，更让我对接下来奔赴那个乡镇的行程变得忐忑，我觉得自己在大学课堂里学到的历史专业知识，根本无用武之地了。那么，我有能力应对好接下来的顶岗实习支教工作吗？

不过，看着车窗外的风景越来越荒凉，自己还是很平静的。因为，我是从小在农村长大的，所以对未来的实习生活环境并没有太过担心。到达目的地时，我甚至觉得那所学校还是挺不错的。再者，学校附近还有小超市、早餐店，以及各种小餐馆，我觉得这已经算得上惊喜了！

王允健：3月7日那天，我期待了很久的顶岗实习终于如约而至。之前，我听参加过顶岗实习支教的学长对于实习工作以及生活的描述，在他们口中的实习是那么有趣，这让我对实习一直保持了很高的期待。

出发前的那天晚上，我躺在床上总也睡不着，想象着自己的顶岗实习学校和学生们会是什么样子，实习学校会像我的高中学校那样吗？学生们会喜欢我吗？我会和哪位同学分到一个学校实习呢？这一连串的问题就像视频中的弹幕一样浮现在脑中。那天早上，我终于坐上了送我们前往顶岗实习所在地的大巴车。车上的我说说笑笑，谈论着对未来四个月的期待。但是，老实说，我的心中也不免有些对未知环境的担忧……

苏逸飞：那天早上九点，准备前往顶岗实习支教地点的同学们在师院的第一餐厅门口集合完毕。出发前，大家只知自己顶岗实习支教的县区，而不知具体在哪所学校。其时，正值寒假结束大家刚刚返回师院，转眼却又要离开这里去一个完全陌生的地方，我们无法得知等待着自己的将会是怎样的实习环境，心中不免忐忑。面对未知和挑战，不由得会想自己是否能够胜任这项任务，自己去到一个陌生的地方该如何度过这显得有些漫长的四个多月。同时又有期待，期待自己站到讲台上成为教师的样子，期待将自己所学的知识付诸实践。坐在大巴车上，我能感觉到周围的同学们都有些紧张、激动、兴奋，又因为即将分散到各地，大家不免相互都有些不舍。

经过近两个小时的车程后，我们到达了指定县的顶岗实习分配点，下车后发现全校各个专业来顶岗实习的师范生都簇拥在这里，等待着一所所实习学校的老师前来认领。看着身边的同学陆续背着行囊离开，等待变得越来越紧张起来。当我最终听到自己和另外七位同学被分到同一所学校的消息时，我们几个同学不禁激动地抱在了一起欢呼……

牛梦璇：那天清晨，怀着些许期待，些许紧张的心情，以及对教师这个神圣职业的向往，我登上前往顶岗实习支教地点的大巴车。坐在飞驰的车上，我却无心欣赏窗外飞掠而过的风光美景，因为一想到即将从学生到老师的角色置换，心里总会涌上一股莫名的紧张感，变得忐忑不安。是啊，我能够胜任这个顶岗实习的职位吗？怎样做才对得起"老师"这个称呼？我应该以怎样的态度去对待我的学生？怎样做才可以和他们和睦相处呢？就这样，一个又一个的问题在我的脑海里接踵而至，翻腾不止。

王志霞：去顶岗实习支教之前，我心里既忐忑又有点激动，对自己的第一批学生充满了期待和好奇，不知道自己会面对怎样的学生和什么样的条件。据以往参加顶岗实习的师姐说，那里各方面条件都很艰苦，和老鼠、蟑螂做"邻居"是正常的事，先有这心理"预防针"打着，所以我对实习学校的生活条件究竟好不好便没有多大的期待了，反倒是很期待我将面对的学生们……

李　婕：我们在大一时就被告知有顶岗实习支教的任务，因此随时都在做着思想准备。虽然当时觉得那离我们还很遥远，但是从学长、学姐那里了解到，顶岗实习支教的地方大都会有一些偏僻，甚至有的地方会比较差劲，而且家里有当老师的亲戚也和我谈过他们支教时的环境和遭遇，说的几乎都是那些脏乱差的居住环境，以及学生、家长的不配合等问题。所以，在去往顶岗实习支教地方的时候，心里确实是有点惴惴不安，有期待也有紧张。

曹　晖：3月初的那天，我启程去进行为期一个学期的顶岗实习支教。出发的那天，一路上有忐忑，有期待，也有不安。在前往所分配的实习目的地的路上，我听说自己被分到了一所村小，承担的教学科目是小学语文。老实说，作为一名历史专业的学生，却没有被分配到初中或高中去实习自己所学的专业，内心不免有些遗憾，同时也感到忐忑不安。我不知道自己是否能担任好小学老师的责任，特别是已经好多年没有接触过的语文知识……

岳晓霞： 出发的那天一大早，我就收拾好行李，从所住的最远的那座宿舍楼搬运到大巴车上，疲惫的身体和忐忑的心情一直环绕着自己。坐在车上，我一直和同学猜测将要去顶岗实习的学校是什么样子，教多大年龄的学生，教哪个学科，等等。我祈祷能够在陌生的学校里有自己的同学，有人陪伴。到达顶岗实习的那个县的分配地点后，我拿着行李等待"认领"，当看着自己的同学一个个被领走，更加焦急忐忑。但没想到的是，最后我们整个宿舍和隔壁宿舍一共八个同学都分到了同一所小学顶岗实习！当时，我们控制不住情绪一直在欢呼，脸上洋溢着那几天里最开心的笑容。

张　晓： 3月8日那天，我来到了鲁西北的某乡镇中心小学，开始为期四个月的顶岗实习。这是每一个师范生都要有的经历，我们也是满怀期待的。我们的顶岗实习地点是当地教育部门随机分配的，事先大家都不知道会去哪里、会教什么，难免有些茫然无措。庆幸的是，我和室友分在了同一个学校，还有另外两个可爱的校友，这让我原本慌乱的心安定了不少。

范明慧： 对于师范生来说，顶岗实习支教作为我们迈出教师生涯的第一步，具有不同寻常的意义。在去实习之前，我对教师职业的理解只能算是纸上谈兵，然而经过四个月的实习支教生活，我切身感受到教师职业的光辉，内心也变得充盈起来。至于在这期间的心路历程，自然充斥着五彩斑斓的颜色。记得在准备向顶岗实习的鲁西北某乡镇所属村小出发的时候，我的心情是忐忑而期待的，而当行李落地的那一刻，面对那里的陌生感，以及对于能否真正教好一门课程的担心等种种复杂的心情，便油然而生了……

朱金萌： 2018年3月初，我们出发去进行顶岗实习支教，这次的实习将要持续四个月的时间。虽然已经早有心理准备，但是实习的具体地点对我们来说却还是未知的。坐上前往实习地点的大巴车，我内心是有些紧张的，但也有一些兴奋。因为，作为一名师范生，对于自己能有一个教学机会还是很期待的。但是，当获知这次顶岗实习的地点比较分散，有可能自己一个人分配到一个实习地点时，我感到自己的思想压力很大。因为，如果孤零零的一个人面对未知的环境是件很恐怖的事情。我就是带着这样忐忑不安的心情，抵达顶岗实习地点的。

李琳玉： 我们的顶岗实习是从 2018 年 3 月 7 日开始的。那天上午，我们一道分到某县实习的同学，乘车前往目的地。在该县的实习生分配处，当听到自己被分到高中顶岗实习的时候，不由得感到十分紧张：自己的水平真的可以教高中生吗？我就是怀着这样紧张的心情来到了自己实习的那所中学。

潘玉芝： 3 月 7 日，我们走进了鲁西北的顶岗实习学校，刚开始还是蛮激动兴奋的，但接下来告诉我们要教高中，心情一下子不安起来，一种恐惧感慢慢爬上了心头。但想起一句名言"既来之，则安之"，我们便很快调整好心情，在学校指导老师的帮助下，我们很快适应了学校时间及课程安排。虽然实习中有各种酸甜苦辣，但从中也得到了很多快乐，学到了很多东西。

胡菁冉： 我是怀着忐忑的心情踏上顶岗实习之旅的。一方面为脱离十几年来自己每天都是上课下课的单调学生生活而开心，另一方面则是因为不知道自己会被分到哪个学校而紧张。在知道实习地之后，我曾做过多方打听，了解到自己可能不会按所学专业担任教师，也了解到住宿条件有很大差别。所以，从自己的心里说，我当然还是很期望能分到一所条件比较好的学校了……

黄　靖： 3 月 7 日那天，我离开师院校园，乘坐大巴车一路向西，最后到达了鲁西北平原上的某县。在这里，我将开启自己的人生中第一段讲台生涯。

得知自己被分配到县高中，我当时很是惊讶，自觉有些幸运，同时也十分紧张。幸运的是，自己有可能教专业对口的历史学科了，有学以致用的机会。不过，更多还是不安与担忧的情绪：不安于质疑自己能力有限，无法胜任教授高中生的任务；担忧于自己有限的能力是否会耽误学生们如此重要的人生阶段。就在各种忐忑交织混杂的心情之下，顶岗实习生活开始了……

（三）学为人师的迫不及待

走出书本，走向讲台，为人师表，行为世范，这是作为师范生必经的"学为人师"之道。面对即将到来的顶岗实习支教生活，我们心中怎能不洋溢着一种期待呢？特别是此次顶岗实习支教，是同学们"学为人师"实践的第一站，也将是从事教学生涯的第一站啊！所以，我们迫不及待地收拾起行囊，迫不及待地走入顶岗实习支教学校，迫不及待地去见那些天真烂漫的学生。

刁玮琪： 这次顶岗实习我被分到了某乡镇中心小学。出发之前，同学们都互相鼓励着；出发的当天，我虽然带了许多行李，从宿舍楼搬到车上也费了不少力气，但是心情却跟那天的天气一样晴朗。因为，此次实习我将迎来一个新的身份——教师！我不知道我将面对的学生是什么样子的，不知道那将是一个怎样的人生体验，不知道这会是一段愉快的时光，还是一段难熬的日子……这所有的未知数都让我充满了期待。

姜美燕： 去顶岗实习之前的那个寒假期间，我曾期盼着假期早点结束，盼望可以早点实现当老师的愿望。毕竟，当年选择师范学院就是期待能当一名人民教师！虽然听学长、学姐们诉说实习环境艰苦，但我觉得那并不是问题。假期结束之后，我每天都刷班级群里的消息，希望早点下通知。苦苦盼了一个星期，终于有了动静。然后兴高采烈地收拾行李，等待着走的那一天。那两天感觉全身的细胞都在兴奋的跳舞，虽然搬行李很累，却一点也不觉得辛苦！

王　娜：3月8日那天，我们班的同学分批出发去顶岗实习，根据抽签结果，我是到鲁西北某县。那天早上，我起得特别早，匆匆吃了早饭就出发了。在车上，大家都挺开心的，对于即将开始的顶岗实习生活，内心都是满怀期待的……

影响一个人内心心情变化的因素有很多，既有内在的也有外在的。从以上同学们的叙述中可以看出，大家临出发前的心情是十分复杂的，既有对陌生环境的担心、胆怯和纠结，也有对于是否能胜任教学工作的自我怀疑，还有迫不及待想见到属于自己的学生，登上属于自己的"舞台"的兴奋之情。人的情感总是复杂多变的，其实不管是忐忑不安还是迫不及待，都是同学们在面对未知时的最真实的状态。而这一切的心情变化，只是由于我们要从一个熟悉的环境转到一个陌生的环境，从一个学生的身份转变到一个教师的身份。而从学校出发到实习学校的那段行程，也成为同学们的一个阈限状态，大家与自己日常熟悉的各种事物分离而进入一个新的环境里，无法知道自己面对的是什么，一切都是不确定的。所以，当时我们怀有一种既忐忑又期待的复杂心态，也就是自然而然的了。

其实，去往顶岗实习地区的车程并不算太长，只用了两个小时左右，我们就被分别送到了顶岗实习支教的学校中。那么，接下来，我们又会遇到什么事情呢？

二、初识"顶岗"校园

这次顶岗实习支教，我们班的43位同学中，有23位同学被派往鲁西北D县，除了8位同学被分到了该县城的某小学之外，其他同学主要分布在该县西部的四个乡镇的小学以及幼儿园；有15位同学被派往鲁西北G县，分布于该县的7所中小学。此外，我们还有5位同学则被派往鲁中地区的 X 县，分配到该县所属的 5 所乡镇中小学。

布迪厄曾经提到"场域理论"，他认为整个社会就是一个"大场域"，物质的、精神的都构成一个完整的场域。场域有自己的独立性，能够影响到生活在其中的人们的心理和行为。前往不同实习地点的同学们，首先面对的就是当地的环境。也许是由于之前从各方听到的消息，大家对于实习地点的生活条件有着不同的预期，而真正到达了自己顶岗实习的学校，第一印象也多有不同。

（一）有人下车伊始，春风拂面

虽然大家前往的顶岗实习学校所在地不同，所教的学段也不同，但是，有一部分同学到达实习学校后，惊喜地发现学校的环境出乎意料地好，校园十分宽阔，校舍也是新的，从中能够看到当地对于学校建设非常重视。更让一些同学感到意外的是，有些学校还很贴心地在宿舍里为我们这些顶岗实习支教者配备了无线网络和空调……这真的是超乎了我们的想象，感受到了当地这些学校对我们的热切期盼和温暖的关爱。

李婷婷：真没想到，我所在的这所幼儿园的环境非常好：一座三层的楼房，楼房上面画着春意盎然的壁画，外面的游乐设施中有几个小孩子乐此不疲地玩着。我们被安排住在三楼，保安大爷告诉我们，楼里没有水，得从外面往上提水，虽然很麻烦，但是说实话，整体来说比想象中要好很多。跟我一起的是两个音乐学院的女生，她们友好、热情地挽着我的胳膊，让我灰色的心情有了一丝暖意。我们被保安大爷接到学校，他望着我们的眼睛里藏不住高兴，帮我们把行李一趟又一趟地抬上三楼，告诉我们一些当地好吃的、好玩儿的，就好像把我们当作孙女儿一样……

邓景丽：很幸运，我被分到了位于城里的实验小学实习，那里的教学条件不错，还有好几个同班同学在一起，我们几个同学还调侃，就是换个地方一起住而已。但是，我却万万没想到，在分配具体的教学任务时，我居然被分到了这所实验小学附属的幼儿园，去做一名幼儿教师！天哪，这可真是出乎意料！

这所幼儿园的教学楼共三层，我们就住在第三层。居住条件相对分到农村学校去的其他同学要好得多，有空调，有风扇，有水房，只是里边的许多设施都小了一号，我们就像来到了小人国，马桶、洗手池都是矮小的！整栋楼都是孩子们的手工作品，院子里有秋千、滑梯……很有童趣。

刚进宿舍时，我们谁都不认识，一起住的原来幼儿园的老师们看起来很严厉的样子；住在另外一个宿舍的同学，都说舍友有大姐大风范。每遇到一位老师，我们都是微笑面对，以一副请多关照的姿态，谦恭而卑微。

我们在幼儿园吃的和孩子们一样，一周内的伙食不会重样，比在小学实习的同学吃的相对要好。但是，学校里只在周一到周五给我们免费提供午饭，并且以不安全为理由不允许我们自己动手下厨。没办法，我们只好吃了四个月的燕麦片和面包。

每天下午步行去市场买水果也成了我们的乐趣，每到周末和就会和同学一起坐一个小时的公交到市里买点零食，吃一顿"大餐"来改善伙食。其他同学都说我们这个地方条件最好，他们的实习地都充满着乡土气息，住宿生活都不方便，但是作为支教老师他们受到了学校的重视，有的校长还亲自接待，有的安排自行车，还有的配备安全工具，所以在环境差一点的地方，学校更需要"人才"，更能体现出自己的价值！从这里也可以看出，条件差的学校的师资力量远远落后于城区学校。

张隆鑫：我们满满的一车人，进入了鲁西北那个比较偏远的村庄，我和其他五名同学成为最先下车的一批人。站在我们将要顶岗实习的那所村小学门口，正赶上中午放学，那些来来往往的小学生纷纷好奇地打量着我们这些陌生人，还不时地交头接耳，大概是在对我们评头论足吧。

进入校园，映入眼中的是矮小的围墙和空旷的操场，接待我们的是学校唯一的体育老师，他带领我们到了住宿的地方——幼儿园的二楼教室，从这里可以看到围墙外所发生的一切。环望整座学校外边，全是辽阔的庄稼地，学校周围没有房屋，这所小学就在一片方正的庄稼地中间。我们居住的这间幼儿园的教室，之前用木板隔成了两间，用作卧室和厨房，但因为现在有男有女，所以我跟另一位男生住进了原来的厨房。不过，尴尬的是木板隔音效果极差，两个人正常的交流在隔壁听来声音会很大。

我们吃饭的地方在隔壁教室，这间许久没用过的教室以前是当作教师厨房的，后来闲置不用了，地面上满是被熏过的油烟，一脚下去能把鞋底黏下来！好在锅碗瓢盆齐备。还没等打扫，接待我们的那位体育老师就来了，要带我们去吃午饭。厨房的场景加上刚来的陌生感让我们没什么胃口，六个人连四个菜的一半都没吃完。我们吃完午饭回来后，发现又来了一位当地某大学的女同学，不过后来她只在这里坚持了一个月，就回自己的学校去住了。

学校的建设总体还是很不错的，前后有三栋楼房，分别是幼儿园、教学楼和教师宿舍楼。可能是因为村里居民经济水平较高，听说还会给新来的在编教师免费发放笔记本电脑！每个教室内部有空调，桌椅也是崭新的，黑板中间可以拉伸出触屏多媒体电脑，教室的角落里还设有读书角，也能体现出学校在学校环境建设方面的努力。学校距离镇上有一定距离，取快递会比较麻烦，好在学校的音乐老师借给了我们她放在学校的电动车，后来我跟这辆电动车在一起的时间是最长的。买菜以及买一些日用的东西还算容易，村里有好几个超市。

总的来说，这所学校虽然地处偏远，但设施条件还是挺不错的。学校给我们提供了第一个月的米面油，并且煤气炉和电磁炉都齐备。

同时，老师们午饭可以在学校食堂吃，每人每餐2元。总之，就整个学校的硬件设施来说，比起十多年前我上学的学校，不知道要好多少倍！

韩　雪： 我和小琳被分到了一所乡镇小学顶岗实习支教。老实说，那一刻我心中不是没有失望的，因为我当初选择学历史专业，就是因为真的喜爱历史，报考第一志愿的六个学校，各个第一专业我都选的是历史学。最后，我也确实是被第一志愿学校的第一专业录取了。本想这次实习支教能够教历史，可没想到却阴差阳错地被分到了小学！不过，万幸的是，我们班里共四个同学来到了这所小学。就这样，我们历经一上午的搬搬抬抬，终于算是安家落户了。

说真的，到达这个乡镇后的第一反应就是失落！光秃秃的树丫挡不住春寒中的太阳，搬了一天的行李想冲个澡，却发现住处那个一度让我们欣喜若狂的热水器居然是坏的（这热水器直到我们离开都没有修好）！搬完行李后，我们如同懵懵的小鸡仔一般被当地的老师带往食堂，每个人发了一个碗一双筷，却只有小半碗白菜炖豆腐加一个馒头。当时，我们还不知道学校外面有可以开小灶的饭馆，满心以为要吃上半年的白菜豆腐，不禁失落之极。

没有耽搁，饭后我们便被带到了隔壁的小学（由于小学没有宿舍，便把我们安排在了隔壁初中宿舍）。看起来这所学校的环境还是不错的：校园不大，有两栋三层小楼，除一年级有五个班之外，其他年级只有四个班，教室里面也算是窗明几净，现代化设施的多媒体黑板是每个教室的标配，令人意外的是每个教室里居然还安装了空调！

总体来说，学校的设施条件并没有想象中的艰苦，唯一的缺点可能就是学校的老师数量不够，被分配到教小学二年级语文的我，实际上还要担任许多课程的教学工作。阅读、写字、自习等就不多说，甚至连美术、体育、地方课程等都要分摊给我这个被"赶鸭子上架"的新任二年级语文教师！这不禁让我感到头大了。

岳晓霞：很意外，我们的实习学校居然是一所县城的实验小学！虽然是在小学顶岗实习，但想到是这座县城里的一所实验小学，是这里师资力量、教学环境最好的小学，真的很开心！

我们到达那里已是中午，先吃饭后分配宿舍，下午开会。吃饭和住宿都是在学校的幼儿园里，那里的环境很好。我们午饭吃的很简单，负责管理我们的老师在学校餐厅简单说了两句，安排了接下来的事情和我们在这里要遵守的纪律。我们一直都记得他说，他们这个学校并不缺老师，所以我们不是来支教的，而是他们给我们提供锻炼机会的，我们应该感谢他们，等等。不过，后来我们发现事实并不是像他说得这样。吃完饭，我们收拾行李搬进了宿舍。宿舍能住12个人，我们五个同学和学校的六位代课老师合住在一起，她们都是大我们三四岁的姐姐，待我们很好，很热心地向我们介绍了学校和当地的基本情况。

总的来说，初来乍到的我觉得自己很幸运，现实比我想象的要好太多了，有自己的同学一起，交通挺方便，住宿环境也不错。

张　晓：到达我顶岗实习的那所乡镇小学的时候，是一位教导主任迎接我们的，他带我们在镇上小饭馆吃了午饭，然后就带着我们来到了住处。

我们的住处在学校对面新建不久的一个社区里，环境不错，住户不多，多是当地百姓。我们住在一楼，房间里基本没有什么设施，只有简单的上下铺，不过倒也很知足。卸下行李稍做歇息后，就来到了实习学校。

这所中心小学是镇上最好的小学，教学设备也相对更为完善。学校有新铺的塑胶跑道、小型篮球场、公共热水器，三栋独立的教学楼和一处办公楼，教室里设有电脑等先进上课设备，房顶上还挂着两个吊扇，教室后面还有一台空调，但通常情况下是不开的。作为一所乡镇学校，这样的教育环境还是超乎我的预料的。学校周边有两个幼儿园，规模不大，其中一家进出校园要求较严，需要专门的校园卡；另一家刚建不久，是在一个小区附近，园里种了不少植物，便于孩子们了解大自然，同时也提供了天然的乐园。但这两个园子就外部来看，缺点也很明显，前者面积较小，孩子们的活动空间不大；后者园内还有不少泥土地，存在安全隐患。镇上还有一所公立初中，学校建设也相对不错，但听说学校的学习氛围差，以致镇上人常吓唬自家的孩子，"不好好学习，初中就只能在镇中学上"。

我们到达的第一天，学校领导就给我们开了会，主要是介绍了本校的情况，安排教学任务，提醒我们注意安全问题。这个学校的学生众多，大约有1600名学生；但是，老师相对较少，加上实习老师有60多人，班级共有34个。其中一、二、三年级各有7个班，四年级有6个班，五年级有4个班，六年级有3个班。与我们一同来到这所小学顶岗实习的还有两个本地某大学音乐学院的男生，他们主要负责低年级学生的音乐课，我们四个负责语文、数学等课程的教学，如我执教五年级三班的语文兼品德课，还有同学去教了三年级的数学。总的来说，我还是挺满意这里的实习环境的。就这样，怀着对讲台的敬畏，我开始了为期四个月的小学五年级顶岗实习生涯。

刁玮琪：我被分到了一所乡镇中心小学顶岗实习。在前往那个乡镇的路上，学校接我们的老师一直在说"我们镇很好，实习条件也非常好……"，听到这些话，我的心情稍稍地放松了一些。事实上那里的条件也确实比想象中的要好，我们居住的宿舍就跟师院的宿舍差不多，唯一美中不足的就是比较潮湿阴冷，但想到随后不久就要到来的夏天，也就不那么在意了。等收拾完铺盖，和同宿舍的伙伴出去溜达，发现附近有商铺，有超市，还临近公交车站，虽然不是那么繁华，但生活上应该还是挺方便的。

在安顿下来之后，我就开始想象我会面对什么样的学生。到达的第一天，当地学校的领导便给我们开了一个小会，其中有一句话让我印象深刻："你可以把你的学生当弟弟妹妹看，但是你不能让学生把你当成姐姐。当老师就要有老师的样子！"

这所镇中心小学有舞蹈室，有单独的录课教室，走廊里有读书架，教室里有空调，在硬件设施上是一所很好的小学。在正式见学生之前，校长跟我讲了许多注意事项，并告诉我要教的是五年级，科目是语文。因为当地实行的是五四学制，所以五年级就是毕业班了，这不禁让我感到压力挺大的。来到五年级级部的办公室，老师们都很热情，很和蔼。随后，我就到教室去与学生们见面。

对于我这个新老师，孩子们表现出很大的兴趣。虽然面对的是一群小学生，但在进行自我介绍时，我还是感觉到了我的声音略显紧张。随后的三、四天中，校长给了我一本语文课本，让我熟悉教材，让我去听课，然后和我交流感受。慢慢地，我开始了解了怎样去上一堂语文课，心中不禁跃跃欲试起来……

贾孟双：在走了好久好久的路后，我们在鲁西北平原上的那所镇小学的门口停下了。看到学校的第一眼，我的内心油然而生出一种亲切感，不管是黄墙红瓦的房屋，还是学校的设备摆放、建筑布局等，都与我当年上的小学十分相似。学校的老师们家住的都比较远，中午便在学校吃饭。我们到学校后，老师们都出来迎接我们，帮我们搬行李，让我感到了他们的热情。

这所学校是幼儿园与小学前后一体的，中间只隔了一个走廊，我们三个同学与学校的两位老师一起住在幼儿园的宿舍里。安顿收拾完后，我们便迫不及待地熟悉了一下未来工作生活的地方。整洁温馨的宿舍，干净美观的校园环境，崭新的塑胶跑道、打印机、办公桌，宽敞明亮的办公室以及儿时记忆中的教室，一切的一切，虽与想象中的不同，但让我感到很欣喜，很满足。

姜婷婷：经过大半天的辗转，我们终于到达了顶岗实习的鲁西北某乡镇中心小学。学区负责人亲自为我们接风，请我们去了全镇最好的饭店，虽然条件不出所料的简陋，但我心里暖暖的。席间，我们和负责接待的那位老师热情交谈,希望能提前打探到支教学校的实际情况。那位老师为了安抚我们,净挑好听的话说。可是说到我要去的那所学校的境况时,他沉默了几秒后开始转移话题,一个劲儿招呼我们多吃点羊肉。见他转移话题,我没再继续追问下去,因为我已经预感到接下来的顶岗实习生活可能比我想象中的要差一些。

吃完午饭,实习学校的负责人开车过来接我们。果然不出意料,我被分到位置很偏僻的一所农村小学,离"人口密集"的镇驻地比较远。不过这没有关系,因为我早已做好了最坏的打算,什么条件都可以接受。

见到我要去的那所乡村小学的校长后,寒暄了几句。校长很和善,一副朴实无华的农民面相,还给了我们三百块钱让我们去镇上超市采购油盐酱醋,这让我顿时感到心里暖暖的。

终于到实习支教的学校了。出人意料的是,这所农村小学里居然还有一幢教学楼,只是在这个季节显得有些荒凉,光秃秃的。为了安全起见,校长把我们三个女生安排到教学楼四层一间教室改装的

我们的"下榻"之处(图片来源:姜婷婷 摄)

临时宿舍居住。我们宿舍的旁边就是校长办公室,楼道里还安装有监控摄像头。同去的另外三个男生则被安排到教学楼对面的平房里住。后来听他们说,那间平房里面可能有老鼠出没,一进屋就有尿骚味。万幸的是,我们女生宿舍里除了窗帘上有些臭虫以外,没有见到老鼠这种可怕的生物,哈哈。"一屋不扫何以扫天下。"一住进来,我们三个女生就撸起袖子开始打扫卫生了。

安顿好住宿后,校长召集我们开了个迎新会,分配了教学任务。

我担任四年级的语文、音乐和品德教育课程。这对于我这个五音不全的女生来说，真是一个莫大的挑战。适逢学生有新书发放，于是我便和另一位担任数学课的同学作为四年级的两个新任小老师，屁颠屁颠地上岗了。

一进教室，原本喧闹的小朋友立马安静了下来，大眼瞪小眼地望着我俩。此刻，我的心情既兴奋又忧虑，兴奋的是我真的变成了一名教师了，忧虑的是自己的业务素质能否担起这些孩子和他们的家长们所寄托的重任呢？……就是怀着这样一种矛盾的心情，我的顶岗实习支教生涯正式开始了。

王志霞：我们经过几度辗转，终于到达了实习地点——鲁西北平原上的一所农村小学。第一个感受是学校的整体环境还是挺不错的。不过，当我们到达宿舍后，我的心情立马变凉了：小平房摇摇欲坠的窗户、有年代感的旧床和桌子、干裂的水泥地面上积满了厚厚的尘土、门口一群蚂蚁隆重列队"欢迎"我们的到来，老鼠们可能也在暗中欢迎吧？……很无奈，但只能接受。好在房间里有一台壁挂旧空调，这让我们舒服了不少。校长人很好，对我们很照顾，可以说是有求必应，帮我们解决了很多生活难题，并且给我们购买了柴米油盐酱醋茶、锅碗瓢盆等生活用具！——虽然我们并不会做饭。

该学校虽然地处偏僻，但据说是当地最富裕的地方，我所在的小学也是当地最好的小学。对于这一点，我在此后的实习生活中深有感触。

于振彪：我和学校其他专业的另外三位同学一起来到了鲁中大汶河畔的一所乡镇中学。我们四个同学中，除了我以外其他三人都是女生，不过我们很快便相互熟悉并聊起天来。我们落脚的这所中学，是该镇唯一的一所初中，除了几栋教学楼和宿舍楼外再无其他。好在邻近有一个广场，旁边有个小花园，是镇上人们活动散心的场所。我们到校后，一个初中男老师带我们到了住的宿舍，熟悉了一下环境后，便带我们吃午饭了。我是跟本校的两个男老师住在一个十几平方米的狭小宿舍里，没有网络，不过好在水电使用还比较方便。

学校负责后勤的一位主任很快通知了我们每个人承担的工作，我和两个女同学将去中心小学任教，一个同学则留在初中。当天下午我们便步行到了中心小学，路程虽不太远，但步行走了接近20分钟才到。这所中心小学的规模比较大，有两座教学楼，一座是一到五年级上课所用，另一座则是音体美教室，许多办公室不规则地分布在每个楼的每一层。两座教学楼前边是操场，设备较差，不仅没有塑胶，而且也没有水泥硬化，多是泥土地。不过，校园的绿化比较好，花草树木分布于教学楼前后，时逢早春，草叶亟待发芽，暗藏生机，可以说学习环境是不错的。这所学校应该是当地办得不错的一所学校，在学校会议室里摆满了所在地市教育主管部门颁发的"市文明单位""市规范化学校""市课程改革先进学校""市优秀家长学校""市教学示范先进单位"等荣誉牌匾、锦旗。

李欣霖：我们的宿舍坐落在镇上的中学内，我和我们班的同学阿航还有数学学院的一个可爱的同学住在一间宿舍里。宿舍的条件比我原来想象的要好得多，有小阳台，还有空调，这个条件真的足够让我们知足了。

中午，学校几位领导请我们一起吃饭，拿来款待我们的是当地最有名的驴肉。听几位老师说，学校的食堂周一早上到周五中午都开着，我们可以和老师孩子们一起吃饭，更重要的是，不用花钱。周六、周天则需要我们自己买菜做饭，可以借用学校的后厨。这个待遇可以说是超出我们的预想了，我和阿航都特别开心。

简单地休息之后，下午就正式前往实习的地点了。阿航留在了镇中学担任初中历史课，而我则被分到了当地的小学，具体上哪一门课我还不清楚，不过想想能够和那些天真的小孩子们整日相处也是挺开心的。

我与数学系、音乐系的两位同学一起在小学任教。小学离我们所住的中学并不远，步行也只需30分钟左右。好在老师们允许我们可以每天骑着中学里的学生们的自行车去上班，只需10分钟便可到达。这里需要说明一下，镇中学的学生大多住校，他们每周一将车子骑到学校里就一直放在那儿，直到周五休息回家时再骑走。由于这里民风淳朴，所以他们大多不锁车子，这就为我们提供了便利。

这所小学的规模不算太大，建在省道的旁边，每日里省道上会有大货车飞驰而过，孩子们上学放学都要横穿这条道路。我暗暗有些担心，觉得这不太安全，也不方便。学校里只有一排教学楼，其中也包括老师的办公室。教学楼的东边是一片用塑胶跑道围成的操场。后面的一排房子里有学生们的活动室、小餐厅，角落里是厕所。这所学校是镇中心小学，周边村子里的孩子都在这个学校上学，每个年级大概都是三个班，每个班里大概四五十人左右。我们的办公室在四楼的总务处，办公室的老师都很和善。办公室每人配备一台电脑办公用。我的办公桌靠窗，光线很好，可以看到来往的学生。总体说来，学校的基础设施是齐全的。走马观花地了解了一下，我觉得在这个地方度过四个多月的实习生活，还是挺不错的。

贾　琳：很幸运，我和同班的另外三位同学被分到了同一所乡镇小学。我们的住所是在小学附近的初中教师公寓，环境不错，比我想象中的要好得多。宿舍里有空调和独卫，床还是大学里上下铺的那种，我们把床都拼到了一块，互相挨着睡，这样比较有安全感。唯一不好的，就是这里夏天蚊子、苍蝇之类的虫子特别多，不过我们都挂起了蚊帐，所以问题也不大。

下午，学校负责人便把我们带到了小学，向我们介绍了学校的基本状况，以及一些具体的注意事项。这所小学分为办公场所和教学场所，教室内基本设施齐全，还有多媒体设备、空调。但是，教室大小是不均等的，有的教室非常小，孩子们坐在一起非常挤，甚至在考试排桌的时候，有的同学还要坐在讲台上！除此之外，学校的体育设施也不太完善，操场上杂草很多，跑道破损处也没有整修……

孔　杨：那天下午，当我们到达顶岗实习的乡镇中心小学后，校长便召集我们几个实习教师开会，分发教学用品。看到崭新的备课本、听课本，让我认识到了自己的责任。校长说："你们来到这里，对于我们，你们还是孩子；但是，对于孩子们，你们就是老师！你们要摆正自己的角色。"不过，最让我措手不及的是，我要教小学一年级语文，内心满满的拒绝，因为我不知道该如何去面对那群小孩子，我满脑子都是怎么办、怎么办？一年级呀，打不得骂不得，讲道理也听不懂。天哪，可咋办是好呀？

这里的工作环境还是不错的，有专业的多媒体一体机，学校的校园环境也很美，春天校园里的花都开了，孩子们的笑脸穿梭在花丛中，相映成趣。但是，让人难以接受的就是学校的旱厕……嗯，就不形容了，不想回忆。

李　婕：我被分去的是一所乡镇中心小学。学校地处镇中心，孩子比较多，校园设施也相对要好一点，操场、球场、艺术教室、图书馆等一应俱全。我们首先熟悉了校园内的各个地方，和交接的老师进行了交流，跟着老师旁听了几节课，内心也由一开始的惴惴不安，变得满怀期待了。我本来认为作为镇中心最大的小学是不缺主课老师的，结果却要我去教数学课，顿时感到压力倍增！一方面因为数学是小学里最看重的主要科目，另一方面是则是因为自己作为一个彻头彻尾的文科生，已经许久不碰数学了！虽然以前假期打工时，也曾教过小学主课，但意义完全不一样。因为，这一次学校里是彻彻底底把一个班交给我了！我能做好吗？他们会听我的吗？家长会相信我吗？我要怎么做才能对得起这份工作？……越想心里越感到有些忐忑不安。

刁晓淼：我实习的学校是一所刚建成不久的初中学校，这里的教学设施十分完备，校内有三栋教学楼，一栋艺术楼和一栋图书办公楼，班级内有多媒体黑板和空调，这与我一开始的设想有着很大的不同。在我来实习之前，熟悉的学长学姐也都跟我说过实习的环境会比较艰苦，但这所中学的办学条件却远在我的预期之上。学校给我们这些实习生配备的住宿环境和工作环境都很好。但同样的，这所学校的师资力量却有些薄弱，教师缺口非常大。以我为例，历史老师是两个名额，我非常幸运地教了历史课，但我同专业的同学都被分派去教了语文，还有一个英语专业的同学却来教历史！虽然我们都是文科生，在读中学时也都学习过历史，但专业是否符合也是教学质量的一个关键。经过和学生们的交流，得知在我们到来之前，学生们已经开学两周了，但因为学校没有任课老师，所以这两周的历史课全都变成了自习课。这让我感到有点不可思议，在初一这个打基础的阶段，却给学生开了两周的课堂"天窗"。

在这里，"语数外"这几门所谓"大学科"的上课安排永远在上午，而"史地生"等所谓"小学科"的安排则大多被排在下午。语文老师是每个班配一位任课老师，而我们这些所谓"小学科"则是四个班才配备一位任课老师。之所以如此，除了相关学科的师资力量不足之外，更多的原因还是学校对这些学科的重视程度明显不够所致。不仅是这所学校不太重视，从全县来看也如此。例如，期中考试是全县联考，满分100分的历史试卷，我教的两个班平均成绩62分，这个成绩在我看来是非常差的一个成绩了，因为这说明全班有将近一半的学生没有及格。这所学校的历史学科联考各班级平均分最高68分多，最低58分多，然而该校的历史学科联考成绩却是全县第一名，是最好的！当我看到这个考试结果的全县排名情况时，我真正深切地感受到了现实中历史学科的薄弱和所处的不受重视的边缘地位……

丁 瑞：我和舍友晓淼同学被分在同一所中学顶岗实习。这所学校看上去整洁大气，教室传来的读书声也格外明朗，使我俩对接下来四个月的实习生活稍感宽慰。正由于一开始对于实习地的设施条件并未抱有太多期待，所以在见到这样好的实际情况时，我真的感到有些欣喜。

下午，校领导给我们实习老师开会，整页的规章制度让我见识了这所学校对教师要求的严格程度，我突然明白从现在这一刻起，我们便不仅仅是一名普通大学生，更是一名初入教师岗位的实习教师，身上既担着校领导对我们的期望，也担负着学生对我们的信任。砥砺前行，是唯一选择。

但是，我怎么也不会想到，学校居然会在历史教师比较缺乏的状态下，安排我这个历史专业的学生和另一名同学负责初一两个班的语文课程！学校领导说，每个人都不是天生会某一门科目的，不断学习才是教师的终生目标。我这才发现，在这里"专""精"不是必要的，而"一专多能"却是必需的。

初入教室，是被班主任生拉硬拽进去的。我还没有做好思想准备，就被迫与我的学生们见了面。还好，脑海中的尴尬局面并没有出现，学生以非常热情的态度迎接了初入教师岗位的我，他们对我的那股热情劲儿，说句"受宠若惊"并不为过。这也让我一直忐忑不安的心情终于安定下来。

这所学校为我们每位教师都配备了办公电脑，方便我们查询资料，教室里的多媒体运用广泛，使得教学过程也便利了许多。总之，这所学校的教学条件比较优越，这让我在实习生活正式开始之初，便增加了不少信心……

朱金萌：我们被分配到的学校是一所初中，我们学校总共有 12 位学生被分配到这里。在经过了一上午的奔波之后，我们终于到了住宿的地方。我们的住宿被安排在一所职业学校内，条件还是不错的，比我预想的要好很多，还有食堂，这也超乎了我的意料。另外，我和我的一位同学住在同一间宿舍的上下铺，这都让我感到实习生活并不会是我想象中的那么单调、艰苦和陌生了。

安顿好住处之后，我们便相约一起去顶岗实习的学校。校门口是一个比较破旧的教学楼，但在这座楼后面却还有三栋楼，其中有一座新建的教学楼，条件十分好。了解了实习学校的生活条件后，我的心也安定了下来，并开始期待着去讲台上面对学生了。

这里还要补充说说在生活安排上的一个细节：我们住宿的地方和我们工作的地方之间有一段不算近的距离，若步行走过去上班，耗时会较长，如有急事不太方便。没想到这一点我们实习学校的领导早就考虑到了，特意给我们实习生准备了几辆自行车，以方便我们的出行。学校考虑得这么细致，真的很让我感动。

李　茜：我分到的顶岗实习学校是一所初中。到达后的当天下午，学校的领导们给我们开了一个简短的会议，给每个人分配了指导老师，也给予了我们谆谆教诲，告诉我们要适时改变自己的角色，因为在这里学生都会喊我们老师，相应地，我们也不能再把自己当成一个学生，要有充足的心理准备去面对这一变化。

经过短暂的接触，我对这一学校有了初步了解。这所学校是县里的龙头学校（校领导原话），我对这一学校的直观感受是，学校看起来不错，尤其是那栋新建的教学楼，教学环境和设施可与大学相媲美（甚至还要更好），不仅教室和办公区域都配有中央空调，而且布局也很合理，学生与自己老师位于同一层，方便交流。后来我还发现，不仅硬件可以，课程设置等软实力也不错，还开设有与外教交流的视频课。另外一个感觉就是，学生人数好多啊！在校生有近三千五百人，三个年级三栋楼，实行独立分开的管理方法。在此之前，我还从来没见过人数如此众多的初中呢！

我们住的地方和学校不在一起，所以学校给配了自行车，我每天最开心的时间就是放学后骑着车子出去四处转悠。另外，我在这里遇到的同事都特别好，在生活上都特别关心我，这让我很温暖。

黄　靖：我被安排到那个县里的一所高中顶岗实习，带高一年级两个班的历史课。那个学期，我除了要完成高中历史"必修二"经济史的教学外，更重要的是要与学生们迎接六月份山东省实施新的"3+

3"高考制度改革后的第一年学业水平测试。这次测试的重要性，不言自明，合格与否直接影响到学生的毕业。这也就意味着，除了完成"必修二"的教学工作之外，我还要抽出时间带学生们回顾复习高一上学期"必修一"政治史的内容。从考查内容比例来说，政治史大于经济史，同时政治史也是基础，这些都增加了我的教学压力与难度。不论对我还是对学生而言，这学期还真是面临着不小的考验啊！

进到教学楼，一种莫名的熟悉与感动。是啊，其实我们也离开高中不过三年！教学楼是中空开放式的，简直就是我上学时最向往的那种布局，站在走廊一角，可以环视整个楼层。从教导主任、年级主任到办公室老师也都很和善友好，给我们一遍遍介绍在学校打卡签到、食堂用餐等工作生活事宜，甚至还告诉我们当地有什么好吃的、好玩的。最令我感动的是住宿环境，实际上学校不算宽裕，但非常重视我们这些支教实习生，特意把几间画室腾出来给我们当宿舍。

由于学校确实急缺历史老师，所以连给我们听课的适应期都没预留，第二天我就要正式进班上课了。在办公室的位置安定后，我便抓紧时间开始备课。课间，一件令我意想不到的事情发生了：下课铃刚响完，突然有好多学生挤进了办公室，纷纷兴奋地问我："你就是我们的实习历史老师吗？"在得到我肯定的回答后，他们开心地跑掉了。其后整整一天，每堂课间都会有学生来办公室，或站在门口悄悄羞涩看两眼，或直接走进来与我交流，甚至对我做起自我介绍。看来，他们普遍还是很期待新老师的，这也让我打消了之前生怕自己没经验而不被学生接受的顾虑，也让我不知不觉中对在这里的实习生活充满了向往！

潘玉芝：我所在的实习学校是位于县城的一所高中，设施比较齐全，和我在高中读书时的环境相似。我们被安排在几间女生宿舍里住宿，宿舍很潮湿，感到十分湿冷，刚开始的几天都被冻醒。然而，这种经历却让我们重新感受到了高中时那种痛并快乐着的生活，这倒也很有趣。

由于这所学校是县级规范化高中，所以各方面的设施还是不错的。首先，校园内绿化环境以及操场上的各种体育设施都比较齐全。其次，教室内都是多媒体一体式讲台，为教师展示教学资料、开展探究式学习提供了大大的帮助。不过，也存在着一些问题，例如，同一个班级内的学生人数偏多。我所在的级部为高一年级，分了20个班级，一个班级五六十名学生，这就存在教师上课过程中可能顾及不到全体学生的情况，坐在教室后排的学生可能会听不清楚教师的讲话，或者看不清楚黑板上的板书，这些都不利于教学开展的。

另外，这所学校还采取分快慢班教学的状况，甚至在班级内还存在按学生成绩名次安排座位的情况。我觉得，这种以学生的考试成绩作为唯一的评价方式的做法，显然违背了教育发展规律，并且剥夺了"普通班"学生平等享受教育资源的权利，这应当引起学校和相关教育部门的重视。在有条件的情况下，应当逐渐改变这种情况，使每位学生都有平等接受教育的机会……

由上可见，当这些同学们到达实习学校之后，原有的对实习环境的忐忑和担心开始烟消云散了。因为，有些同学看到了优异的教学环境，有些同学看到了良好的生活条件，有些同学看到了温暖的学校关爱，那是疑云之后出现的阳光，让他们焦虑的内心，变得稳定下来。但是，也有一部分同学面对的处境却似乎并不那么"温暖"，因而难免心情复杂。

（二）有人初识校园，五味杂陈

坦率地说，并不是所有的同学到达实习学校后，面对的环境都像上面那些同学一样温暖、美好，体会到的是与之完全不同的另一番感受。他们所去的那些实习学校，大多地处距县城很远的乡镇村落里。有的学校生活条件不方便，甚至做饭、吃饭都成问题；有的学校环境相对差一些，许多学校的路面都没有硬化，还是泥土路，一阵风吹来，吹起的全是黄乎乎的尘土，而且住宿条件也比较差。还有些同学无法适应当地人们的生活方式与地方口音，有些同学吃不惯当地的饭菜。另外，也毋庸讳言，有少数学校对我们这些顶岗实习生的态度并不是很好，让我们有些心寒。甚至在分配教学任务时，还有一种乱作为的现象。其中原因有很多，我们不排除有一部分原因是上一届前来顶岗实习的大学生的行为表现有问题而产生的不良影响。但不论如何，这却让我们身处其中的同学不啻当头被浇了一盆冷水，有一种心凉的感觉！因为，我们的顶岗实习其实更多是带有支教性质的，但当我们满怀热忱奔赴而来时，却受到冷遇，这也就自然会对这种地方产生了一种无法亲近的隔膜感。

李金新： 到基层顶岗实习我是做好了吃苦的思想准备的，可万万没想到的是，我居然被分配到了当地的一个幼儿园去顶岗实习！

说实话，最初当得知自己被分到幼儿园的时候，我是有点气愤的。我并不是瞧不起幼儿园，但最好是让那些学前教育专业的实习生去更合适啊。而我是学历史学专业的，未来面向的职业是中学历史教师。我本想着已学了近三年的师范类历史专业课程了，教育实习则是检验自己、证明自己的时候了，结果却让我来教幼儿园！天哪，我真不知道当地教育主管部门和幼儿园所属的这所学校领导是如何想的，这也与我的专业差得太远了吧?!

这所幼儿园是一个单独的教学楼，小孩子们和幼师的日常起居都在这栋楼里。楼里面的墙上有各种装饰画，有的是孩子们的作品，但大部分是老师们做的。后来我才知道，这些墙上的东西都需要幼师亲手去做，这是这所幼儿园日常的一部分。

幼儿园四楼的几间房间改成了宿舍，里面住着有幼师和小学部的代课老师，我们这些女实习生都被分到这些宿舍跟幼师们住在一起。这是个很让人头疼的安排，因为幼师们每天晚上都很晚才睡，一直熬夜打电子游戏、看韩剧到凌晨，而且宿舍里还经常会有杂乱的垃圾，房间里弥漫着一股奇怪的味道。所以，我们除了睡觉几乎很少回宿舍。不过，我们宿舍里的几个幼儿教师还是挺好的，我们初来乍到，也给我们提供了一些生活上的帮助，但我们真的没有办法融入她们的生活方式中去。

总之，第一天到达实习地点，我的心情是很复杂的，本来还有点开心，继而有点不知所措，有点气愤，还很累，找不到归属感。

朱林建：让我想不到的是，顶岗实习的那所乡村小学的校长居然会亲自开车来接我们。校长一见到我们，便亲切地一一打着招呼。我们同去的三人把行李搬上车后，一边听着校长介绍他们学校的情况，一边盘算着待会儿一起去买点生活必需品。

"不过，那个村里的孩子可能比较野，你们仨也要多费点心了。"校长在停车前嘱咐了一句。

听到这句话，我们仨几乎在同一时间沉默了，我们相互对视一眼，不约而同地扶额低叹一声。

早在大巴车上分组的时候，我们三人就注意到了我们将要去的那个镇子里有一所特别标注出来的学校——这是全镇，也有可能是我们本届学生前去实习的区域里唯一的一所回民学校。

说实话，我们对此是有些思想顾虑的，主要顾虑一件看起来很平常、却又很实际的事情——生活习惯的差异问题。毕竟，要在一个回民村里生活，就注定了我们必须要尊重他们的民族生活习俗，而改变自己原有的从小到大已形成的生活习惯。虽说做到这一点并不难，但是却真的不一定能够在短时间内适应过来。

当我还沉浸在自己的思绪中时，校长的车子已经在一个规模不算大的小学门口停了下来。抬眼望去，写有"回民希望小学"几个大字的门牌呈现在我们的眼前。那一刻，心里突然有些惶恐、忐忑……

姜美燕：出发的那天，坐在在大巴车上时，大家有说有笑地聊天，期待早点到实习的学校，可是从省城到地市，又从市里转程去乡下……

说真的，我当时很蒙。然后，我就一路郁闷地看着窗外的风景，从楼房变成了一片片的农田，我的心也一点一点地往下沉……终于熬到了目的地，下车后我倚靠着行李箱，看着那破败的镇中心，心情无法言说。我当时就可以预想到未来四个月我的"悲催"生活，郁闷得一句话都说不出来。当时已经下午三四点了，带队老师请我们进旁边一家饭店吃饭，点的大部分都是凉菜，还加的芥末，我机械地勉强下咽着，感觉跟没吃一样，饥饿的肚子让我原本的伤心更上一层楼。

吃完饭，大家在外面等学校老师来接，看着那一辆辆拖拉机来搬行李，我真的心里五味杂陈。好在，我去的那个学校就在镇上，而且是校长开着面包车来接我们，我感觉心里稍微好受一点。在车上看到学校的外貌时，觉得这所学校挺不错的，有一座四层教学楼，操场也有符合规格的塑胶跑道……但是，到了学校里面，看了我们的宿舍以后，我的第一反应就是想掉头出去！我没法接受我未来四个月将在一个黑咕隆咚的小破屋里度过，一点阳光也没有不说，地上还积满了厚厚的尘土，桌子还是那种七八十年代的老旧物品，上面也落满了灰尘。总之，到处都是灰土，以至于我一进去就把衣服弄脏了。我当时很佩服跟我分在一起的另一个女同学，她当时还笑着跟校长说挺好的，谢谢校长。而我当时就别说是谢谢了，我都想立马掉头走人。不过，另外两个男生的屋子倒是不错，因为在一楼原先的保健室，收拾一下挺宽敞的。后来，我忍不住跟校长说过几次想换宿舍，校长就一直官方地回答我，说上面不让你们女生住一楼，怕不安全。唉，好吧，没办法，我也只能接受了。回到小黑屋，挽起袖子开始擦洗收拾，第一天我行李箱都没拆，因为屋子里从墙壁到地面都实在是太脏了……

李月婉：刚听到我们大三要顶岗实习支教的消息时，我的内心是非常激动的。因为，对于我们师范类的学生来说，去学校实习意味着我们可以真正短暂的成为一名老师，这让我们对实习的地方充满了向往。出发那天，经过近四个小时的颠簸，我们终于到达了实习所在县城。

接着，我们便进行了学校分配，正式进入了我的支教实习地点——某乡镇中心小学。被分配到这所学校的一共有四名同学，一名本专业的同班同学，还有两名分别是美术和英语专业的同学。

这所学校有两栋楼，一栋是学生上课的教学楼，我们两个女同学的宿舍以及厨房就在这栋楼的三楼；另一栋是联合校区的老师和领导的办公楼。我们被分配的教学任务是，美术和英语专业的两位男同学教体育和美术，我教音乐，我的同伴教信息技术。说实话，没有被分配到教主要科目，这让我们有些失望，而且所教的科目和我们本专业隔得太远，没有什么关系，这让我们有些惶恐，不知道如何下手。

这所中心小学包括我们在内有二十几位老师，大部分老师住在市区，学校没有食堂，中午大家便在学校集体做饭。学校里也没有正规的宿舍和浴室，女生宿舍在教学楼的最高层——三层，有十几张床，中午老师们在这里午休，晚上则只有我们两个女实习教师住。这个宿舍是一间大教室隔开的，左边是宿舍，右边是厨房，是我们四个实习同学自己做饭的地方。男生们住在一楼，那里原来是学校心理咨询室。学校的公共厕所则相距比较远，在操场附近。

学校六个年级的学生加起来不到三百人，成绩普遍较差，因为家庭条件较好或学习突出的同学都去市里上学了。整个联合校区每半年会来一批实习教师进行师资力量的补充。我实习所在的中心小学教学质量是整个联合校区最好的，是核心力量，大部分学生都是努力认真的，他们跟随爷爷奶奶生活在附近的村子里，父母则都长年在外打工。由于老师的教学方法不一，而且教师调换频繁，导致学生的学习状况很不稳定。

王允健：我与我们学校两位心理学专业的女生被分配到了一所乡村小学。经过近40分钟的车程，接我们的老师开车带领我们先是来到了所在镇上的一家饭馆，学校的校长、副校长以及退休后从事门卫工作的一位老教师早已站在门口迎接我们。校长与我们仨一一握手，面带微笑地欢迎我们到来。饭桌上的饭菜相对于后来在真正实习期间自己做的饭菜要丰盛了太多，但当时我心里想的却是，吃完了快去学校看看。经过在我看来十分漫长的"欢迎宴"后，我们终于来到了离镇子5公里远的那所乡村小学。

到学校时正赶上孩子们上学，他们围在车子的四周，似乎知道我们几个就是他们未来一个学期的老师。我想，他们可能也与我们一样，迫不及待地想见面了吧。学生们抢着把我的行李放到了位于教学楼三层的科学活动室里。那里就是我未来四个月要居住的宿舍。进入宿舍才知道，原来当地一所高校的两个男同学也被分配到了那里。这让我感到很开心，因为这就不需要自己一个人孤零零地住在一个偌大的教室里了。他们两个见到我同样很激动，但是从他们的话语中不免感受到对于实习环境的失望。这时，我才意识到我也需要了解一下这所学校及其周边的环境了。我环视了一下宿舍，除了三张床和三张桌子以及两个橱子以外没有别的东西了，再到走廊上远眺四周，看不到村子，看见的只是一望无际的蔬菜大棚。厨房在楼下平房的教室里，一个电磁炉，一个电热锅，学校为我们采买了几天的菜，一桶油以及米等食物。傍晚，我们几个人一起做了第一顿晚饭。一向是后知后觉的我，在初来的第一天并没有对实习环境产生担忧，倒是只有到校后的喜悦。

对实习环境的深入了解，已经是在几天之后了。这所学校离村庄比较远，离镇驻地更远。学校显得比较荒凉，学生人数较少，只有四个年级。在分配教学任务时，让我没有想到的是，居然让我从事体育课的教学！之前我还幻想从事初中或者高中的历史课程实习呢，所以这样的现实的确让我有点蒙！不过，自己是一名男生，当然不能就此轻易地被打趴下了！于是，我不断给自己打气，给自己说的最多的话就是——"既来之，则安之"。

牛梦璇：我们到顶岗实习的那所实验小学时，受到了学校老师们的欢迎，他们先是热情地帮我把行李搬到宿舍，接着准备召开会议，安排我们的工作事宜。在去办公室的校园小道上，看着一张张童真的笑脸，无忧无虑地嬉笑打闹，整个校园弥漫着欢乐、活力的气息，让人情不自禁地变得神清气爽。小学，真的是一个洋溢着蓬勃朝气与活力的地方。望着眼前的一切，我心中不禁生起一股斗志，在心里高呼几声：加油！我一定可以！可想不到的是，我这种斗志昂扬的状态，在几十分钟的工作安排会议中，便被打得"丢盔弃甲"。

记得当时在那个工作安排会上，学校领导宣布让我带一、二年级的美术课时，这让毫无思想准备的我，还以为自己听错了，内心真有点崩溃的感觉！因为，我从没有想到过完全没有绘画天赋的自己，居然会成为一名美术教师！老实说，可能自己的绘画水平还不如很多孩子呢！学了那么多中学历史教学方法，现在不仅来到的顶岗实习学校是小学，而且承担的还是与自己所学历史专业根本不搭界的美术课的教学任务，更要命的是学校还根本没给准备的时间，要求立马就登上那神圣的三尺讲台！想想就感到头大、心跳加速。我不断地问自己：我能行吗？

刘　冉：那天，我们到达鲁西北某县的实习生集散地时，已经有很多当地的教师在那里等着了，他们手里都有一份我们的名单，分别负责接收分到自己学校的实习生。等同学们基本上都被陆陆续续地接走后，我们还有18位不同专业的同学还没有着落，所以心情不免有些忐忑。好在过了一会儿，总算有一位神情非常严肃的男老师骑着一辆电动三轮车停在了我们面前，说我们这18位实习生被分到了他们学校了。我们心里不禁暗暗庆幸有这么多的伙伴一起被分到一个学校！接下来，那个神情非常严肃的老师让我们抓紧把行李扔在三轮车上。可能是由于当时已经接近中午十二点了，他比较着急，为了下午尽快地安排好我们，所以他不允许我们搬行李的速度太慢，强硬地把我们的行李"粗暴"地往车上扔，幸亏我们的行李也没有什么怕摔的东西，不然可就惨啦！

我们是徒步走到那所学校的，那是一所小学兼幼儿园。由于学校里没有宿舍，临时将幼儿园空闲的教室改成了我们的宿舍，一间宿舍里面可以住 12 个人。宿舍里没有桌子，我们申请搬来了两张课桌，作为日常生活之用。

那个严肃的男老师给我们安排好宿舍之后，便带着我们去吃饭。那顿饭吃的是幼儿园孩子们剩下的菜，因为小孩子的牙比较脆弱，所以食堂阿姨煮的茄子会很烂，烂到如果不是放进自己的嘴里，你都不敢相信那是茄子！在我们匆忙地吃了这顿"战斗饭"之后，那位严肃的男老师给我们开了一个小会，可能是为了给我们一个"下马威"，他一上来就板着脸很严肃地对我们说，学校并不缺老师，他们接收我们只是为了响应上级教育局的号召，给我们提供一个锻炼的机会，云云。听了他的这一番话，我当时还真的挺担心这所学校既然不缺老师，那我们也就没有上讲台的机会了，不禁有点心情失落。可后来才知道，自己当时的担心纯粹是多余的，实际情况根本不是像他说的那样……

苏逸飞：我支教实习的小学位于城乡结合的一个工业园区，周边大多是一些工厂和田地，地理位置相对偏僻，生源地较分散。学生中留守儿童数量较多，父母不能长期陪伴在孩子身边，很多是由爷爷、奶奶照顾孩子的学习和生活。学校附近许多托管班应运而生，离家较远的学生中午会到托管班吃饭休息，下午放学后到托管班写完作业再回家，甚至有些学生每到周末放假才回家。

在与学生的课外交谈中，我了解到这所学校大多数班级组建时间约为两年，不同年级的很多学生是近一两年前才转学过来。很少有学生是从一年级直升到六年级，他们大多有在不同的学校学习的经历。也有些学生存在学习态度松懈的问题，家长和学生并不太重视基础教育。六年级的学生在毕业同学录"未来的梦想"一栏写下的大多是"打工挣钱"几个字。

姚燕杰：3 月 8 日那天上午，我们抵达了顶岗实习的某实验小学。

这所小学一共要了18位支教老师，学校挺现代化的，有一座四层的楼房。但是，由于学校内没有教师居住的地方，我们便被安排在小学附属的幼儿园里跟幼儿园老师、代课老师合住在一起，一个宿舍里住了11人。安顿好住宿后，我们集合去餐厅吃饭。由于我们是最后被学校领走的一批，已经过了正常吃午饭的时间点，餐厅阿姨虽然很不情愿，但还是给我们端上了饭菜。

我们住在幼儿园三层，这里同时也是幼儿园代课老师居住的地方，由于没有厕所，我们只能在幼儿园班级里上厕所。起初，由于上厕所的事情我们跟幼儿园的代课老师还发生了冲突，在那之后我们便单独打扫了一个卫生间使用，但没想到的是，即便是这样后来还是跟幼儿园的教师有矛盾。

总之，对这个学校的第一印象不是很好……

王　娜：经过一段不近的路程，终于到达了目的地——县里的一所实验小学。学校来接我们的是一辆三轮推车。我们把行李放在推车上，一路走到学校。到了之后，在学校领导的安排下，我们吃了午饭，这顿午饭至今记忆深刻：茄子汤加馒头。饭后，该校某主任给我们所有支教大学生开会，声称学校并不缺老师，师资力量足够，所以不足以言"支教"二字。他还以当地另外某所高校的实习生私自回校为例，暗示我们要乖乖地安分守己。

这所小学和它附属的幼儿园是连在一起的，学校就将我们18位实习生安排住在幼儿园的三层。我们的宿舍是由幼儿园教室改造而成的，由于幼儿园白天有小朋友上课，而小朋友最重要的是安全问题，所以我们必须时时刻刻都要小心翼翼，对卫生也格外注重，害怕惹出麻烦。

刚开始时，学校给我们提供早午餐，这让我们对学校怀有深切的感恩之情。不料，到了四月中旬，学校却突然通知我们要增加饭费，并且是只向我们实习生收费！这一决定实在是让我们难以接受，因为我们毕竟是支教性质的顶岗实习呀！从那之后，我们每天的早餐和晚餐都需要自己解决。但是，学校又禁止我们自己做饭。没有办法，我们只好像流浪儿一样，每天都只能去学校东边的那条街上随便找个小饭馆解决吃饭问题……

杨文文：车子拐过了数道弯，窗外田中不知掠过多少不知名的农作物，终于到了我顶岗实习的村小学。那是一个还没有铺上柏油路的村子，进了学校后就被领进了宿舍。这间宿舍里的情形与我想象中的大相径庭：屋内的墙上被贴满了报纸，床是木板床，水泥地面加上头顶已满是铁锈的风扇，两件行李已经将宿舍唯一的过道给塞满……老实说，那一刻，我的脑中是一片空白。不过，值得庆幸的是，在后来支教的四个月中，村中修上了马路，我们也成功的给宿舍窗上寄居已久的小鸟搬了家，可以打开窗子让宿舍得以见到天日了！唯一的遗憾可能就是没有将时常到我们的床上溜达、半夜出来偷吃我们饼干的老鼠"绳之以法"。

生活条件差一些能将就，最让我猝不及防的是，我这个历史学专业的学生，先是被告知可能教小学语文，然而当天晚上却又被告知我要教品德与社会和科学课程！第一天的生活就这样在跌宕起伏中度过了。

初春时令，住进阴冷的宿舍，没有暖气与任何取暖的设备，能够感受到外边的风似乎能将屋内挂着的窗帘吹起，现在回想起支教第一天的晚上可真难熬，身上盖满了厚衣服，身体蜷起来，也不知何时睡去的。第二天一早，我是在小鸟和羊的"二重唱"中醒来的。当时，学校的课表还处在混乱中没有发下来，我手里也没有课本，更不知道所教的课程内容都有些什么。正当我一切都还处在云里雾里时，就有学生早早地找上门来，喊我去上课。我的天呐！这可真是考验我的应变能力了……

学校的教室都是平房，每个年级只有一个班，六个教室加一个体育器材室就是小学的全部了。各年级的学生数量不均，最多的是三年级和一年级，各有30多个孩子；最少的是六年级，只有15个孩子。

学校里有一个小院子，里面是附设的幼儿园，三个紧挨着的平房就是教室。原来教师办公室已经容纳不下我和另一位支教生，所以我们的办公室就被安排到学校的保健室，那里有空着的三张桌子，这足够我们两个实习生办公和吃饭用了。就这样，学校中唯一空闲的屋子被我们两个支教生给填满了。

在将所有的东西都基本安顿完之后，我们又熟悉了一下学校的大门、砖路，分清了各个教室。我的支教实习生活就这样开始了……

曹　晖：我顶岗实习的学校是一所农村小学。那天下午校长把我们接到了学校，到达后的第一眼，留给我的印象就是偏僻。这是一所典型的乡村小学，处在村庄的外边，学校门前有一条并不宽阔的马路，学校被两三米高的围墙围绕着，围墙的四周都是农田。对于没有做好心理准备的我来说，刚到就感受到了条件的艰苦。

我们"大显身手"的小厨房（图片来源：曹晖　摄）

和我一起被分配到这所小学的，还有物理专业的两个女生和一个音乐专业的男生。我们收拾好宿舍后，便被告知，实习期间需要自己做饭，这也是出发前我没有预料到的情况。我们的厨房很窄小，布满了灰尘，只有两张简陋的桌子、一个柜子和做饭用的液化气，还有上一届支教生留下的厨具。第一天我们去村里的超市采买了必备的生活用品和厨房用品，回学校后做了第一顿自己的饭菜——金针菇汤和炒茄子。这对我们来说，既辛苦又感到新奇。

这所小学占地面积不大，有两栋新盖的四层楼房和一排小平房，北面的一栋是小学的教学楼，南面的一栋是幼儿园教室和一些活动室，学校还有一个塑胶跑道和两个简易的篮球场地。整个学校有教师20余人，年轻教师居多，约有一半是本科学历，一半是专科学历。整个学校在校学生有300余人，有10个教学班级，一到四年级每个年级两个班，五六年级只有一个班，越到高年级学生越少，很多孩子在高年级就选择转学，去城里上学，结果六年级只剩下了17个学生。

张春玲：我所去的那所农村学校的条件确实比较艰苦。那里的风沙很大，一排坐北朝南的小平房便是我们的住处。宿舍里不时有蜘蛛、蟑螂等小动物出没，使得本来就胆小的我特别害怕；用水需要到水房去提，厕所则在远处的小树林边，白天还好，晚上总感到很恐怖；我们的食堂很小，饮食卫生条件比较差……远离家乡、亲人、朋友，所有的不适应似乎在舟车劳顿后愈加明显，心情很是失落、无助。即使曾想象过这里的条件艰苦，但心里一时也有点难以接受。一想到要在这里度过四个月的光阴，心里的难受劲儿就不知道该怎么形容。

随着时间的流逝，后来我对那里的生活慢慢适应、习惯后才发现，心态的改变也会使自己对环境的看法有所改变。我常鼓励自己：初来一个地方，总要有一个适应的过程，能不能适应，取决于想不想适应。我的实习生活必不乏快乐，并且乐趣无穷！年轻人多吃点苦，多锻炼锻炼肯定对以后有好处。正是抱着这样平和的心态，我觉得这半年的顶岗实习支教生活过得还是快乐而充实的。

陈　彤：我顶岗实习的地方是鲁西北平原上的一所乡镇中学。刚到这里的时候，感到很不适应，我们偌大的师院居然就只有我一个人被分在这个陌生的学校顶岗实习支教，另外三个实习生都是当地一所高校的，所以我很没有安全感。学校里的其他地方都很不错，唯独宿舍非常差，那时候正好是三月份，天气还很寒冷，宿舍里只有一个很单薄的暖气片也不太管用，我住在一楼，很潮湿，很阴冷，而且进去以后就有一种很奇怪的味道，我很不喜欢。

我们实习生的吃饭问题需要自己动手解决。不过，由于学校里只给我们来支教实习的四个人配备了一套简陋的炊具，所以我们多数情况下还是都在学校的学生餐厅里和学生们一起吃。

学校周围的交通也不太方便，出了校门口，有一段很长的距离，几乎要走将近半个小时才能走到公路上，才会有公交车经过。

来到学校后三四天，也没有安排我们上课，而且也不知道让我们教什么，搞得自己六神无主。校长倒是对我们挺好的，听说之前来的实习生都没有校长请吃饭的现象，这次居然带我们吃了两次饭。

刚看到学校里孩子的时候，突然觉得自己又年轻了一次，好像重新过了一次初中生活，可爱、幼稚、调皮捣蛋。值得庆幸的是，我虽然没有同校的同学一起做伴，但是与来自当地某高校的几个跟我一样的实习女同学却相处得很融洽。

我们外出的交通工具就是自行车，而且是二手的，四个人有两辆。这所学校着实挺偏僻的，骑着自行车也要七八分钟才能赶到镇上。刚去的那个星期，我们去镇上买了一些生活必需品，艰难地用自行车载回了学校。

总之，到达实习学校后的第一个周，给我的感觉就是，所有的一切我要开始适应，陌生且新奇。我在心里暗暗想：我一定要做一个不一样的老师，起码在这些孩子眼里是不一样的，我要做一个懂他们、了解他们的老师！我可不愿像我以前经历的个别老师一样，强迫孩子们做自己不愿意做的事情，专制又封建……

郑克真：我顶岗实习的学校是一所乡镇中学。这所学校位于镇上一个不算宽敞的胡同里，刚进校门时，就看到了满校园的学生，内心还是很激动的。到学校时，已是正午，学校安排我们在校内餐厅吃的午饭。饭菜很简单，一个馒头，两个菜，由于餐厅的座位不够，所以我们都是站着吃的。

匆匆吃完饭，就和我的新室友去宿舍收拾东西。推开门，住宿环境和我想象的有天壤之别。屋里只有两张床，床上全是灰尘，地上全是土，有一个可以放东西的水泥砌的架子，满满的一层土。当时心理落差十分大，怀着幽怨的心情开始收拾卫生。不过，还没收拾完，就喊我去见学校安排的指导老师。

指导老师孙主任见到我之后，给我找了一本六年级的语文课本与参考书，然后就让我去上课。我当时听了十分震惊，问：我难道不需要先听听老教师的课，见习一下吗？孙老师告诉我，六年级的这群孩子已经两个星期没有上语文课了，让我尽管去大胆教。没办法，当天下午我就给六年级的两个班上了第一堂语文课！

这猝不及防的第一天的实习生活，着实让我感受颇深。

李琳玉：很幸运，我被分到了一所乡镇高中顶岗支教实习。对于这所中学，早在自己作为一名高中生的时候便有所耳闻，传言很多，真假莫辨。

这个县的高中学校前些年曾连续进行过一系列合并，最后合并成了4所高中学校。其中，不论是教学质量、师资力量、优质生源，还是高考升学率、社会影响力等各个方面，县一中都是本县及周边地区最受家长信赖的学校。在这样的状况下，但凡学生可以上一中，就绝不会上其他学校，由此也就造成了其余3所高中的优质生源非常少，我所实习的这所中学便是典型。这里的学生综合素质较低，学习动力不足，也就使得学校的老师们长期以来的个人成就感很低，久而久之，就导致学校的整体学习风气和教师的积极性受到了影响，比较涣散，不算好。

这所乡镇中学的校园空间很小，教学楼、办公楼较为紧凑密集，学生的活动区域也十分狭小，硬件设施不够完善，对于教室内的教学设备也未能及时更新与完善，这就使得我们在上课时对于教学情境的创设等都受到了一定的制约。

谭　欣：我的实习学校是鲁西北某县中学。当我听到这个消息的时候，脑袋里冒出了好多问题：这是一所初中，还是一所高中？如果是初中还好；如果是高中，以我自己的能力哪里可以给高中生讲课啊。然后，我便赶紧拿出手机开始"百度"，结果令我心跳加速：这所学校竟然真的是一所高中！这让我顿时心慌起来……

当我当到达这所学校时，看到学校里的环境，我觉得可以用兴奋来形容当时的心情！因为，这和自己当初的预期相比，实在好了太多。学校位于县城，校内有餐厅，可以解决吃饭的问题。学校将我们实习生的宿舍也安排在了校内的行政楼，基础设施配备的很齐全，和要上班的办公楼只有一分钟的距离，生活上可以说很方便。

但是，这所学校的教学条件并不算好，教学楼还是多年之前的旧楼，教室里也没有配备多媒体设备，老师上课全靠嘴说、手写，没有其他辅助教具可用。作为县里地位最高的重点中学，却是这样一种简陋、落后的教学条件，真的让我有些不敢相信！

胡菁冉：说老实话，我自己本身是抗拒去高中顶岗实习的，因为我怕自己没有足够的经验和扎实的专业知识教学生，以至于误人子弟。可是，越怕什么就偏偏越来什么，我最后的顶岗实习学校居然就真的被分到了那个县的一所高中！这让我的心里很是惴惴不安。

听上届来实习的学姐们说，这所学校的住宿条件很好。可万万没想到，我们却被安排住到了学校的女生宿舍。八个人住在一间潮湿的宿舍里，连个风扇都没有。当时，我呆呆地看着女生宿舍楼的大门，仿佛有一种回到了我的高中时代的感觉，只是这种感觉不是怀念，而是有点心酸。更糟心的是，女生宿舍的那个宿管阿姨为了图省事，还态度很生硬地要求我们每天都必须和学生们一起早早地起床，不愿意再给我们另开楼门，这让我们的行动很不自由，心情也就变得更坏了。在宿舍里安顿好行李后，学校招呼我们去食堂吃了第一顿午饭——每人一碗鸡蛋汤和两个馒头，很简单但也很实在。嗯，真是没把我们当外人啊！

我的顶岗实习支教生活，就这样在复杂的心情中开始了……

应该说，我们事先对顶岗实习支教的环境条件可能较差是有一些思想准备的，但当我们真切面对那些现实的挑战时，还是不免产生了一些心理上的落差。诸如生活条件的艰苦，教学环境的不如意，任教科目的五花八门，乃至少数学校对我们的态度上的敷衍或冷遇……这一切，都使大家心中的顶岗支教热情或多或少的受到了一定影响。不过，尽管如此，同学们之间还是常常用"成大事，必要劳筋骨，饿体肤"的古训来相互鼓励，相互加油。

从以上同学们的叙述中可以看到，当时与顶岗实习学校的初次见面，真可谓状态各异，"几家欢喜几家愁"。实习支教学校条件和生活条件稍好的那些同学，即使所教的学科与自己所想的有出入，心理上还是可以有所慰藉的；但是，那些学校条件和环境不怎么好——尤其是当地老师对他们的态度也不太友好的同学，思想和心理上受到打击而出现一些消极的情绪，自然也是不难理解的。

从同学们的叙述中也能发现，有些同学所处的生活环境其实都差不多，但每个人对于那个环境的接受程度却并不一样，而这与每一位同学的家庭环境、成长环境等是有很大关系的。此外，对于低预期的实习环境条件的接受程度，也取决于同学们是否能够拥有较好的韧性与毅力。有些人在面对不好的环境时，愁容满面，各种抱怨，情绪十分消极，这些负面的情绪，就像无形的利剑，不仅会让自己更加烦恼，同样也会使身边人受到影响；而另一些人面对同样不好的环境时，虽然也会有所失落，但是能懂得"既来则安"的道理，能够用最快的时间接受现实的一切，调整心态，以冷静的态度去思考、去面对、去适应、去解决。

孟子曾说："天将降大任于是人也，必先苦其心志，劳其筋骨，饿其体肤，空乏其身，行拂乱其所为……"[1] 现在看来，这句话其实也是在昭示着后人：当我们面对所谓不顺心的境遇时，我们所应当选择的

---

[1] 《孟子·告子下》。

不能只是一味抱怨，而是要学着尽快调整自我，适应现实。为什么人们常常说不论生活的境遇如何，都要保持乐观的态度呢？是的，乐观是一种心态，更是一种能力！乐观可以让我们心中充满希望的阳光，可以帮助我们走出生活的泥沼。当然，人在不如意中能够保持乐观，这种坚韧的品质并不是很容易就能形成的。但是，尽管如此，作为尚缺少社会历练的青年学生，当面对生活中的种种挑战时，我们应当学着有意识地去选择一种更加积极、乐观的生活态度！如此，我们眼中所看到的风景就可能会有所不同。而这一启示，也正是我们从上述顶岗实习支教生活开始之初所遭遇的种种经历中，所初步感悟到的思想收获之一。

师 说

从同学们的叙述中我们可以了解到，大家前去顶岗实习支教的地方，绝大多数都处在最基层的乡镇、村落之中。而这些地方，一般地理位置都比较偏远，交通不太便利，公共基础设施也不够健全。以至于一些同学要购买蔬菜水果或者其他生活必需品，都不得不需要骑半个小时的电动车到镇上才能解决。不过，在有些乡镇，学校的环境与设施建设都不错，食堂的配餐合理，教学用具、教学设施向最先进的设备看齐，学校管理层也十分重视教师队伍的建设和良好校风学风的建设，对待前去支教实习的同学们也一视同仁，尽可能提供最好的生活条件。从中可以感受到，这些地方虽然经济发展状况尚有差距，但十分重视教育。当然，我们也必须承认，还有一些地方的基层学校却仍然存在诸多不足，比如设施老旧，条件简陋，教师素质不高，对待前去支教实习的大学生态度也并不太热情，等等。这些，对于初来乍到的同学们，确实是一个心理上的考验。

令人欣喜的是，从同学们的叙述中可以看到，这些平时在父母眼里尚缺乏独立生活能力的孩子们——特别是那些女孩子们，所表现出来的适应环境的能力真的令人刮目相看！即便所处的环境条件再艰苦、再简陋，尽管一开始有多么不适应，她们却都能保持一种平和的心态，"一箪食，一豆羹"，虽身居陋室，却安之若素。作为大三的学子将来总归是要毕业迈向社会的，将来也不可避免地要面临各种陌生的、艰苦的环境。所以，能拥有一份淡定的心态真的很值得赞赏。

要适应环境，首先就要熟悉环境。我们看到，这些同学在到达一个新的陌生环境时，都注意去尽快熟悉当地的环境。例如，住宿地方的周边有没有小卖部、小商店，有没有医院、诊所，有没有快递点，以及一些能够满足基本生活需求的公共设施；还有，从住处到达学校需要多久，最快的路线是怎么样的，路上沿途都有什么。另外，所在的这个地方"赶集"都是什么时间、什么地点，等等。这些看起来显得非常琐碎的生活小事，对一个初来乍到的人来说，却是掌握当地人的生活方式和生活节奏的最重要的事情。只有先熟悉了生活环境，大家才能知道在这里生活时该怎么去做。而一旦适应了当地的生活节奏之后，才能够更快地投入工作与学习当中。

要想快速适应一个全新的工作环境，必然要向其他同事和前辈请教、了解。例如，向学校里的老师了解当地情况，特别是当地学校的情况，学校的教学理念如何，教学制度如何，学生群体的构成状况如何，还有具体到自己所执教的班级每个孩子的具体情况，等等。这些问题若只靠自己的观察是远远不够的，而通过和其他同事的交往、了解，则可以更快地获得信息，并且也可以为即将开始的教学工作做好思想上和心理上的准备。

最后，也是最重要的一点，就是大家要及时调整好自己的心态的问题。可以肯定地说，对于实习支教的学校环境氛围，无论大家事先如何想象、如何在心理上做准备，但还是难免会在面对现实时，心理上会出现一定程度的落差。这种现实与想象的实际差距，必然会对同学们的心态造成一定的影响，难免导致情绪上产生波动。所以，及时调整自己的心态，保持一个良好的精神状态和积极的态度，能够有助于自己尽快地融入新角色中去。

  这里不得不指出的是，有些基层学校对于大学生的顶岗实习支教工作，无论是在态度上还是在具体安排上还有提升的空间。以参加顶岗实习支教的这个历史学专业班级的同学们为例：众所周知，目前在我国的基础教育课程体系中，历史课程只在初中和高中学段开设。因此，在高校的师范类历史学专业人才培养目标上，定位就是培养未来的中学历史教师。因此，他们所接受的专业训练，也是以中学历史教学为着眼点的。然而，从同学们的反馈来看，当他们进入顶岗实习支教的基层学校后，真正被安排担任中学历史课程教学任务的不多，绝大多数同学被分配前去顶岗实习的学校基本上都是小学；更有甚者，居然还有一些同学被分到了幼儿园！至于任教的科目更是五花八门。显然，这与大家原有的期待相去甚远。对此，同学们当然可以在私下里"吐槽"，当然可以对某些基层部门和学校的敷衍态度及"乱点鸳鸯谱"的行为表示遗憾，但是，我们却又必须面对现实，并努力改变自己，使自己来努力适应现实。

  因此，及时调整好自己的心态，坦然以对，就成为参加顶岗实习支教的同学们必须要做到的首要任务。其实，换个角度来看，这本身何尝不就是一种难得的历练和成长呢！而一旦大家都能够做到处变不惊，历练出一种能够坦然面对这一切的坚韧心态，并由此生发出一种"硬着头皮也要上"的冲劲，那么，我们又何须担心自己在未来还会有什么困难不能去克服呢？！

（齐健）

第二章
师者何为

作为历史专业的学生，我们以史为镜，以察查治乱兴衰放眼未来；作为顶岗支教的新人，我们以人为镜，以反思教育得失提升自己。

——题记

"自有人生，便有教育"，而有了学校教育，便也有了教师。夸美纽斯曾把教师看作"太阳底下最光辉的职业"，陶行知则强调教师要"捧着一颗心来，不带半根草去"，还有人则希望"教师是人类灵魂的工程师"，等等。教师作为最古老的职业之一，是神圣的。因为，教师肩负着传播知识、传播思想、传播文化的历史使命，肩负着塑造灵魂、塑造生命的时代重任。教师是教育发展的第一资源，是国家富强、民族振兴、人民幸福的重要基石。历史和时代赋予了教师以不可忽视的育人重任，而作为参加顶岗实习支教的师范生，我们深刻体会到了这个担子的重量。

可是，究竟什么样的教师才称得上是合格的教师呢？这个话题在不同的阶段有着不同的要求，不同学科也有着不同要求。但总的来说，作为一名教师，既是文化和知识的传播者，更是"立德树人"的担负者。教师这一职业的特殊性就决定了他们必须要做到"学高为师，身正为范"。

首先，作为一名合格的教师，需要有一个良好的师德形象，教师自身作为学生的直接榜样，会直接影响着学生的学习与成长。正像孔子所说的那样："其身正，不令而行；其身不正，虽令不从。"① 作为教师，其良好的思想品质，对待学生时端正的态度和高尚的作风，都可以在学生面前树立起良好的"为人师表"的形象。而教师的以身作则、言传身教，其教育效果比任何教科书都更为有效，都更能影响孩子们正确的道德规范和行为准则的形成。从育人角度来说，一位师德不够完善的教师，在与学生的相处中，是很难得到他们的尊重与亲近的；而一位师德高尚的教师，往往更能走进学生的心中，能够受到他们发自内心的尊敬，这样的教师也是能够给学生的一生带来深远影响的。这一点，在各基层中小学顶岗实习的同学们感触颇多，当我们在深入了解和切身感受了乡村教师队伍的气质与氛围后，也初步具有了一些

---

① 《论语·子路第十三》。

自己的认识。

其次,作为一名合格的教师,既需要拥有丰厚的专业知识,也需要拥有其他广博的非本专业知识。著名教育家陶行知曾说:"唯有学而不厌的先生,才能教出学而不厌的学生。"历史专业知识固然是做好教学工作的首要因素,但教学专业知识对于如何处理自己与课程的关系、与学生的关系更为重要。一位教师同时把握好这两种知识和能力,方能在课堂上灵活处理教材,也能够在学生出现问题时随机应变,既引导学生的思维不偏离课堂,同时又能保护学生天马行空的思维灵性,才能保证取得更好的教学效果。但与以往不同的是,现今社会的发展日新月异,学科交叉趋势越来越明显,人才竞争压力也在加大,学生接触知识的途径也越来越多。这一切,就要求教师必须保持终身学习的态度,自觉地不断更新教育教学理念和专业知识。同时,不管任何年龄层面的教师,还应该注意与时俱进,学习和掌握各种新兴的现代教育教学技术。另外,教师的文化素养与艺术素养也极为重要,教师良好的文化艺术素养能够带动优良品质、气质、修养、风度等的形成,也能够带动学生审美品位的提高。长远来看,对于学生进行审美能力、创新能力的教育,比单纯的知识教育、技能教育更为重要。不仅如此,一位文化素养与艺术素养深厚的教师,能够更加完整透彻地阐释知识更深层面的内容,也能够带动学生从更高的层面上深化对所学知识的理解。教师文化素养与艺术素养的提高,使得教师拥有更加广阔的视野,并有助于逐步凝练、形成自己的教育教学思想。

最后,作为一名合格的教师,还应当要懂得重视与学生之间的沟通、交流。教师不仅要关注学生的学习与生活,更重要的是要对学生的心灵充分关注,引导学生对人的生命价值的理解。这里最关键的是,教师与学生之间要相互尊重。在马斯洛的"需求理论"中,将人的需求从低到高按层次分为五种,分别为生理需求、安全需求、社交需求、尊重需求和自我实现需求。其中,尊重需求包括受到别人的尊重和对自己价值的评价。尊重需求得到满足，是一个人对自己充满信心，体验到生活价值的重要原因。但是，尊重又不完全等同于教师作为年龄稍长的长辈的居高临下的关爱，而更应倾向于建立在尊重基础上的平等的爱。这和传统的师生关系模式是有所差别的。

理想是丰满的，而现实则往往是多面相的。这段顶岗实习支教的经历，让我们第一次拥有了零距离观察、了解处于最基层的乡村教师队伍基本面貌的机会。我们看到，在他们中间不乏兢兢业业、全身心奉献给乡村教育的优秀教师，他们对学生认真负责，并以身作则，为孩子们树立起一个个良好的榜样。但是，也毋庸讳言，在顶岗实习支教的日子里，我们也目睹了一些行为举止有悖教师之道的人和事。这也是一种活生生的现实，无法回避。不过，这倒时时提醒着我们，作为一名教师是光荣的，但做一名合格的教师又绝不是轻而易举的。

——"为师即做人"！

或许，这就是我们从顶岗实习支教的经历中所获得的最深刻的感悟吧。

那么，究竟怎样去做一名合格的教师？怎样才能将我们所学知识灵活化用，真正不辜负那些孩子们对于我们的期望呢？怎样才能真正堪为师表呢？对于这些，我们在顶岗实习的日子里似有所悟，但更深层的认识却只能在未来漫长的教育教学工作实践中去慢慢琢磨、用心体会了。还好，我们尚年轻，虽然稚嫩，但我们渴求上进，只要我们能一直保持谦逊学习的态度，并自觉地将我们所遇到的那些学校里的教师前辈们当作是一面面镜子，就能照出我们自己的样子。孔子云："见贤思齐焉，见不贤而内自省也。"[①] 此话所告诉我们的，不就是这个道理吗？

---

① 《论语·里仁》。

一、"见贤思齐"

在顶岗实习支教期间,与我们朝夕相处的除了孩子们,就是这么一群最平凡不过的基层教育工作者:他们每天早上从家里赶到学校,风尘仆仆;上课时在讲台上不知疲倦地慷慨激昂;下班后,他们只能搭乘最后一班简陋的乡间公车,或骑着电瓶车返回各自的家;而在暮色中回到家后,他们还要彻夜批改学生们那一摞摞"千奇百怪"的作业……这就是当下大多数乡村教育工作者日常生活的真实写照。他们工作在离家路途并不算近的乡村学校,用着相对还比较简陋的教学设备,孜孜不倦地尽心尽力培育着那一群群渴望新知、憧憬未来的农村娃。他们虽然身处中国教育的最基层,却像一团团跃动的小小火苗,虽然看上去力量很微弱、很不起眼,但正是他们却给那些乡村里的孩子们燃起了对未来的美好憧憬,从而成为我们这些师范生乃至整个社会里最值得尊敬的一个群体!

(一)火车跑得快,全靠车头往前带

顶岗实习期间,我们看到,大部分学校的领导都严于律己,为全校师生树立了良好的榜样,对待工作严肃认真,对老师学生要求严格,威严而不缺亲和,真正做到了"为了学校的一切,一切为了学生"。

1. 抓实学校日常事务,确保教育教学工作有序运行

学校领导的首要任务就是要处理好学校的日常工作,能够做到事无巨细。这其实就需要学校的领导层有着十分专业的态度、知识与能力。一个学校,领导层所制定的制度越完善、越民主,办学目标越明确、越清晰有序,就越会更好地推动学校的发展和教师的专业成长,带动学校形成良好的氛围,进而提升办学的整体水平。很幸运,我们在顶岗实习期间就遇见了许多这样的学校领导。

张隆鑫：我们刚来到这所农村小学时，恰巧校长因公外出没有见到，直到两天以后，我们才见到了返回学校上班的校长。他一回来就召集我们七位实习生开了个会，详细交代了有关实习的各种注意事项，包括出行、生活、安全、教课等，可以说是包罗万象，事无巨细。这也从一个侧面体现出了他的敬业和能力。校长对我们的态度一开始是观察、试探，后来因为我们的表现良好，就经常在教职工会议上表扬我们，对我们也越来越关心。校长的领导意识很强，每次学校开会时他都会要求所有人不能看手机，不能随便交头接耳，比较严厉；在对待学生方面，他很注重学生良好行为习惯的养成，如上下课书籍的摆放，桌洞里面的整理，作业的规范，等等。与此同时，他本人非常爱整齐、干净，每天上班的第一件事就是亲自打扫自己的办公室，他甚至因为看到学校厕所里有几只苍蝇，便专门动手在厕所门口安装了纱门来阻挡苍蝇。对待教师的办公室也是如此，他经常会去查看卫生状况。受其影响，每位教师的办公桌也都保持得异常整洁。据我观察，校长这种以身作则的行为习惯，对于这所学校的小学生们的行为养成，的确是起了很大的潜移默化的影响作用！

姜美艳：我所在的顶岗实习学校，每个周五中午都要召开一个全体教职工都要参加的工作例会。会上，校长、年级主任会把这一周的工作分别进行总结，指出哪里做得不好需要改正，下周将有什么工作安排等，事无巨细，布置得井井有条。我真的很佩服他们，因为这些领导都是男性，但事情居然可以想得那么细致、周到。他们也从来没有领导架子，感觉跟那些普通的任课老师一样。每次分配任务也都很民主，并且会认真倾听老师们的意见。

李月婉：顶岗实习期间，我们那所小学的校长亲自负责安排我们的衣食住行事务，为我们做了很多细节化的事情；副校长和主任为我们提供了很多帮助，亲自为我们修电风扇，带我们买生活用品，等等。他们虽是学校的领导干部，却一点也没有领导架子。他们教我们怎上课，带我们去听其他老师的课，在学习和生活上对我们无微不至的照顾，让我们切身感受到了这所学校的领导对我们的关爱。

张　晓：实习学校的领导层对学生及教学是很重视的。为了提高教师的专业素质，学校不定期的开了书法课程，督促老师练好粉笔字，还有教师朗诵大赛等，定期进行教学质量检测，每周都有公开课，积极组织老师参加教学比赛等。对学生的生活也很关心，后勤主任负责监督、管理学校的食堂工作，他经常征求学生对饭菜质量的意见，如味道怎么样，明天想吃什么菜等，每每都是先忙着安排好学生的生活后，他才最后一个来食堂吃饭。校长则是一个很随和的人，想法很多，他是从城里一所学校下派来的，到这所中心小学已经五年了。我们顶岗实习的这个学期，他的精力主要是投入家庭教育工作上，经常和学生家长们开会沟通如何进行家庭培养，更好地实现家校合作，等等。可惜，他的这一行为却没能很好地得到全体老师的理解和支持，有些教师甚至还私下里表示反对。这也反映出，基层校长开展工作是不容易的！

贾　琳：我的实习所在地是一处乡镇小学，教师以及学校领导总体上都是比较认真负责的。从学生管理方面来说，学校领导每天在学生上学、放学时都会在校门口维持秩序，同时这也方便学生家长反映情况、提出建议。学生们放学时要求由教师组织好队伍，带到父母固定接送孩子的地方。每周五放学后都会开一次总结会，主管教育、安全、卫生的领导都会总结这一周的工作情况，决定下周的工作计划。对教师的管理主要体现在教学方面，规定教师每周要制定一个周达标检测，检查学生们的学习情况；要由教师带领学生们开展各种课外活动，并进行评估；每次大型考试结束后，会召集各科老师总结经验；不定期抽查教师的备课本和学生作业本的完成情况；等等。

李　茜：实习学校的各位领导虽然都不失威严，该注意的问题都会直接提出，但是态度又都很和蔼，时不时的还会开个玩笑。每次召开教职工会议时，氛围都很愉快，这点让我印象很深刻。尤其是那位副校长，人特别好，成天乐呵呵的，心态很年轻，教学能力也是一流，是我最喜欢的老师之一。他的办公桌就在我对面，每次都会让我喝茶，还带我去校园里摘桑椹，让我很温暖……

2. 积极开拓学校发展之路，营造良好的教育教学环境

在我们眼中，绝大多数学校的领导在管理工作上都是负责、称职的。同时，他们也都很关爱学生的健康成长、关心教师的专业发展。而一旦学校领导的决策正确、方法得当，让教师感受到被尊重、被关怀，那么教师的工作积极性也就会被真正调动起来，发挥出来。我们看到，这些学校的领导者都在积极探索学校的发展之路，努力改善办学条件，想方设法为学生营造出一个良好的学习环境，促进教育教学质量的提高。

邓景丽：我在幼儿园的日子里，感受到我们园长一直在想点子，因地制宜地努力改善相对贫乏、落后的办园设施。比如，回收孩子们喝完牛奶、饮料后的空奶瓶、饮料瓶，还有食品袋、药瓶等，园长带着我们用这些材料巧妙地模仿制作、布置出了小小超市区、保龄球区等，变成了孩子们游戏玩耍的小小乐园。不可否认，幼儿园老师的创新能力和动手能力都很棒！后来，也不知园长是怎么想办法争取到的投入，只经过短短一个学期，我们幼儿园的每间教室里都安装上了多媒体，换上了新桌椅，教学楼里原来粗糙、简陋的手工装饰，也都改建成了像模像样的小医院、小超市等专题游戏区，还有安装了幼儿用的体育器材，等等。可想而知，幼儿园领导和所属学校领导为孩子们的健康成长真的是付出了很大的心血……

贾孟双：我所在的这所乡镇小学的学区，恰好去年新上任了一位学区领导，真的是"新官上任三把火"啊，他上任不久便对这个学区的教学工作进行了大刀阔斧的整改。例如，他组织了一系列的教育教学活动：月考、期中和每月的教学检查、教学现场会、阳光大课间、

座谈会，等等。他期望能以此来促进学区教学质量的提高，丰富学生的课间活动，培养学生的课余兴趣。我们学校的校长是一位资深的老教师，对待学生和蔼可亲，在每周的教师会议上传达指令、安排工作时都与老师们有商有量，善于听取老师们的意见，深受老师们的尊敬……

（二）火车跑得稳，全靠车厢定位准

一所学校的发展只有学校领导的努力是不够的，更重要的是需要学校全体教师的齐心协力，也就是必须要做到"劲往一处使，汗往一处流"。如果把学校领导比作车头，那么奋战在教育一线的老师们就是火车的车厢，只有他们坚定、忘我的全身心辛勤付出，才能让教育的列车载着孩子们驶向明亮的远方。

1. 她们是乡村幼儿教育工作者，是呵护孩子们成长的"天使"

这次顶岗实习支教，最让我们意想不到的是，有几位同学居然被分到了幼儿园！坦率地说，这与我们所学专业实在是相去太远了。但尽管如此，我们的同学还是都服从了这种安排。因为我们都懂得，幼儿教育是基础教育的基础，是幼儿成长的关键性的奠基阶段。作为幼儿教师，不仅是这些天真烂漫的孩子们学习、生活上的指导者，更是他们人生蹒跚学步阶段的启蒙者和引路人，所承载的育人责任是十分重大的。正因为如此，作为非学前教育专业的实习支教生，我们就必须要一切都从头认真学起。而对我们来说，最直接的"老师"当然就是那些在职的幼儿教师了。尽管她们普遍年龄都不算大，却大多是已有着3~5年教龄的"老"教师了。在我们同学的眼中，她们满是青春活力，有着较为丰富的幼儿教育经验，对待孩子们充满爱心且宽严有度、教育有方，的确有很多值得我们学习的地方。以下就是在幼儿园支教实习的同学们所讲述的这些幼儿教师的平凡与伟大。

李金新：我们到这所幼儿园的第二天就开始工作了，我和另一个舍友被分配到了幼儿园中班的一班。这个班的班主任是一位年龄稍长一些的中年女老师，她有一头又黑又浓的自然卷发，说话做事干脆利落，很有活力，是这个幼儿园里比较有威信、经验丰富的一位幼儿教师，对教育孩子很有一套方法。在这所幼儿园里，像这样有威望的幼儿教师还有一位，她从事幼儿教育工作的时间比较长，说话做事都能让人感觉到她确实是一门心思全都放在园里的孩子们身上。

此外，幼儿园里还有很多很年轻的幼儿教师，年龄较大的也只不过才20岁，年龄小的甚至还不到18岁呢。别看她们年龄不大，她们对教育孩子却很有方法。当然，因为太年轻，她们也难免有时候会出现工作上的疏漏，但相对于年纪比较大的幼师来说，她们却更有着蓬勃的青春活力。比如，我们宿舍里的两位幼师，孩子们分别称呼她们为佳佳老师和小雨老师。佳佳老师是个很漂亮的姑娘，我们实习的时候她才刚刚成年。佳佳老师很关心孩子的日常生活，可以说是无微不至，她管教孩子不会用很严厉的方式，而是通过讲道理的方式，很温柔，但非常有效，让人感觉很温暖。有个孩子不能融入幼儿园的生活，被他们班里的孩子公认为"最不听话的孩子"。可佳佳老师都会给他特别的关心。例如，每当吃饭的时候，佳佳老师会把这个孩子安排到她的旁边，悉心照顾他吃饭。还有一次，我们第一次照看孩子们午睡，佳佳老师就特别嘱咐我们说，这个孩子中午可能睡不着，可以搂着安抚他慢慢睡。佳佳老师虽然年纪很小，但在教育孩子方面真的有很多地方是我们要好好学习的。小雨老师则是大班的班主任，她胖胖的看起来有点"凶"，但其实她很温柔，也很有教学点子。记得有一次给孩子们发完酸奶后，她让孩子们先不要急着喝，而是让他们每个人描述一下这个酸奶的味道，而且描述的能让人能感受到这个酸奶很好喝。我觉得，这真是个一举两得的好方法，可以让孩子们在生活中既学到了知识，还能学会表达。……

邓景丽： 在我顶岗实习的幼儿园里，老师们虽然普遍都很年轻，但她们多数都已经是经验丰富和有爱心的幼儿教师。我所在的班级的班主任才 18 周岁，我们都亲切地叫她佳佳老师。看到她，我觉得她应该就是我要成为的教师的样子。虽然佳佳老师年龄小，但是她经验丰富，管理起孩子来严而有爱，深受孩子们的喜爱。上课时，她会耐心的一遍又一遍地教孩子们识字、算数，直到每个孩子都学会；学习之余，她还会给孩子们放动画片，让他们放松、娱乐；她还会自费买一些小零食奖励那些表现好的小朋友；她也会追随潮流，给孩子们拍抖音小视频；等等。最让我敬佩的是，当孩子们说错了午饭蔬菜的名字时，她都会认真的指出来，并耐心地引导孩子们分辨清楚，"这不是某某而是某某"。中班的幼儿对问题有着极强的求知欲和好奇心，这个时期应该对幼儿进行正确引导，而佳佳老师就给了孩子一个正确的指导，帮助孩子建立起正确的认知和语言表达能力，这对孩子们的成长和发展极为有利！

我们幼儿园里的小可爱们（图片来源：邓景丽 摄）

李婷婷：我所在的是一所很正规的幼儿园，但因为是在农村，师资力量不太充足。所以，我们三个实习生的到来，也确实减轻了当地幼儿老师的压力。在那里顶岗支教实习的日子里，作为"革命"的"一块砖"，一旦遇到哪个班级的老师突然有事，我这块"砖"就要往哪里"搬"。这样一来，我也就基本上大致了解了这所幼儿园的小班、中班、大班等所有班级的老师和孩子。

先说说小班吧。作为小班的幼儿老师，需要像妈妈一样，悉心呵护身边这些稚嫩的"祖国的花朵"。对于刚刚离开妈妈入园的幼儿来说，这里陌生的环境可能在她们眼里是很可怕的，但我的当班老师却总是能想出很多办法让孩子们停止哭泣。而我也一点一点地模仿着她们，由刚开始的笨拙慢慢变得也有自己的一套办法了。

当然，还有很多麻烦是始料不及的。例如，那些两三岁的农村娃娃，总是打打闹闹的，有的娃娃还会用指甲挠人，几乎每天都会有孩子被挠哭。刚开始时，我对这些情况手足无措，根本不知道该如何处理，而我的当班老师却有一种不怒自威的威严，只要她一出现，那些调皮捣蛋的孩子立马就变得老老实实的了。另外，两三岁的娃娃总是尿裤子，我刚开始时真的是接受不了用我的手给他们换尿湿的裤子，对此很排斥，我的当班老师很善解人意，每当这时她都会主动去给孩子换裤子。这让我既感激，又感到很不好意思。不过，时间长了，慢慢地我也克服了心理障碍，也开始学着给孩子们换尿湿的裤子了。有了第一次，就有第二次……渐渐地，我对于给孩子们换裤子、擦屁股、擦鼻涕等，也都习以为常了。

再来说说大班吧。我待的时间最长的班级是大二班，大二班是临近毕业离园的班级。我的当班老师是一个身材很苗条很好看的女孩。她给我们的感觉就像是一位小姐姐，总是不吝帮助我们，而且在给孩子们教课的时候也有她自己独特的一套方法。起初我并不熟悉这个班级，也不知道该教孩子们什么内容，所以就先观摩她上的课。正是从她那里才让我懂得了，对于大二班这些即将上小学的孩子们来说，奖励比惩罚更有效。

另外，让我记忆最深刻的是幼儿园的园长，她并没有单纯地把我们实习生当作这里的老师，而更像是当作远离家乡的孩子一样看待，无微不至地照顾我们。我们生病的时候，她自己掏钱给我们买药，给我们煮面条；遇上赶集的时候，还会给我们买零食，给我们买鸡蛋……并让我们生活上无论缺什么都跟她说。她把幼儿园的孩子们也当作自己的孩子一样看待，会笑眯眯地耐心地听孩子们跟她讲故事，孩子们都特喜欢她，管她叫园长妈妈。她真的让我们感到很温暖！

2. 他们是乡村中小学教育工作者，是辛勤育人的"园丁"

这次顶岗实习支教，我们班的绝大多数同学被分配到了各个乡镇基层中小学。在那里，我们接触到了很多优秀的乡村教师，他们勤勤恳恳，认真敬业，对待学生严慈相济，亦师亦友，对待我们这些实习生更是认真耐心的指导。他们日复一日坚守在农村教育的最基层，为那些憧憬明天的乡村孩子们默默奉献着自己的一切，真的堪称是一群既平凡又伟大的"生命的歌者"！

朱林建：时至今日，在我的耳边仍不时回响着这样一句朴朴实实的话："说句心里话，你们这些大学生就该好好把握这难得的顶岗实习的机会，多看、多听、多问、多学，无论你们以后走不走当老师的这条路，这都能够给你们未来的工作提供十分宝贵的经验。"

——这是一位和我一样有着支教身份，但却是自己主动请缨从城市中学调到乡下小学教学的老师对我们实习生所说的话。

这位朴实的乡村女教师在我们到达这所小学的第一天，带领我们三个实习生把学校里的各个角落逛了个遍，认真地将在这所学校生活、工作中需要我们知道的事情，都不厌其烦地一一介绍给我们听，并耐心地回答着我们时不时蹦出来的一两个问题。

在很短的时间内，我便对在这所学校执教的所有老师都肃然起敬，一种毫不做作的钦佩感油然而生。

说实在的，这个学校的基础条件确实不算好，从学校的面积而言，它是这个镇最小的学校，所在位置也相对偏僻，离最近的镇驻地也有九公里的距离。学校名字里的"希望小学"四个字很直白地反映了这个村的经济状况还比较落后的事实。我亲眼所见，很多在这个学校里上学的孩子都来自实实在在的低保家庭：有的笔杆都破烂得不成样子，不得已用笔芯写字；有的家里实在支持不了文具费，而不得已借用同学的笔在已经被涂画到几乎没有几处空白的笔记本上写字；还有的因为家里给不起书费而不敢进教室门口，只是默默地站在门口外的台阶上流眼泪……

当这些原本只在媒体上见过的偏远地区的农村孩子们真正出现在我的面前，并用渴望的纯真眼神看着站在讲台上的我的时候，我说不出话，我也不想说什么，也许翻开课本，拿起粉笔在黑板上把他们渴望的知识倾囊相授，才是回应他们的最好方式吧。

让我感动的是，这里的老师没有放弃这些孩子们。老师们除了认真教授他们文化知识之外，还经常资助那些家庭特别困难的孩子。校长也想方设法地来努力改善学校的办学条件。在我顶岗实习支教的这半年内，我亲眼见证了学校的教育基础设施在一点点往城市学校水平靠近的过程，现代数字化教学手段在这个乡村小学里也正在逐步扎稳脚跟。

对于这些孩子们来说，老师不仅仅是老师，还是他们的亲密玩伴。如果你第一次来到这个学校发现老师们正在和学生们在操场上打闹的话，不要意外，那是朋友之间的嬉闹游戏。

在这个只有五个年级、五个班级，连幼儿园的孩子都算上也不过一百个孩子的小学校里，有着十几位认真履行着教师职责的乡村教师，他们大概就是那个著名的"再穷也不能穷教育"口号的最佳践行者吧。

王允健：在顶岗实习的四个多月里，我所在的那所农村小学的老师们对于我们四名实习生都十分热情，在办公室里经常说说笑笑，同时也很能体谅我们在人生地不熟的环境中生活所要面临的许多问题，热心地为我们提供很多帮助。比如，因为学校离村子比较远，有位老师就把她自己日常用的电动车借给我们使用；天热了，由于我们的宿舍处于楼顶，且没有电风扇，有位老师就把他负责管理的比较阴凉的活动室钥匙交给我们，让我们晚上可以到那里暂时休息乘凉，等等。

我印象最深刻的一位教师，是二年级的班主任老师。她在学校里主要从事二年级的数学教学和班主任工作。由于这所学校受生源质量、教学条件等各种因素的制约，各个班级和科目在全学区的考试成绩总体较差，可是唯独她负责的班级学习成绩却能够在全学区中名列前茅。我曾多次听过她的数学课，她的课堂极富有激情，她可以用生动有趣的例子向孩子们讲解比较难以理解的数学知识，同时也经常鼓励和启发孩子们大胆提问、质疑问难。所以，她所管理的二年级学生，比较活泼但又很有秩序。在我任教的体育课上，我感觉二年级学生在她潜移默化地影响下，表现的相较于其他年级更出色一些。比如，在教授相对而言比较乏味的广播体操上，其他班的孩子注意力特别容易分散，但这种情况在二年级却相对较少。在自由活动时间时，他们的秩序也相较于其他班级好很多。

这位班主任老师对学生的影响不仅体现在学习上，她还非常注重学生的心理健康培养。比如，放学时其他班级的学生一般都是默默地排队走出校门，但她要求二年级的学生离校时要边走边喊口号——"我能行，我很行；说我行，我就行！"虽然这只是简简单单的十二个字，但我认为它在潜移默化当中对学生自信心的培养有很大的作用。

所以，在我的心目中，她真的是一位值得我好好学习的令人尊敬的好老师！

姚燕杰：顶岗实习期间，给我印象最深的老师是学校的一位董老师。她上课时，习惯于在熟练掌握各位学生的学习状况的情况下，再提问问题。她提问问题很有技巧，既要考虑适合这个年龄段的孩子们的认知水平，又注重能够开启孩子们的思维，让他们通过一定的思考才能回答出来问题。在讲课过程中，她真可谓"眼观六路，耳听八方"，总能够及时发现并提醒那些思想开小差、搞小动作的学生集中精力；而对于那些学业比较落后或比较胆小的同学，她则会发动全班同学给予鼓励，激励他们大胆发言；等等。这一切，都给了我很大的教益！

姜美燕：我顶岗支教实习的那所农村小学校园中间有一个宣传栏，

上面有每位教师的简介，我从那里发现，这所学校的大部分教师都获得过各种教师荣誉。我刚去的时候，就发觉这些老师很有工作激情，在教室外面远远的，就会听到老师们激情澎湃的讲课声。学校每周一早晨都会举行升国旗仪式，不论是老师还是学生都必须要参加集合。我们刚去实习的时候天气还很寒冷，尤其是清晨特别冷，尽管有很多老师家在城里，路比较远，但每次他们都会顶着料峭寒气一大早准时赶到学校，并与孩子们一起出现在国旗下。上自习时，老师们都会跟班辅导和维持学习秩序。课间操时，老师们又都会跟在学生后面陪他们一起跑步。而回到办公室后，老师们就开始伏案备课，或者一份一份地仔细批改作业。

由于这里师资人手紧缺，老师们上课时，常常都是一口气就连续上两三节，很辛苦。我曾偷偷看过他们的备课簿，教案都是写得密密麻麻的，非常详细，这可以看出他们的工作态度都是非常认真的。我感觉他们每天从早上到放学，一直都是紧张忙碌着的，不是在忙着上课，就是在忙着写教案、做课件或者改作业，还会时不时地与学生进行个别谈话。此外，班主任老师在家长来接孩子的时候，还会见缝插针地把学生的表现或问题向家长进行反映；而有些家长也经常会被老师请到办公室进行交流、沟通。看得出，这些老师们是很有责任心的，他们的目的都是与学生家长一起，共同教育好这些农村的孩子！

李　婕： 我所在的教师办公室是三、四年级合在一起的。据我的观察，这里的老师们大多是认真负责的，对学生的学习非常上心。另外，学校的课程开设比较规范，音体美课程的教学时间不会随便被占用，也不会出现让音体美老师"被生病"的情况，这真让我感到意外。此外，学校里还有开设了多种多样的户外实践活动课，孩子们可以根据自己的兴趣进行选择。学校的校长和主任都很和蔼可亲，他们除了负责全校的管理工作之外，每个人也承担着教学任务，一点架子也没有，学生们都和他们很亲近。至于学校的同事们就更甭说了，平时都很随和，也很热心，所以与他们相处起来感到没有什么隔阂，很亲切、很愉快……

韩　雪：我顶岗实习时的带教老师，是任小学六年级语文课的一位李老师。李老师的教学风格很朴实，不花哨，但很实用，这也是我在实习时所得到的第一个深刻印象。李老师使我认识到，日常教学工作不能只追求外在形式花哨，关键是要实用，对孩子们的学习有效。后来我发现，这所学校虽也给孩子们安排了各种各样的课外实践活动，但也都以实用性为标杆。其实我也知道，对小学生来说，形式活泼的教学方式的确有利于激起他们的学习兴趣。但是，对于我这种新手来说，却很难把握好课堂教学活跃的"度"，所以从常规做起，一点一滴的积累、努力，才是新手的专业成长之道。李老师所教给我的正是如此。我从她身上所得到的启示是，教学能力的提高是需要一步一步扎扎实实锤炼成的，如果一开始就好高骛远，则可能会与初衷适得其反。

李月婉：我们实习生所在的教师办公室里，有四位女老师和我们一起办公。这四位老师性格开朗，亲切大方，和我们相处融洽，在实习教育期间为我们提供了很多帮助。其中，张老师负责六年级的数学与科学课的教学，她原是初中数学教学骨干，一年前调到这所小学担任小升初的任务。孙老师担任一年级语文和六年级英语课的教学，是一位聪明勤奋的老师，凭借自己出色的教学能力在各种教学大赛上获得过好名次。宋老师是三年级的语文和音乐课教师，因为我也被安排教音乐课，所以音乐组的宋老师和另一位苏老师给我提供了很多的帮助。还有一位是执教一年级数学和美术的楚老师，她的教学风格严谨细致。在顶岗实习期间，我们有幸参加过这几位老师的优质课评选活动，她们在教学中语言幽默风趣，条理清晰，教态落落大方，深受孩子们的喜爱。特别是张老师的数学课，逻辑严谨，节奏紧凑，层层递进，还富有趣味，孩子们学习热情特别高，教学效果好，是这所学校优质课的代表，整个联合校区都对张老师的课评价很高。

李欣霖：我在的那所农村小学的孩子们特别调皮，有时候他们的捣蛋劲儿真的让人心里直冒火。可是，学校里有些老师虽然年轻，但在课堂上却常常有一种魔力，可以不动肝火，看上去风轻云淡般的就让学生们很好地投入学习中。这让我特别佩服！学校里有一位陈老师，她擅长带着孩子们从实践活动中学知识。她自己也没有故步自封，而是抓住一切机会外出学习，注意不断提高自己的专业水平。我想，这里的孩子们能遇到这样的老师是十分幸运的。这样的老师才真正称得上是学生的好榜样！

张春玲：我所在的这所农村小学虽然教学条件窘迫，但老师们从不忘自己的教育初心，用自己的点点付出，默默践行着作为一个普普通通的乡村教师的事业追求。在与他们朝夕相处的四个多月的日子里，我亲眼看到了他们在工作中的兢兢业业，在教学上的恪尽职守。特别是那些班主任老师，更是时刻将孩子们的冷暖放在心间，不仅仅在思想上关心他们，而且在感情上亲近他们，生活上关怀他们。这些老师对班上每个学生的家庭情况都了如指掌，对于那些家庭困难、父母常年外出打工而独自留守在家的孩子们更是经常上门家访，及时掌握他们的思想动态和心理状况。与这些老师们交谈起来时，她们往往都非常朴实地说：咱们教师这个职业吃得就是一碗"良心饭"，咱得对得起这份良心。没有一句空洞的口号和大道理，她们就是凭着这样一种最朴实的自觉性，而日复一日脚踏实地、默默无闻地为农村孩子们奉献着自己的"光"和"热"。这一切，都给我留下了深刻的印象，让我难忘！

郑克真：我所在的那所乡村中学里的教师，教学态度都很认真，教学经验大都比较丰富。我曾经听过负责我们年级部教学工作的副校长刘老师的课，他的教学风格很幽默，学生都很喜欢。他擅长将自己身边的故事和生活中的例子巧妙地引入教学，再加上幽默风趣的语言，使得课堂气氛非常活跃。有的年轻教师虽然经验不足，对于学生的性格特点不很了解，但他们都很用心，经常找学生谈话，注意及时了解学生的情况。另外，这所学校的校长对工作要求比较严格，他会经常给老师们开会，除了部署最新工作安排，还会认真听取老师们的教学计划和对学校的工作建议；每次考试之后，他都会带领老师们进行工作总结与反思；等等。

总之，与这些老师和学校领导相处的日子里，让我对什么才叫作"爱岗敬业"有了更深刻的认识。

朱金萌： 作为一名实习生，我们没有讲课的实战经验，所以学校就首先安排我进行听课观摩，跟那些有经验的教师们学习，为自己上课积累经验。当然，老师们的讲课水平客观上是存在差异的：有的老师善于和学生互动，引导学生自己动脑思考；但是，也有的老师却只会给学生在课本上划重点、抄答案，主要靠记忆，讲解比较少。在听各位老师讲课的过程中，我发现学生最喜欢听老师讲那些有趣味性的历史故事，这不仅能让学生集中注意力，还能让学生有兴趣积极参与教学活动，投入学习中去。

学校里还为我专门安排了一位指导老师，他是任教初一年级的一位历史老师。这位老师很风趣，脸上总是带着微笑，说话也很和蔼，并没有因为我给他增添了额外的麻烦而不耐烦，在教学上给了我很多具体的指导。真的很感激我的这位指导老师。

在实习过程中，让我印象最深刻的就是老师们的集体备课。集体备课的目的，是让老师们集合在一起，就教学过程中的一些问题展开讨论，集思广益，促使教学更加有效。集体备课的内容比较广泛，主要会对教学进度、教学重难点和学生学习情况等进行讨论，这可以帮助老师更全面地了解学生学习中出现的一些问题，并在教学中能够知道如何有针对性地解决这些问题等。

赵红艳： 我在顶岗实习的那所乡镇中学里所接触到的教师，大多是雷厉风行、能将课堂完全调动起来的教学能手。她们在学生中的威信较高，也能和学生打成一片，这让我切身感受到良好的师生关系是多么的重要。她们平时也有自己的兴趣爱好，比如课间她们也会跳广场舞来锻炼身体；还有一位喜欢文学的老师，自己写作发表过一些文学作品；等等。这让我觉得她们真的不简单！

刁晓淼：由于我过去从未正式登过讲台授课，所以在进入顶岗实习的这所中学后，我做的第一件事，就是去跟班观摩学习在职老师们的课。我发现，这所学校里的老师，每节课都会提前五分钟就来到教室，这个时候课代表都已经把上节课所学的知识点写在黑板上，让同学们先自发地复习、记诵，准备上课前的抽查。在开始讲授新课之前，老师一定会抽查学生上节课的掌握情况。如果本节课内容过多，就把学生分成几个小组，让小组长负责检查本组同学对所学知识的掌握情况。一整节课下来，给我最突出的感受就是"引导"二字。因为，老师不是生硬的照本宣科，而是一步步地引导学生自行得出所学历史事件的起因、经过和结果等。在课上，老师也会给学生留出一定的时间，用来发现问题和巩固所学内容；另外，老师还会不时地组织小组讨论，并且在每个单元结束后都会进行听写，内容涉及本单元的小知识点，等等。这反映出，这些老师的课堂教学十分注意对于基础知识的牢固掌握。我觉得作为致力于为学生的发展奠定基础的初中阶段的教学，这样做是必要的。

高　航：顶岗实习期间，我所在的那所乡镇中学的领导，特意安排任教八年级历史课的刘老师作为我的指导老师。刘老师十分热心，她首先帮我找了一套新的教材和教参书，并嘱咐我有什么不懂的问题可以随时问她。我们年级部主任闫老师则详细地向我介绍了这个年级四个班的基本情况。办公室的老师对我们这些实习生都很友善，告诉我们有什么事不明白尽管问，让我们很是感动。那天下午我们开始上课时，一进教室，班里的学生们就对我热烈鼓掌，表示欢迎。看着孩子们那一张张笑脸，我的心里顿时也充满了动力。

丁　瑞：实习学校安排带我们的是经验丰富的邵老师，她不仅承担着两个班的语文教学任务，而且还担任着班主任，工作量本来就很大了，可她带着我们两个实习生却始终精神饱满，一丝不苟，她的这种敬业精神着实令我们敬佩。邵老师对待教学非常认真，课堂语言十分生动，讲解知识点条理清晰，对待学生严慈相济，同时还善于鼓励学生踊跃发言，使得她的课堂气氛积极热烈，学习效果也很好。她确实是一位让我们很佩服的老师！

谭　欣：我实习的学校是那个县里的一所重点高中。我的办公桌对面是一位年已五十岁左右的男老师，他姓王。听其他老师说，王老师对《红楼梦》很有研究。从新学期伊始，就不断有其他班的语文老师受班里学生所托，来邀请他去给他们班的学生讲《红楼梦》。后来，我也有幸帮我们班的同学预约到了王老师的两节《红楼梦》解析课。我在听课过程中发现，王老师讲起《红楼梦》的时候，与他平时给人的印象完全不同，可谓是声情并茂，或激昂，或温婉，学生们的注意力都紧紧地集中在他的身上，大有生怕一个眨眼就会错过一些精彩内容的劲头。

语文组还有一位年龄较大的男老师，写得一手好书法。每节课上课之前，他都要求他们班的学生先练字十分钟。这位老师讲课也非常有意思，我虽然只听过他讲散文的一节课，但给我留下的印象却非常深。我觉得，那可能是我听过的最有意思的一节散文课。

还有一位给我印象深刻的年轻的女老师，她是一位很幽默的语文老师。由于我的课程安排和她的不冲突，所以我几乎每次上新课之前，都会先去观摩一节她的课。她教的两个班级都有自己固定的课前活动，如每天背诵五个成语，练字五分钟，等等。由于她的课堂语言很幽默，很活跃，上课过程中与学生的互动性也较强，所以学生们都特别期待上她的课，觉得那是一件非常令人开心的事情。她的这种富有魅力的课堂教学风格，真让我佩服和羡慕！

教师专业发展的规律告诉我们，每位教师在自己的职业生涯中都会经历一个由青涩到逐步成熟的成长过程，教师的专业视野一般也会从最初仅仅关注于自身能否站稳脚跟，再到潜心关注于教学探索，继而再进一步升华到关注发展学生健全人格的高度。作为教师，在职初、中期和后期等不同的职业发展阶段，对于自身的专业发展追求也处在不断发展变化之中。对此，我们在顶岗实习支教期间发现，基层学校中处于不同年龄和不同职业发展阶段的教师，其日常行为中的阶段性特征体现得比较明显。

张　晓：我们办公室里共有 11 位老师，任教小学六年级的居多。其中，有几位教师已有十多年的教学经验，也有几位是刚入职两三年的年轻教师。

与我搭班的老师姓李，是位女老师，刚刚入职两年，任教五年级两个班的数学课，由于其中有一个班的班主任患病，暂时离职休养一个学期，因此小李老师还被临时任命为这个班的代理班主任工作。小李老师年轻有活力，教学也很认真负责，我在顶岗实习期间曾听过她的公开课，听其他有经验的老师评价：她的教学设计贴合学生实际，但由于教学经验匮乏，教学机智尚显不足。在我们办公室里，还有一位教学经验丰富且为人豁达的老师，也姓李，是数学组的备课组长，小李老师经常很虚心地向这位老李老师请教。

说来凑巧，和我对桌办公的老师也姓李，老师们都尊称她为燕姐，她既担任着学校的教务主任，同时也担任着六年级三班的语文课教学和班主任工作。她是我在实习期间最敬佩的老师。燕姐的教学很有方法，讲课情感充足，课堂氛围特别好，学生们对她是又敬又爱。她曾多次获得区教学能手、市教学能手称号。记得有一次我旁听她的课——严格意义上来说，那是由她主持的一场课堂辩论赛，主题是讨论是否应该倡导多读课外书。她把班里学生分成两拨，指导正反双方展开激烈辩论。那次课上，让我印象最深的是，有一位平时特别沉默的同学在讨论中居然多次抢着起立发言，虽然紧张的小脸涨红，但他的观点明确，掷地有声，就像换了个人似的。这让我特别感慨：真的是只要交给孩子们一个尽情发挥的舞台，他们就会带给我们许多惊喜的表现啊！由于像辩论赛这样的教学活动，在乡镇小学里一般是很少有人组织举行的，所以，那天不仅相邻办公室的很多老师都被吸引过来了，就连不少别的楼层的老师也都纷纷前来观看。看得出，那些孩子们的精彩表现让他们也都很受触动……

刁玮琪： 在我顶岗实习的那所乡镇中心小学，安排我担任五年级的语文教学任务。任教五年级的老师多数都是三十多岁以上的经验丰富的老教师，他们都很和蔼，都对我照顾有加。

刚去的时候，为了尽快适应教师的角色，我连续听了两位语文教师的课。一位是语文组的组长，她是一位经验丰富的老教师；另一位则是我们办公室里最年轻的女教师。两位老师的课堂都非常有秩序，学生在课上大多都很专注，而且课堂氛围也都比较积极。在教学方式上，老教师更善于调动学生的积极性，比如在识字的教学过程中，老师会让同学们按照小组来读，看看哪个组读得更好更准确。在五年级的孩子们看来，这就是一个小型的比赛，会有"胜负欲"，所以他们都会投入很多的精力去积极准备，而最后呈现出的课堂效果也很好。相比之下，那位年轻教师的课堂虽然也很活跃，但是并不是所有的学生都积极参与了进来。这也许就是老教师和新教师之间在教学能力上的差距吧。

贾孟双： 我们实习点的三名实习生与三位特点鲜明的在职老师被安排在一个办公室里。在我看来，这三位与我们对桌办公、朝夕相处的老师，可谓很形象地代表了处于不同职业发展阶段的教师的精神风貌了。

坐在我办公桌对面的是段老师，他是一位已有三十多年教龄的即将退休的语文老教师。段老师十分喜欢书法、历史和音乐，在他的办公桌上长年累月摆放着四件物品：毛笔、墨水、字帖和练字的旧报纸。每天早上段老师来到学校后，首先会到教室盯着学生上早自习，然后便回到办公室铺开旧报纸，提起毛笔练一会儿书法。有一段时间我很好奇，段老师不备课、不批改作业吗？后来才发现，这位资深的老教师在早读或课堂上已然将作业批改完毕，并且他已经将教材内容烂熟于心，上课时早已游刃有余了。

另一位老师有三十多岁，姓谭，他是由于这个县正在实行的"名校带动计划"，而从城里派遣到这所农村小学交流一年的骨干教师。谭老师幽默风趣、闲暇时酷爱看球赛，是一位有丰富教学经验的数学老师。他讲课的特点是深入浅出，能够很好地调动学生的积极性，对课堂掌控能力强，课堂气氛融洽。谭老师很注意掌握学生们的特点和学习状况，并对症下药。记得有一次我旁听他召开的学生家长会，他对班里每一位学生的学习态度、学习心理、学习成绩，娓娓道来，分析得鞭辟入里。同时，他还就家长应该怎样与老师相配合，齐心协力，共同促进孩子们的进步，提出了很明确、也很务实的建议，着实令人佩服。

办公室里还有一位年轻的王老师，刚刚步入教师工作岗位才一年的时间。王老师虽然教学经验不足，但是教学态度非常认真，平时在办公室里多专心于查阅各种资料进行备课，或批改作业、书写教案，还经常对学生进行个别辅导。她在讲课时，喜欢运用多种视频、音频，或者采用角色扮演的游戏方式辅助教学，课堂气氛十分活跃，很受孩子们的喜欢……

贾　琳：我们所在的小学虽然地处偏远的基层乡村，但这里的大部分教师的教学态度都很认真，教学风格也各有特点。我这里特别要说一说的是那些刚参加工作不久的年轻老师，由于他们与我们几个实习生的年纪相仿，所以我们之间的交流自然也就比较多。这些年轻教师虽然教学经验还不丰富，但对学生的学习、课堂纪律的管理等方面都是很认真负责的,相比其一些老教师,年轻教师工作积极性更高,采取的教学方式更现代化,带领学生开展的课外活动也是丰富多彩、新奇百出。这让我们充分感受到了年轻教师的青春活力!

一个好的学校是由好的学校领导和好的教师共同营造的。从同学们的以上叙述中我们可以发现,一个优秀教师的魅力,不仅仅是来自他是否有着渊博的知识,而且还在于他是否有着先进的教育理念。那些被公认为优秀的教师,心中装着的永远都是学生,他们对学生都有着发自内心的爱,他们的一切付出都是为了学生的健康成长。在日常教学中,他们都在努力为学生营造一种和谐而温润的课堂氛围,以便让学生们可以在课堂上放心地尽情展现自己的个性,尽情放飞自己的所长。他们还都特别注意一视同仁地对待不同层次的学生,尽自己所能为每一位学生提供公正、平等的学习机会与环境。

我们还可以发现,凡是优秀的教师,在课堂教学中都会注意努力彰显学生的主体地位。一个好的课堂不在于教师仅仅"讲"得如何高深,而在于如何努力引导学生实现自悟自得。而能够引导学生做到"自悟自得"的老师,才是真正使学生的核心素养不断获得发展和进步的好老师!

此外,我们还深刻认识到,大凡那些有所追求、从不故步自封的优秀教师,都是自觉注意通过各种方式持之以恒地坚持"充电"学习,努力提升自我,"教到老,学到老"的好学、勤学的老师。不仅如此,在支教实习的经历中,我们自身也深深地体会到,作为一名新时代的教师,不能不时时刻刻注意自觉地加强学习,提升自我。只有不断充实、提高自己的专业素养,才能不辜负时代所赋予我们的育人职责,才能够担当起时代发展向我们所提出的更新、更高的要求。同时,教师这种不断进取、终身学习的勤奋精神,也会在潜移默化之中深刻陶冶、影响着学生的心灵与行动,成为他们更加发奋努力学习、积极追求进步的无声的榜样。

二、"见不贤而内自省"

人们喜欢把教师比喻为"人类灵魂的工程师",抑或是称作"园丁"等,在这些闪烁着动人光彩的称呼背后,实际上隐喻的是人们对于教师这个"育人"的特殊职业的尊敬与期盼。但就像任何事物都不存在绝对一样,现实中的教师群体里其实也可能隐藏着一些"杂质",也存在着一些有悖上列崇高称呼的另一面的现象。在近半年的顶岗实习支教期间,我们既看到了许多基层教育工作者专心教学、悉心育人、热心处事的精神风貌,但另一方面,我们也不得不实事求是地承认,在我们所接触到的基层学校的教育工作者群体中,确实也有个别学校领导和老师在职业态度、为人师表等方面还有很大的提升空间。所谓"百年大计,教育为本;教育大计,教师为本"。也正是基于这样的认识,我们认为,必须要正视现实,直面教师群体中目前尚存在的某些不尽如人意的现实问题,并反思其深层原因。我们觉得,这样做才是一种对"教育大计"负责任的态度,也才是一种对于那些广大的农村孩子们的未来负责任的态度。因此,我们现在就以自己的目光所及,将在个别基层学校所看到的一些让我们感到有些困惑与不解的现象,如实地陈述如下,以期能唤起有关方面的关注,早日解决这些问题。

首先,我们都知道,一个恪尽职守、严明廉洁且对教职工倍加关怀的学校领导班子,就像是牵引一列火车风驰电掣奔向远方的火车头,可以带领一所学校不断开拓向前,创造出最动人的美好未来。但如果相反,这所学校的发展前景就令人担忧了。顶岗实习期间,我们所处的各基层学校的领导班子大都是团结一心,积极进取的,并且无论是对我们实习生还是对学校原有的在职教职工,也都是充满了关爱之心的。然而,也有个别学校的领导的某些表现和做法,却让我们有一些别样的感受。

牛梦璇：我在的那所学校里许多老师年纪较大，教育观念也比较落后，而且居然还存在着个别教师打骂学生的现象，可我却没有看到校领导对这些现象有过严肃批评或坚决要求改正的实际措施。难道他们已经见怪不怪了吗？对此，我很难理解！

岳晓霞：上级组织的各种教研活动，校领导基本每次都是让我们实习生或者代课老师去参加。为什么我们这些"临时工"居然成了学校"顶大梁"外出的主力了呢？这是因为，虽然参加这类活动是一个学习的好机会，但由于这些活动一般都是安排在周末进行的，所以那些在编的老师大多怕耽误自己早回家而往往很不情愿去，会找各种理由拒绝参加。这样一来，我们实习生和那些代课老师就成了学校应付上级这些活动的"主力军"，只要有要求学校老师参加的活动，校领导就必然硬性命令我们去充数。每次我都在心里暗暗嘀咕：校领导的态度是不是有点敷衍应付呀？

姚燕杰：顶岗实习期间，有一件事情让我印象很深刻：有一次，我们实习生中的一位女同学患了比较严重的咽炎，都影响到正常上课了，于是去跟某主任申请临时性地调减一些课（她每周要上20多节课）。但这位主任却说这种事情不归她管，让她自己去找某副校长申请。当这位同伴去找那位副校长时，那位副校长却回应说，这需要那位主任同意后才能给调课。就这样，他们来来回回"踢皮球"，让那位患咽炎的年轻同伴不知所措，在情绪上很受打击！对此，我有点不理解，甚至有点寒心：作为校领导层中的一员，他俩面对教师遇到的实际难处却如此推诿，怎么能指望他们调动起老师们的工作积极性呢！

确实，在一所学校的工作中，校领导的一言一行都对教职工起着至关重要的影响作用；同样，每一位教师的一言一行，更会对学生的成长发挥着潜移默化的重要影响作用。从这个意义上来说，有人提出"教师第一"的观念是很有道理的。这是因为，教师自身的修养和行为表现如何，是关乎一所学校教育大计的根本性因素。说实话，我们一开始对于"教师第一"这个观点并不能理解，可在顶岗实习期间，我们通过与基层学校的那些老师们的深入接触，特别是当我们惊讶地看到了现实中的少数教师有失师者风范的种种表现之后，才让我们对"教师第一"这个观点有了另一番真切的深刻感悟与强烈共鸣。是的，教师的言行举止不只是代表着学校教育的形象，更重要的是它会直接影响着学生们的思想观念和行为习惯。由此，也让我们这些青年学子更为深刻地体悟出古人所说的那句"经师易求，人师难得"的深沉意蕴，懂得了为人师的不易与分量。不论我们将来身处何地，都应该时刻牢记前人那句"为人师表"的叮咛，脚踏实地，在平凡的岗位上尽力发光发热，这样才能够称得上无愧于"人民教师"这一高尚的称谓。

我们都知道，"爱岗敬业，诲人不倦"是作为一名教师最基本的要求。这一要求看上去平平常常，但要真能做到一辈子孜孜不倦、爱岗敬业，却需要有极强的恒心和对教师这份职业发自内心的热爱。的确，很多人工作的年头久了，便会对自己所从事的那种看上去周而复始的重复性劳作产生厌烦情绪。教师这个职业更是如此。因为，与其他行业相比，教师这个职业也许是最波澜不惊的，日复一日的似乎只不过就是备课、上课、批改作业，周而复始。长此以往，教师对于本职工作的新鲜感自然就会降低，再加上还需要面对学校成绩考核的压力，以及学生中间不时发生的各类问题等，这都往往会进一步导致教师们的幸福感比较低。这样一来，他们在工作中自然而然地也就会随之表现出消极的敷衍态度。另外，有些资历较长的老教师，则自恃久经"江湖"，教学经验丰富，故而也会逐渐滋生出一种故步自封的自大心态，于是他们也不再注重提升自我，而只是一味地"吃老本"。由此，其教学观念、教学方法等便渐渐跟不上时代发展的需求了，更不会去关注学生的心理和人格等方面的健康发展了，等等。这一切，都影响着他们"立德树人"的质量。在顶岗实习期间，我们也见识过一些这样的状况。

邓景丽：在我顶岗实习支教的幼儿园里，每一位幼儿教师都有着不同的个性，但大都幽默开朗，对待工作积极有爱。不过，也有个别老师却对本职工作表现得有些缺乏耐心和修养。我没有学过幼教专业知识，但通过所学的教育学和心理学知识使我知道，用粗暴的态度和方法对待那些懵懂无知的幼儿是不可取的！幼儿年龄太小，恐吓和训斥会给他们幼小的心灵留下阴影。另外，有的比较严厉的老师所带班级的纪律虽然貌似特别好，只要老师坐在那里，孩子们就乖乖地一动也不敢动，但这样的状况对于孩子们的健康成长真的就好吗？如果作为老师只是追求让孩子们做到老实、听话，而并不在乎保护和引导他们的想象力、创造力等方面的发展，那么也许就会慢慢地把那些本来天真烂漫、思维活跃的聪慧孩童，最后"造就"成了胆小慎微、毫无创造活力的"呆瓜"了。显然，这样的"教育"结果并不是我们所想要的！

另外，个别老师还经常把"烦死了，累死了，找死，疯了"之类的话挂在嘴边，或者直接甩给孩子们。我觉得这更不应该！这与幼儿教师应具备的最基本的职业修养是相背离的。

张　晓：在顶岗实习学校待了一些日子后，我慢慢发现，这里的老师们也并不都是自律敬业的，其中也有少数职业态度消极、敷衍塞责的老师。他们上课就是照着课本机械地念一通，让学生画画书，然后背答案；学生如果犯了错，他们则往往不分青红皂白先是一顿叱骂甚至拳脚伺候。有的老师还经常因为临时有事，或者借口参加校外的某个教研活动为由，就不来上课了。而且他们也不提前做好调课安排，临上课前才通知其他老师帮着盯一下班里，让孩子们自习，只要不闹腾出事儿来就成。这也实在是太随便了吧？这不就是误人子弟吗？

岳晓霞：我在顶岗实习时最不能理解的，是在期中和期末考试时所遇到的情形。记得我第一次参加期中考试监考时，考场上的状况让我大吃一惊：小学二年级那么小的孩子居然都会考试作弊了，而且作弊的还不只是一两个孩子。可是，和我一起监考的那位班主任老师却仿佛没看见一样，只顾低着头聚精会神地玩手机。当我把检查出来的学生作弊的证据交给她时，她也没有显得很吃惊或生气，而只是一脸的尴尬，然后……也就没有什么然后了。

我后来听其他同伴反映，她们监考时也遇到了这种状况，而一起监考的老师对此也大都是"睁一只眼闭一只眼"的态度。这让我们感到很困惑：孩子们在学校里学习，老师除了教他们学会学习，更负有教育他们"学会做人"的义务。教师这个职业不就是教书育人的吗？如果一个教师只是出于个人的功利性现实利益，使自己在绩效考核时能有个好名次，就放任甚至纵容自己任教的班级学生在考试时作弊，那么由此将会给学生的品德行为上造成什么后果呢？将来他们还会具有诚信的品性吗？他们以后还能够成长为一个文明、守信，对社会有担当、有责任感的有用人才吗？……说实话，面对这种状况，我真的有些担忧。

王　娜：顶岗实习期间，我也遇到过同样的现象：记得有一次在小学六年级期中考试的考场里，就是因为我警告了一位作弊的学生，结果便引起了他的班主任老师的不满。我觉得这位老师是只顾考虑自己的绩效利益，却连最起码的师德职责都不要了。这样的老师还怎么好意思再站在讲台上给学生夸夸其谈地讲那一套套的大道理呢？

郑克真：在顶岗实习期间，我既看到了认真负责、兢兢业业的老师，但是也看到了有另外一种表现的老师。比如，那些代课老师大都非常负责，比有编制的正式老师更用心；但也有个别老师在给学生上课时不是那么很用心。有位老师对学生管理较松，要求不严，上课也枯燥无聊，导致学生私底下抱怨这位老师教得不好，不喜欢这位老师的课。当然，毫无意外，这位老师所教的班成绩也一直排在倒数。可见，只有老师的教学态度端正了，学生们才会有好的成绩。

姚燕杰：我在的那所农村小学的教师似乎没有备课的习惯，只是在学期结束，教育局要求上交备课本时才紧急备课，一周内突击弄完。老师写不完的，居然就直接交给学生写，这给学生又造成了额外的负担。

陈　彤：在顶岗实习期间，我曾观摩过不少老师的课，感觉他们的讲课套路似乎都差不多，教学方法比较单一，上课比较枯燥乏味，基本上是以强迫性记忆为主，结果是有些孩子在这样的课堂上不自觉地就睡着了，但老师也不去过问。当然，这也可能是因为一个班级的学生人数太多，老师有心无力的缘故吧。还有的老师更简单，直接让学生购买了一些"课本全解"之类的教辅书，然后就照着那个"全解"来划书。另外，他们还都习惯于给学生布置特别多的作业，搞得学生也特别辛苦。再就是，那里的教师还习惯于动辄就对学生进行各种惩罚。我刚开始上课的时候，无论是提问问题或者是让学生回答问题，都尽量照顾到全体学生，结果有些任课老师就"好心"地告诉我，这样做太累了，只需要经常提问班里的前二十名左右的学生就可以了，其他的根本就不用管。说实话，当我听到他们这样的"规劝"时，我真的感到很吃惊！

李琳玉：我在顶岗实习支教的学校里看到了这样一些现象：那些年龄大、教龄长的"老资格"教师，在多年的教学过程中确实积累了许多经验，对于课本知识的熟悉程度可以说是达到了如数家珍的地步。然而，也可能正因为如此，而使得他们止步不前了。在他们的课堂上，习惯于填鸭式教学，缺少与学生的互动，教学创新点少，因而学生的学习兴趣往往都不太高。另一些有一定教学经验的中年教师，可能是觉得自己对课本知识也已经很熟悉了，所以在日常工作中也就常常表现出一种得过且过的态度。至于那些新入职的年轻教师，虽有工作热情，但缺乏经验，尤其是在班级管理上显得没有头绪，比较盲目，从他们在微信朋友圈里的发言来看，也不时流露出明显的倦怠与无奈的情绪。

潘玉芝：我在跟班听课时发现，虽然各位老师都能在教学工作中尽自己所能教授给学生知识，但大多数老师的教学方式都比较陈旧，主要采取的是灌输式教学。另外，教学中的应试倾向非常明显，大多只关注高考的知识点，给出模板式的所谓"标准"答案，然后就是让学生进行机械性的背记。其实，有些学生根本就不理解自己背的这些"知识"到底是什么意思，有什么含义，以及彼此之间会有什么因果关系等。

另外，我还发现，那里的老师们在教学中普遍不太重视情感态度与价值观方面的培养。老师基本上就是对本课的知识梳理一下，或者剩下几分钟时间留给学生自己看看书，或者就是要求照着教辅材料来"刷题"，应试化倾向十分明显，至于情感态度与价值观教育则就基本上被"虚化"了。

黄　靖： 顶岗实习期间，我旁听了一些在职老师的课，直观感受就是课上得太无趣，把本来很生动的内容都讲"死"了。似乎这里许多老师都认为，划书、背诵、刷题就是"三件法宝"。课堂常规步骤就是学生先机械地按照老师的指令划课本，然后再拿出大部分的课堂时间背诵所画的内容，最后再抓紧时间做一些练习题。我发现，无论是新授课，还是练习课、复习课，他们都是挤在短短四十五分钟内来完成的，这"效率"真是"高"啊。

此外，我在这里感受更深的一个问题，就是有个别老师的教学态度不够认真、热情。例如，有些学生利用课间时间捧着书来向老师讨教问题，这是学生学习积极性的表现，本是应当受到老师鼓励并认真对待的，可有的老师却习惯性地敷衍塞责，应付了事。更可悲的是，当有的学生询问的一些问题连老师自己也拿不准或一时没有思路时，却不是认真思考为学生答疑，而是往往使出最常用的推辞理由："这个题太复杂了，高一不用做"，或者干脆说"超纲了，不用管"，等等。实际上，学生能提出这些问题不正说明了他们主动思考问题了吗？即便是高一年级的学生，多了解一下知识或问题，难道还是一件坏事吗？

其实说到底，这反映出的还是老师的教学态度不佳，没有足够的教学热情，才会敷衍搪塞学生。如此下去，久而久之，学生也就会渐渐失去了学习的主动性，这才是最令人痛心和惋惜的。

姚燕杰：我顶岗实习支教的那所学校里，有这样一个怪现象：一旦某位老师向领导提出工作上的建议，当其他同事知道后，便会相互交头窃耳、议论纷纷。而这些议论声中，绝大部分都是讥讽、嘲笑、挖苦之类的。这样一来，就在学校里造成了工作上出现问题也没有人再关心，没有人再愿意向领导提出改进的建议，结果就导致问题迟迟得不到解决，并且还越积越多。于是，大家也都变得越来越得过且过，混天熬日子，懒散和懈怠的风气越来越重。我觉得，这真不是一个好风气，也不是作为教师应有的境界和精神面貌！

王志霞：有些老师不管在什么场合，嗓门都特别大；同样，他们的手机不管在哪里，"嗓门"也特别大。他们这种"不拘小节"的行为，给我们办公室的老师造成了很多困扰！但是，我们又不好意思去明说。唉，我只能说，他们的文明素养和自觉性实在是太差了！这样会给孩子们树立起一个什么"榜样"呢！

是啊，我们其实都很清楚，教师负有"立德树人"的崇高使命，而要真正做到不负育人使命，那么教师自身则首先必须要做到"为人师表"。作为一名教师，不论身处何地，都必须要时时做到严于律己，为学生做好表率。如果相反，一个教师在工作和生活中不能严格要求自己，那么就很可能会给学生带来不可忽视的不良影响。

所以，作为教师，除了要以积极的态度传授文化知识之外，更应当时刻重视和关心学生们的全面发展和身心健康成长。但是，在基层学校顶岗实习期间，我们发现为数不少的老师在对待学生的管理和评价上，却存在着比较明显的"唯分数论"的倾向，不能做到一视同仁和公平公正。同时，有些老师还缺乏正确的学生观，对待学生缺乏人文关怀，忽视他们的身心健康，工作方式也比较简单粗暴。

李欣霖：我在的那所农村小学的老师以女性为主，年轻老师很少。我接触到一位女老师，四五十岁的样子，平常看起来很慈祥，但是对待学生却严厉得很，常常打骂孩子们。在和她日常聊天中，我也能听得出，她其实心里也十分清楚，这样粗暴对待孩子们是不对的。只是在那个镇子上，不管是做父母的还是当老师的，大家好像都普遍把"棍棒"看作教育孩子最好的方法了。可是，作为教师也信奉这样的传统观念，这是对的吗？

胡菁冉：我最不能理解的一点，就是那所学校里的老师们普遍采取的处理学生问题的方法，只有简单生硬的两招：要么叫家长，要么赶回家。关于叫家长这一招，可能是想让家长关心孩子的学习，不要把孩子的学习完全推给学校，因为家庭教育也是很重要的，所以对此我也算是能理解吧。但是，学生一旦犯了错就直接勒令他们回家，并且还强行要求还必须在家至少待一个星期，对于这种做法我完全不能认同！要知道，中学阶段的学习本来就十分紧张繁忙，让学生落下一个星期的课程该怎么补回来呢？我觉得这是对学生极不负责任的一种表现。

这里，我还想起了某班的班主任老师，她对自己的要求非常严格，也把这种严格用在了学生的身上。由此，她管理的班级氛围就像是一潭死水，连空气都仿佛非常沉闷，班里的学生也都很怕她。可是，她这样做的结果却并没能让她的班级成为一个优秀班级，反倒无论是纪律表现还是学业成绩排名，都在整个年级倒数。而且，就在我顶岗实习的这段时间里，她负责的班里有的孩子还干脆辍学了。这让我认识到，作为一名教师，尤其是作为班主任，对学生管理方面所采取的方法如何，真的很重要！

姚燕杰：记得有一次，我听到有位老师在校长面前抱怨一位学生不好管理。那位学生的母亲早逝，可能是从小缺乏母爱的缘故，性格有些叛逆。但是，作为他的小学老师，却不是去深入了解孩子的心理状况，给予他更多的关爱，然后加以耐心引导，反而对其采取了非常粗暴的语言伤害，居然在全班同学们的面前经常骂那位学生是没娘管的孩子！……这件事对我的刺激非常大。虽然说我不能以偏概全，但我还是认为像这样对学生缺少最起码的关爱的老师，是不称职的！

是的，作为教师，期待学生天天进步的心情是可以理解的，也是值得肯定的。但是，我们认为，要想使学生的成绩不断取得进步，教师却不能只靠体罚或直接赶回家反省的粗暴方式就能实现的。同时，我们的学校教育所致力的育人目标是使学生都成为身心全面发展的人。所以，作为教师，就不能仅仅盯着学生的考试成绩如何，也不能仅仅是着眼于开发他们的智力，更为重要的还在于要培养和造就他们能拥有健全的人格。而这就要求教师不仅需要注意提升自己的教育教学艺术，更为重要的是还需要拥有一颗对学生充满着真挚情感的大爱之心。不是吗？

三、失衡的教育资源配置

在顶岗实习支教期间，我们对于农村学校的教育资源配置情况，特别是师资队伍的现状也有了较为深入的了解。毋庸讳言，当前的乡村教育中确实存在着许多问题，譬如：学校的硬件设施投入不足，与城区学校相比有着较大差距；乡村教育的对象基本上都是来自农民家庭的孩子，贫困、单亲、留守儿童等又占了相当大的份额，他们在学习和生活上得到的关爱和拥有的教育资源都非常贫乏，致使农村学校的生源水平较城区学校要低几个档次。尤为突出的是，乡村教育的师资力量远远不足，以致学校里的每一位教师（甚至包括我们这些临时性的顶岗实习生）往往都像是"超人"，不管哪个学科的师资一旦出现缺口，就必须要像救火队员一样顶到哪个学科去。所以，在乡村学校里，教师专业不对口的现象非常普遍。不仅如此，由于乡村学校各方面条件比较差，所以年轻教师往往不愿意到那里去任教，还有一些合同制教师则在积极准备考教师编制，或者干脆辞职另谋生计，因此农村学校的师资外流状况比较严重，这就进一步造成了城乡之间学校师资结构失衡的状况比较突出。

范明慧：在农村顶岗实习支教的过程中，我发现师资力量的缺乏是使农村学校发展受到了极大限制的最突出的一个因素。在这里，一个老师教几门课程的现象屡见不鲜，甚至学校里都不得不让体育老师也兼教"语数英"等核心课程。就连我们这些临时性的毫无教学实战经验的实习生，也都成了学校里"顶大梁"的生力军，这就足以可见这里师资力量短缺的困窘程度。

另外，农村学校里的各种教学设施也很短缺，亟待大量补充。譬如：由于"理化生"等学科的实验设备严重不足，就导致学生无法在亲身动手实验中加深对所学知识的理解认识，更不可能锻炼和提高灵活运用知识解决实际问题的实践能力。

由于农村学校的教育设施、课程资源相对薄弱，实践场所贫乏，甚至都没有一个像样的图书室，就使得许多学校无法开展丰富多彩的课外拓展性的学习实践活动。这样，在各种客观条件制约之下，这里的学生对新鲜事物都接触较少，所能接触的课外书籍也十分有限，从而就使得当地学生的眼界与城区学生相比，有着明显差距。这一切，都加大了农村基层学校培养学生的难度，带来了极大挑战。

孔　杨：每个老师都希望所有的学生都能优秀，乡村教育工作者也一样。我顶岗实习支教的学校也力所能及地组织开展了一些课外活动，希望学生能够遵循自己的兴趣和特长来发展独特的自己。但即便如此，农村学校因师资、设施等教育资源短缺而限制了给孩子们提供更丰富多彩的课程和各种教育活动的问题，依然是比较普遍的现实状态。我这里举个例子吧：我所在的那所学校里，每周三下午都设置了一个学生的"活动日"安排，希望能带给孩子们一个拓展知识和能力的快乐时光。可是，由于相关设备缺乏，"活动日"的开展很艰难。再如：在音乐课上，由于音乐器材少得只有很可怜的一点点，孩子们很难能够亲手摸一摸琴键，老师只能带着学生翻来覆去地清唱，结果有些孩子唱着唱着就感到厌倦了，干脆几个人悄悄凑在一起玩起了自己的游戏。

张隆鑫： 在顶岗实习期间，我发现乡村小学里最缺乏的是语数英三科教师，其中英语教师最为匮乏。因此，新来的老师不论自己所学的专业是什么，往往会被要求先去教这几门主干课程，直到人手补上了，才会被调回教他们自己的"老本行"。我办公桌旁边的一位老师是学美术专业的，刚毕业参加工作才一年，结果却被安排任教二年级的数学课，由于他教的成绩还不错，结果就被校长要求继续教下去了。他虽然对自己的美术专业难以割舍，但面对现实，也只能服从这种无奈的"错位"安排了。这让我切身感受到，现在农村基层学校师资队伍中的结构性缺口问题实在是太窘迫、太突出了。

苏逸飞： 我们所在的那所小学，据说还是县里的一所重点小学，但学校领导对于我们这些去顶岗实习支教的大学生，并不是根据我们本身的专业特长来安排教学任务的，而是学校里缺什么学科的教师就安排我们去教什么课。于是，就像我这样本来是学历史学专业的却被安排教了语文、数学、美术、音乐；学美术专业的则被分配去教体育。而学校里那些没有编制的代课老师，也大都被安排去教语文、数学、英语等课程。这样的教学安排让教师很无奈，教学质量当然也无法得到保障。比如，我被安排去教音乐课，而音乐恰恰一直是我的短板。在音乐课堂上我完全不知道该怎么办，只能尽量回忆自己过去在中小学上音乐课时的老师是怎么教的，然后照葫芦画瓢，让我的学生也照样去做。

其实，最初学校给我们安排课时，我就曾向校领导介绍过自己的内向性格和不擅音乐的实际情况，试图请领导考虑给调一下。结果一打听，才知道大家面临的情况差不多都一样，都在为自己的任课安排而愁得个个头大，哭笑不得呢。比如：我的一位同学就在为自己被分配去担任文科生最头疼的数学课而发愁；而另两位从小到大就对画画没兴趣，也不知道该怎么拿画笔的同学，现在却偏偏被分配去教美术课；我们中间倒是有一位学书法专业的美术生，可他却不得不收起自己最得心应手的毛笔，跨界摇身一变，成了手握球拍的"体育先生"，天天在户外给孩子们煞有介事地教起了羽毛球课；最想不到的是，居然还有两位我们历史学专业的同学被分到了幼儿园，化身成了那些才三四岁的懵懂幼儿们的阿姨老师。

直到过了一段时间之后，我才慢慢弄明白，学校里对我们这么"乱点鸳鸯谱"的教学安排，其实也是被现实情况所迫，纯属无奈之举。以这个小学为例：该校共有36个班，每个班大约有50名学生。班级数量多、学生人数多，可教师人手却十分紧缺且不稳定。所以，在我们去顶岗支教实习的那个学期，学校里除了向上级部门要来了我们18名实习生充当"援军"之外，另外还聘用了18名不在编制的代课教师应急。由于我们这些师范生顶岗实习支教的期限只有一个学期，这就意味着这个学校每个学期都不得不换一批像我们这样的"临时教师"；而那些不在编制的代课老师往往在学校任教的时间也不会太长，大都是维持一学年左右。由此一来，学校里的师资队伍就变得很不稳定，教学的不确定性也随之增大，自然也就给教学质量带来了明显的不利影响。记得我刚到学校顶岗实习的第一个月，就有三位代课老师先后辞职了！关键是，这些代课老师还都担任着多个班级的主要课程的教学任务。所以，一旦他们辞职离开，学校也不可能很快找到新的合适的师资来填补上空缺，无奈就只好左说右说地动员其他老师来替课。学校对他们的要求也只有一条：只要不空堂，学生不出现意外事故就行。

可见，基层学校师资队伍结构性缺额的严峻现实，实在是让学校领导愁得头疼，但他们又确实没啥好办法能够从根本上来解决，所以也就只能是拆东墙补西墙，逮到谁就是谁了。因此，在他们心里，只要能先把课开起来就谢天谢地了。所以，我真的很同情这些基层学校的领导，他们确实很不容易啊！

杨文文：我顶岗实习的那所学校里，最突出的问题就是师资队伍的不健全。学校里的青年教师所占比重极低，反倒是临近退休的老教师所占比重较大，而且这些老教师大多是从民办教师转岗而来的，对于现代信息化教学技术的掌握很差，头脑里的教学观念自然也很陈旧。另外，学校为了满足学生全面发展的需求，也是尽量在师资力量很有限的现实情况下，努力安排开全、开齐各种课程，由此一来，每一位教师也就基本上都需要同时担负多个课程的教学任务。例如，有位入职才刚刚一年多的年轻教师，她本来应聘的是小学体育教师，但实际上她除了担负着体育课的教学任务之外，还要同时承担四个年级的英语课教学任务，这真让人感慨。

谭　欣：我是在县城一所高中顶岗实习的。学校在给我们实习生分配教学任务时，我本以为自己是学历史专业的，自然一定会被安排教历史课的，但校领导却告诉我们，由于我们这批实习生中没有汉语言专业的学生，而学校又急缺语文老师，所以需要我们一个学物理专业的和一个学历史专业的同学，一起改行教语文课去。最初听到这个消息时，我很震惊，觉得这样安排教学任务也太随便了，有一种会误人子弟的感觉！但是，负责分配教学任务的那位领导却一直给我们做思想工作，并告诉我们：其实在这所学校里，也有一些在职老师所教的学科并不是他们在读大学时所学的专业，等等。就这样，经过近两个小时的谈话，最后还是不由分说，指定让我这个学历史的去执教高一年级的语文课。我很无奈，但也只能服从，因为这确实就是学校师资力量的现实状态啊！

师者何谓？师者何为？这确实是一个需要我们认真对待的并不轻

松的话题。在我们顶岗实习支教的过程中，我们既亲眼看到了那里的教师群体中有太多扎根乡土、默默奉献的可敬的农村教育工作者，但同时也在其中见识到了敬业态度和整体素质都不能令人起敬的有负"教师"这个光荣称号的少数人。

　　同时，城乡经济发展的不均衡，乡村学校所处位置的偏远，交通条件的不便利，以及办学基础设施建设的相对落后等，都成为制约着乡村学校办学水平不断提升，特别是不能吸引更优质的师资来源的基本因素。在这其中，让我们感到特别严峻的是乡村教师的缺额和流失问题。许多乡村教师——特别是年轻教师，他们出于对更好的生活的向往，以及自己在专业上能获得更好的发展的追求，希望能够脱离各方面条件还相对落后的乡镇农村到城区去。而那些表现优秀、教学能力较强的教师，也往往更容易被城区的学校相中而挖走。这样一来，农村学校教师队伍的流动性和不稳定性就成了那些学校所面临的最大难题和现实的挑战。另外，那些自家就在本乡本土的教师，也存在着诸多问题，最主要的就是年轻教师比重偏少，整体年龄普遍偏大，由此多存在着事业进取心衰退，工作态度敷衍了事，教学观念比较陈旧，教学方法比较呆板，甚至还会有任意打骂学生的现象。乡村教师的学历构成也十分复杂，高学历教师在乡镇学校中凤毛麟角，等等。由于农村学校普遍存在师资短缺的问题，所以，那种由一位教师带多个班级，甚至带多个学科课程教学的情况非常普遍，这就导致教师无法保持足够的精力来面对众多的学生，顾此失彼，从而便不能不使教学质量遭受严重影响。整体来看，乡镇学校留不住优质教师，师资总量不足，乡村整体师资素质不高，并且与城区的教育差距较大是一个不争的事实，这应当引起地方各级政府和教育主管部门的高度重视。

　　说到底，农村基础教育的发展，关键还是靠教师。从前面同学们的叙述中，我们也欣喜地看到，各级地方政府和教育主管部门，以及身处农村学校的教育管理者们正在积极地为缩小与城区学校之间的办学差距而做着艰苦的、不懈的努力。例如，不断加大投入，积极改善农村学校的办学条件；不断加大对农村教师的职称评聘、工资待遇等方面政策的倾斜力度，努力解决农村教师的生活实际问题；显著加强了对于农村学校教师的专业培训力度，以及建立学校发展共同体和教师发展共同体等机制，通过强校帮带、联合教研、城乡教师轮岗等制度，努力提高农村学校的办学水平和乡村教师的整体专业素质，等等。

毋庸讳言，农村学校教育的发展确实依然任重而道远。不过，好在我们已经看到，改变正在静悄悄地发生了。

师 说

众所周知，教育发展的关键因素在于教师。而乡村学校教育发展的关键，更是取决于那些数量庞大的乡村教师队伍。如果乡村教师队伍的敬业精神、专业素养、专业能力都比较高，那么乡村教育的质量水平也才会高。否则，则相反。正是从这种促进学校教育全局发展的高度来看，有人提出"教师第一"的观念，实在是理所应当且意味深长的。

通过上面这些同学所口述的顶岗实习期间的亲身经历，我们欣然看到，在乡村教师群体中的绝大多数都是勤勤恳恳、默默奉献，努力践行"学高为师，行为世范"的教师精神的良师，他们虽身处偏远的乡村学校，无论是教学条件还是生活条件都存在着诸多现实的不便，但他们却始终如一地坚守初心，为广大农村孩子们的未来而辛勤付出着。我们看到，这些可敬的乡村教师身上所体现出的脚踏实地的精神境界，也深深地影响着在那里顶岗实习支教的这批年轻学子，让他们对"何以为师"这个朴素却不普通的问题开始有了一些真实的感触。当然，从同学们的叙述中我们也不无遗憾地看到，同样是在乡村教师这个群体中，也有少数教师的表现并不那么令人尊敬，他们身上所体现出来的倦怠的职业态度和有待提高的专业素养都着实令人担忧，从而令本该闪耀着熠熠光彩的"教师"二字黯然失色。

教师应当是生命的歌者。这是我个人对教师这个职业内涵的一种理解。也就是说，教师这个职业的特殊性要求我们，对待教育教学工作必须要带着自己的真情实感去做，应当将自己的全部生命融入其中。从某种角度来看，教师与学生之间的互动，实质上也就是一种生命与生命之间"双向谐振"的生命交互过程。教师应当是以自己的生命之光去照亮学生们的生命航程的。所以，在我们通常所说的教师的"专业发展"之中，最重要的应当首先"发展"什么呢？我认为，首先应当是教师的职业态度、职业信念和职业精神。说白了，也就是要养育一种发自内心的教育情怀。我知道，如今的教师群体与以往相比，学历层次普遍已有了大幅度提高，但不得不说的是，并不是我们只要拥有了较高的学历，就会自然而然地成为一名合格的教师。

事实上，大凡是那些优秀的令人发自内心尊敬的教师，无不具有坚定的职业信念和高洁的精神境界，他们都有着自己的人生价值追求，有着明确的奋斗目标，当然也对自己有着更高更严格的要求。但同样的是，有些教师，特别是年纪较大的老教师，可能认为自己的资历比较老了，或觉得自己已是学校里的一个不可等闲视之的"人物"了，从而便渐渐失去了继续奋进的动力，失去了对自己这个教师职业的敬畏，当然也就失去了自我继续发展的目标。久而久之，他们便日渐变得视野封闭、故步自封，对待本职工作则消极麻木、得过且过，满足于"吃老本"而不愿意再做出新的改变。无可否认，这样的教师在许多学校尤其是在乡村学校里，确确实实是存在着的，且不容忽视。

此外，从同学们的叙述中也再次证明，一所学校的文化氛围对教师的专业成长是起着很大影响作用的，特别是学校的管理者境界如何，将决定着这所学校的办学层次和发展前景如何。学校领导具有威信，可以增强教职工对待学校工作的向心力，但这种威信一定是要建立在相互平等的基础之上的,如果学校领导的管理方式是武断的、专制式的,那么就很可能会造成教职工"身在曹营心在汉"的离散心态,自然在工作中也就难免会虚于应付了。而如果学校领导对于教职工怀有一颗真诚的关爱之心,能尽力为教职工的实际生活排忧解难,想方设法地为教职工谋福利等,那么,学校的教职工自然也就会对学校容易产生认同感和归属感,进而自身的工作热情也就会更高。另外,学校领导个人的专业素质及能力水平也会间接影响着教师的专业发展。简言之,在一所乡村学校里,只有能够拥有负责任、懂管理、有境界、有爱心的"火车头",才能留得住那些有水平、有能力的骨干教师,才能以自己的人格魅力去打动他们、感染他们,形成合力,共同推进学校的不断发展,带给乡村孩子们更多的希望。

  不得不说,乡村教育的发展至今依然任重而道远。好在我们看到,在乡村,在基层,始终有一群不忘初心的教育工作者在默默地坚守着、奉献着,他们就是中国乡村教育的脊梁,也是乡村教育发展的希望。我们期盼这样坚守初心的教育工作者能够多些、再多些。当然,我们更期待会有更多的年轻人能够源源不断地去承继他们的教育初心,接过他们手中的火炬,将乡村教育的明天照得更亮,让那些乡村里的孩子们都能拥有一个更加美好的未来!

(齐健)

第三章
初登讲台

磨剑十年，霜刃终得尝试；劲草千辛，疾风必将考验。

——题记

对我们这些师范生而言，走向讲台是一件让我们既感到兴奋，又感到神圣和责任重大的事情。我们深知，教师在学生身心健康发展过程中扮演着不可或缺的重要角色。作为一名合格的教师，不仅要在课堂上传授给学生知识，更重要的是要教他们懂得做人的道理，使之都走向孔子所说的那种理想的育人境界——"成人"。而顶岗实习支教，则使我们这些在读的师范生也有了一个走上讲台进行"育人"历练的珍贵机会。

在我们还是育人的"旁观者"时，总觉得老师都是无所不知、无所不晓的"超人"，他们那睿智博学的形象在我们心里深深埋下了一颗向往的种子，就像一首歌里所唱的那样——"长大后我就成了你"。而现在，我们终于真的可以正式登上讲台了，这着实让我们兴奋。但是，这兴奋好像又转瞬被忐忑所取代，因为我们更多感受到的是从未有过的肩上的重量：是的，我们将要面对的不仅仅是课堂里的那几十个孩子，更重要的还有每一个孩子背后的家长的殷殷期盼和孩子们的未来。这一切，都容不得我们有一点点懈怠和轻慢。所以，在顶岗实习支教的日子里，我们始终都是以一种如履薄冰、兢兢业业的认真态度来面对不同性格特点的孩子，除了日复一日最基本的备课、上课之外，还要处理各种意想不到的来自孩子们中间的难题。就这样一路走来，我们每个人都在这个过程中得到了历练，不仅在实践中增长了才干，同时也在这种磨砺中渐渐变得更加坚强，更加乐观。

这次顶岗实习支教，我们都是第一次登上讲台，虽然所学过的教学理论知识还算扎实，但是理论的通晓并不代表着我们就真的懂得如何教学了。面对即将登台的第一堂课，我们每个人的心中都激动不已：如何设计一个自信幽默又不落俗套的开场白？采取哪种方式和自己的学生们相处最相宜？课堂的安排如何才能激发起孩子们的学习兴趣？……这类问题会一个个在脑海里不断地反复出现。一开始的时候，我们每个人都是凭着自己的一腔热血与"初生牛犊不怕虎"的精神，准备在讲台上大显身手的，但实际的课堂却远远没有同学们想得那么简单！随着时间的推移，我们在课堂上遇到的问题开始接二连三地暴露出来，例如：有的同学准备不足，课还没上到一半，内容已经讲完了，剩下的时间不知该做点什么才好；有的同学准备得又过于充分，结果一节课下来，该当堂完成的教学任务还剩下了一大半，不知该如何收场；还有的同学面对课堂上不认真听讲的调皮孩子手足无措，不得不花上大半节课的时间来维持课堂纪律，等等。一旦出现了问题，那就必须要学着克服问题。于是，我们通过向老教师虚心请教，总结自己的试教经验和教训，深入了解孩子们的心理和认知特点等，一遍遍地反复调整、打磨自己的教学设计方案。功夫不负有心人，渐渐地，我们从一开始只会照搬老教师的教学方法，发展到自己也开始有了的可行的教学点子；从刚开始时的课堂管理秩序混乱，发展到后来的师生配合默契，课堂氛围活跃……这些在人们看来也许是微不足道的点滴变化，却都是我们在教学实践中伴着自己的泪水和汗水而一点一点地摸索出来的。所以，对我们而言，这看似微不足道的每一点进步，都是弥足珍贵的。

总之，四个月的顶岗实习支教经历让我们对教师这个光辉的职业有了更加深刻的理解与体会，而初登讲台的经历，则使我们真切地锻炼了自己的教学能力，并初步懂得了如何与孩子们相融相处，而这一切都是单凭着课本而学不来的。这段教师职业的初体验，是我们人生的一份宝贵精神财富，它将永远激励着我们不懈向前，奋发进取。

一、课堂初体验

初到顶岗实习学校的第一天，在我们还没有来得及适应陌生环境的状况下，许多同学就迎来了自己人生当中的第一次正式登讲台。在这之前，我们本以为自己还能有足够的时间可以慢慢适应从学生到教师的角色转换，但现实却是：由于许多实习学校早已因教师缺额而不得不停掉多门课程了，所以，当我们一到达那里，学校便迫不及待地要求我们立马站到讲台上去。可以说，我们当时基本上是在一种思想准备严重不足的情况下，不由分说地被"推"上讲台的。这对我们每个人来说，确实都是一个不小的挑战。首次面对不熟悉的课程、不熟悉的学生，看着那教室里陌生的一切，兴奋、紧张、忐忑、彷徨、无措……这一切，就是很多同学在执教第一节课时最复杂、最真实的感受。

刁玮琪：我至今还清晰地记得，那天下午我是在仓促中第一次走上讲台的。那节课，我讲的是小学语文中的一篇自读课文《把铁路修到拉萨去》。我为了更好地给同学们呈现出一堂课，特意制作了课件，并且把整个教学的过程，包括我要说的每一句话都写了两遍。即使是这样，在走进教室看到孩子们那一双双好奇的眼睛时，我还是感到很紧张。那堂课留给我的记忆很深，我的语言表达不是很清晰，讲课中间还出现了多次卡壳，事先设想好的问题在课堂上也忘了提问，和学生的互动也显得很尴尬……总之，我自己对这堂课的总体评价就是很糟糕。不过，也有让我比较安慰的地方，那就是：由于之前的老师讲课都很少用课件，所以我制作的课件引起了孩子们的极大兴趣。在课件的"帮助"下，他们都听得很认真。就这样，这第一堂课总算是"圆满"地结束了。

李　婕：对于正式在职的老师来说，一个学期只是他们工作生涯中非常普通而短暂的一段时间，但对于我们实习生来说，这却是十分宝贵和难忘的一段光阴：第一次完全接手一个班级，第一次要负起很大的责任，同时也是第一次独自面对那么多的学生。俗话说"万事开头难"，记得我上第一堂数学课的时候，内心非常紧张，因此当站在讲台上面对着那些孩子们时，就连事先想好的自我介绍都给忘光了，直接拿出练习题就开始面对黑板列式讲题，完全没有考虑到其他的事情。

直到讲到一半时,我才发现下面的孩子们一脸的茫然,我这才意识到自己应该是讲给他们听的,而不是讲给自己听的。说实话,当时真有一种挫败感!第一周的时间我几乎就是每天数着日子熬过去的。每天上完课都感到特别累,这种累,主要还是因慌乱、无措而导致的心累。不过,好在从第二周开始,我就基本上适应了,上课不再茫然无措。同时,对于自己班里每一个学生的情况,也开始慢慢了解了。因为心中有数了,所以上课也就不再感到慌张了。……

苏逸飞:我印象最为深刻的是执教一年级语文课的教学经历。那是我上的第一节课,即便在课前我已做了一定的准备工作,但当我第一次真正走上讲台面对孩子们的时候,才亲身感受到要当好一名教师真的很难。如果说教学规划和教学设计是"丰满的理想",那么真正的课堂就是"骨感的现实"了。当时,第一次面对着孩子们那五十多双看着我的眼睛,我的第一感觉就是莫名地紧张,明明是提前准备好的讲稿,到了嘴边却说不出来。虽然我知道讲课的声音要保证孩子们都能够听到,自己也在想尽力保持合适的音量,但坐在后面的学生还是一个劲儿地嚷着听不清。至于我自己嘴里讲出来的话前后是否符合逻辑,就连我自己也不知道。另外,虽然我也知道板书应力求清晰工整,可自己写下的粉笔字真的惨不忍睹。再加上我事先对学生的学习情况不够了解,没有把握好一年级小学生的学习心理特点,所以也没有成功调动起学生的学习积极性。一年级的孩子们专注力差,常常是坐在前排的刚刚安静下来,坐在后排的声音又高起来了。整整一堂课的时间,基本上是一半忙于维持纪律,一半才是用于教学。我觉得,自己管理课堂秩序的过程像极了一场"游击战"。我的第一堂课,就是这样不停地在教室里前后疲于奔忙的脚步中结束的。唉,感到真的很累!

李月婉:我们是周六到达的顶岗实习学校,而周一就要登台讲课,这对我来说确实是一个挑战。学校里安排我教音乐课,我只好马不停蹄地抓紧向音乐教研组的组长请教怎么上。她热情地给我介绍了备课和教学过程中可能出现的问题，安慰我不要慌张，并帮助我从网上找来一些教案进行参考。由于我在一天之内要面对三四个班级不同的学生施教，所以我需要准备的课程内容和教学方法也有所不同，这对我来说实在是一个大难题。但没有退路，我只能硬着头皮迎难而上了。

记得我上的第一节课，是在二年级一班。当我登上讲台，看着面前孩子们那一张张充满期待的脸庞时，虽然心里有些紧张，但我还是努力面带笑容先向大家作了自我介绍，然后打开准备好的音频，开始了我的教学。看起来，孩子们对我这个新来的老师有着极大的新鲜感，整节课都在努力配合着我的节奏，这让我有了很大的信心……

姚燕杰：我在接手小学三年级某班的语文教学任务时，根本没有什么教育教学实践经验。上第一节课的时候，也是在仓促之间上岗的。记得那天上午，班主任先是把全班学生的作业本教给我批阅，并告诉我明天一定要发下去。于是，我便推开其他的事情，集中精力批改作业。但由于是第一次批改作业，不太熟练，结果我批改了两节课的时间还没有阅完。正当我忘掉一切埋头批阅的时候，班主任却给我打来了电话，问我已经上课十分钟了为什么还不到教室上课？这时，我才猛然想起那节课该由我来上了。于是，我仓促抱起教材和备课本，慌里慌张地向教室跑去，就这样稀里糊涂地开始了我的第一节课。

当时，我不了解学生的学习进度到了哪里，还是在孩子们的提醒下，我才翻到了应该学的第十一课。好在这堂课我在指导老师上课的时候曾经旁听过，所以我便尽己所能地"照葫芦画瓢"，照搬照套指导老师的教学模式。但是，我运用的效果却很不理想，无论是对于课堂的时间把控，还是教学的氛围节奏把握，都搞得一塌糊涂。总之，这节课上得非常糟糕。而且，由于当时自己比较紧张，甚至就连最起码的自我介绍都忘了。唉，真后悔……

李欣霖：到那所乡镇小学顶岗实习的第二天，我得知自己被安排教二年级的语文课。我主动去找那个班的班主任老师见了个面，拿到了班里的课程表，数一数，我一周竟然要上 15 节课之多，而且很多课都是连排的。比如，拿到课表的当天，我就要连着上四节课……由于原来的任课老师请了产假，所以我需要一直带着这个班直到那位休产假的老师回来。在这之前，我需要自己来摸索着如何上课、如何安排学生，这让我忽然间有些不知所措了。"那就慢慢来吧"，我只好这样悄悄安慰着自己。

然后，之前临时给这个班代课的老师简单地向我讲了讲语文教学中的重点和注意事项。真没想到，现在的小学生的学习任务真重啊，每一篇课文中出现的生字要会写，课文要会背……记得我们上小学的时候，只有老师给我们划出重要的段落、一些用了修辞手法的语句，以及重要的古诗词才需要背。而现在这样重的学习要求，让我感到很吃惊！刚开始的时候，我教学使用的课本与教辅材料都没有拿到，只好先临时借用孩子们的课本来上课，这也是我没有想到的。

就在这种毫无准备的情况下，学校里突然通知我要开始上课，一时间真的感到措手不及，精神紧张得不行。没有办法，我只好赶紧跑回办公室去网上搜索小学语文的优秀教案，先"临时抱佛脚"的下载了一篇来学习和模仿。不一会儿，上课铃响了，我深吸一口气，一边向教室走去，一边在心里不停地暗暗给自己打气：就要登上讲台了，我能把控全场的，一定可以的……

张 晓：我曾无数次想象着自己会以何种姿态走向讲台，却没想到第一次登讲台竟会是那么草率和突然。

记得到达顶岗实习学校的当天，我就去听了一节在职教师上的复习课。那堂课的任务主要是检查背诵，我也就只是简单记录了一下学生背书的情况。第二天，我又拿着听课本走进了教室，打算再继续观摩学习那位任课教师的课。可让我万万没想到的是，在上课铃响的瞬间，那位老师却将直接把课本和练习册递给了我，并示意让我来上。于是，我的第一堂课就这样在自己毫无思想准备的情况下仓促上阵了。

回想当时自己的状态,大脑是发蒙的。那是一堂数学习题课,好在前面的任课老师已经写好了解题步骤和答案,我只是按部就班地讲了出来而已。课上,我除了稍微做了些拓展之外,既没有自我介绍,也没有与学生们的互相了解。我还记得在那堂课上有个孩子居然调皮地偷偷揪我衣服上的带子玩,好在大部分学生还很乖,没让我下不来台。就这样,我硬撑着终于盼到了下课……

王允健: 我上的第一节体育课非常匆忙,以至于当时都没能拿到体育器材室的钥匙,再加上是第一次与孩子们见面,所以,我在进行了简单的自我介绍以后,便临时调整上课思路,改为带着孩子们一起玩丢手绢游戏。可游戏进行没过多久,班里的男生和女生之间便发生了不愉快的现象:丢手绢时男生只把手绢丢给男生;同样,女生也只将手中的手绢丢给女生。也正因为这样,这节课结束后,多数孩子脸上并没有流露出高兴的表情。面对这种情形,我当时心里很是沮丧,暗想:他们这可能是对我及体育课的失望吧?

曹 晖: 我在顶岗实习的那所农村小学负责四年级的语文、品德与社会课,以及六年级的英语课教学,每周课时量共18节。

我的第一堂课来得很突然。记得那天副校长先是将我带到办公室与四年级的班主任老师见面后,紧接着就把我直接领到了四年级的教室。恰巧那节课就是语文课。在我去之前,由于这个班级的语文课没有老师带,只好一直在上自习。如今我们实习生来了,校领导便把我们当成了"救火队员",连课都还没有听,就让我们火速上岗了。就这样,毫无思想准备的我便登上了那个农村小学的讲台,开始了我的第一堂课……

赵红艳: 学校里分配我执教的四年级二班共有34个学生,他们大多刚刚十周岁。这个年龄段的孩子特别活泼好动,我是第一次与这个年纪的孩子们打交道。

记得我讲的第一堂课是四年级语文的《燕子》一课。"一身乌黑光亮的羽毛，一对俊俏轻快的翅膀……"在上这堂课之前，我也非常忐忑，心里没有一点底。不仅如此，我第一次与学生见面还是在毫无准备的情况下被强拉过去的，由于我还没来得及做任何准备，所以当时比较尴尬和无奈，没能为孩子们树立起一个好的印象，课堂秩序也很混乱。

上第二节课时，我倒是认真做了准备，想借此改变一下留给孩子们的不那么美好的第一印象，可实际情况却适得其反。那节课上，我一开口就不知道该如何往下进行，课堂各环节安排不合理，该讲的内容没有深入，不必细讲的又弄得过于啰唆，特别是对于现代文的教学应当怎么做。我非常生疏，以至于感到手足无措，很狼狈。还有，由于我对教室里的教学硬件设施情况不了解，没有提前试用课件，结果导致上课过程中状况百出，耽误了时间，难以进行下去……

刁晓淼：无论自己原来所学的理论知识有多扎实，在真正开始实践的时候总难免紧张，尤其是至今想来都让我感到羞愧的第一堂课。

记得我的第一堂课是安排在周五上，而我直到周四中午才刚刚拿到课本。本来准备时间就很仓促了，学校里却突然通知我，让我第二天下午就去上第一堂语文课。说实话，当时我心里是不能接受的，我觉得每个学期的第一堂课是整个学期的开端，应当格外重视才是，可我还根本没有做好上课的准备工作，甚至第一课的课文还没有通读明白就去上课，这不仅是对自己的不负责任，更是对学生的不负责任。可是，我又没办法不去上，所以也就只能硬着头皮勉强上阵了。我至今还记得我当时在课堂上手足无措的狼狈样子。面对这个班级之前因缺老师而不得不停课所落下的课程进度，尴尬而无奈的我只好采用自己原本最瞧不起的笨办法来"突击"了：先是粗略地串讲了一下课文，然后便带着学生在课本上划知识点，再让学生去背下来……现在想来，我那堂课的状态，只能用四个字来形容，那就是——"无地自容"。

郑克真：对于我上的第一堂课，至今仍记忆犹新。由于那所学校的语文老师非常紧缺，所以我到达学校的当天下午就被安排去上课了！当时，六年级的年级部主任急匆匆为我找来了一册语文课本和教学参考书，然后不由分说就让我去上课。我当时十分惊讶，就问他：我要不要先听听其他老师的课学习一下呢？主任告诉我，由于缺老师，这些孩子已经一周没有上语文课了，所以不能再等下去了。没办法，我也就只能"赶着鸭子上架"了。

那天下午，我是怀着紧张而又激动的心情跟着主任走进教室的。走上讲台后，我先向孩子们做了自我介绍，然后就开始正式上课了。记得当时我是先让大家读第一课的课文，我也趁机抓紧熟悉了一下教材，并翻阅了一下教学参考书，心里这才稍稍有了一点底儿。那篇课文是文言文，我照着教学参考书给孩子们讲了重点字词，又翻译了全文……就这样，我一边回想着自己以前学习文言文的方法步骤，一边现学现卖，总算是硬撑着上完了这第一节课。当然，由于事先准备不足，甚至可以说完全没有准备，所以第一堂课的效果也就可想而知了。不过，我并没有气馁。因为说起来，谁的成长和进步不都是从这种不完美的状态下开始的呢？

朱金萌：大概是因为我顶岗实习的学校是当地一所办学条件还不错的中学，学校的历史老师不算缺乏，以至于我真正走上讲台的机会比较少。记得我第一次登上讲台，是帮助一位同学科的老师盯自习课。那是我第一次与学生们面对面相处，确实是有些紧张，不知道该怎样面对他们才好。由于我是一个临时顶岗代课的实习生，所以学生们看到我们时都会好奇地窃窃私语，也有一些胆大的学生会问我一些稀奇古怪的问题，这让我感觉有些无奈。那节自习课上，我尽量维持着班里的学习秩序，但实际效果却不显著，而这样的状况虽然我事先也预料到了，但我当时确实没有想出好的解决办法。不过，虽然做题的时候大家秩序比较乱，但在核对答案的时候大家却出奇地安静下来。学生们的这种变化让我感到有些摸不着头脑，有点意外。

李琳玉：去实习学校的第一天我就被告知，次日一早就要上课。听到这个消息后，当时我的心情大概可以用"惶恐不安"和"一头雾水"来形容比较贴切。

我要讲的第一堂课的内容，是高中历史"必修二"中的《新航路的开辟》。当天下午，我急急忙忙地熟悉了一下课本内容，并在参考其他在职教师的课件的基础上，制作了自己准备上课使用的课件。第二天一早，从去往教室的路上，直到走上讲台向学生进行自我介绍时，我感到自己一直在克制不住地发抖，心跳速度飙升，该怎么形容呢？……即便是现在再想起来，竟然也有一种想哭的感觉。不过，或许是学生们第一次见到我这个新来的实习老师，记忆中的第一堂课的氛围居然还是挺不错的，只是我却因为准备不充分，没能讲好那一课的内容。唉，太遗憾了！现在想来，我觉得这样也好，初登讲台的经历虽然比较尴尬，但它能够时刻提醒我：要注意自觉地吸取教训，努力提升自我，在以后的教学中不能再辜负了学生们的期望！

谭　欣：或许对于实习上课一事，我事先给了自己过高的心理预期。我本以为在正式上课之前，实习学校里至少要先给我们做一些培训，让我们了解一下即将要相处整整一个学期的学生们，或者在我们开始上课时，会安排指导教师对我们的上课过程进行观察，帮我们纠正存在的问题。但是，现实是他们完全把我这个历史学专业的实习生当成了一个富有经验的语文教师来对待了！我刚到办公室的第一天，甚至我手里还没有拿到一本属于自己使用的教材的时候，就被告知，下一节课是你的课，你可以去上课了。那一刻，我的脑袋一下子就蒙了！但是，抱怨也没有办法。于是，我便在这种完全没有任何准备的情况下，迈着忽高忽低不稳的脚步走进教室，登上讲台，开始了自己人生的第一次上课。可是，讲什么好呢？因为当时还没有来得及做关于学科的任何准备，所以我只好把这第一节课的任务确定为与学生们互相认识一下，让大家做一下自我介绍。大概是因为我和这些高中学生之间的年龄差距不大，第一节课又没有一些实质性的教学任务，所以在进行完自我介绍之后，就随着学生的意愿聊了一些大家感兴趣的话题。终于，下课铃声响了，我的第一堂课就这样在一种尴尬无奈之下总算度过了……

牛梦璇：还记得上第一堂课的那一刻，我的心弦绷得很紧，我害怕极了。因为我知道，作为一名教师，为人师表很重要，所以我必须要把自己最好的第一印象留给我的第一批学生。为此，我花了仅有的一下午的时间去准备，包括搜索资料，对着镜子脱稿演练，细致到说每句话时的语气，我都谨慎地准备着，不敢有丝毫懈怠。整个准备过程，正应了那句话：台上一分钟，台下十年功啊！

我的第一次"登台亮相"（图片来源：谭欣 摄）

从以上各位同学的叙述中我们可以真切感受到，对于初学"为师之道"的我们来说，第一次登讲台，确实是一个不小的挑战。而大家初登讲台时的所见所想，的确称得上是五味杂陈：或兴奋，或焦虑，或喜悦，或迷惘……让我们普遍感到意外和无奈的是，我们初登讲台的第一堂课，居然绝大多数是在一种毫无思想准备的情况下，被仓促"推"上讲台的。这固然反映出这些农村学校师资力量紧缺的现实窘迫状况，但另一方面是不是也反映出基层学校对于师范生顶岗实习支教工作在相关准备与安排上存在着的不够周密、不够科学的问题呢？

其实，我们所上的第一节课，在很大程度上相当于是一次师生见面会，老师需要了解自己的学生，学生也需要认识自己的老师。尽管在大学读书的三年里，我们也经历过无数次的自我介绍，但唯独这一次让我们感到紧张不已。在大学里,我们是以学生的身份来面对老师的,所以不用担心自己说错了什么,但在顶岗实习支教的学校里,我们的身份却已发生了彻底转换,"身为人师",说出口的每一句话当然都是要负责任的。所以,大家也就普遍感到有些莫名的紧张、心慌,甚至不知所措。不过,现在回过头来看,虽然我们初登讲台的第一堂课普遍表现得大都不够理想,距一个合格的老师差距很大,但它也让我们从中得到了很多收益。

我们体会到,在第一堂课上,我们可以了解到学生们的家庭背景、兴趣爱好,甚至通过观察他们的说话方式、站姿坐姿等,可以初步把握每个学生的性格特点。而这一切,对于后来的教学如何因材施教,是有着很大帮助的。同样,第一堂课也可以帮助我们更好地认识自己。诸如我们面对学生时语言表达中的口头禅、站立的姿势、行为举止习惯等,都会在讲台上被放大,暴露无遗。这会让我们时时警醒,"为人师表"是从自己的一言一行做起的,所以我们应当严格要求自己,都要把自己最好的状态呈现给学生。

或许,这就是初登讲台的第一堂课对于我们每一位同学的意义和价值所在吧。当然,抑或在多年以后,当我们重拾这段课堂初体验的经历时,又会有一番更深刻的别样感受。那又会是什么呢?

二、现实之挑战

有这样一句颇为流行的话:理想很丰满,现实很骨感。此话虽不无调侃意味,但所言却并非虚妄。譬如,之前我们曾幻想过太多理想化的上课场景,但当理想照进现实,却发现二者之间实际上存在着太多的差异。当我们终于克服了初登讲台时的紧张和慌乱之后,随着顶岗教学实习工作的全面展开,我们却又迎来了越来越多的来自现实的挑战。那么,我们在尝试课堂教学的实践中究竟又遇到了哪些始料未及的"骨感"的实际问题呢？

（一）来自课堂秩序方面的挑战

初登讲台，我们遇到的挑战，除了来自学校教学条件方面的制约之外，问题较多的还是来自课堂本身。其中，首当其冲的是课堂纪律问题，这是令我们大部分同学最为头疼的事情。由于孩子们的课堂纪律普遍不够好，我们不得不把大部分精力用在维持课堂纪律上，这不仅影响了课堂教学任务的完成，也或多或少地降低了我们在学生中的威信。特别是在顶岗教学实习的前期阶段，这个问题尤为突出。不过，大家并没有被这些"熊孩子"制造的种种麻烦所难倒，而是注意去摸清他们的行为原因和心理特点，及时反思自己的课堂管理方式，并虚心请教那些富有经验的老教师，想方设法地去努力探寻解决问题的办法。

李金新：在幼儿园里，我感到最困难的就是整顿孩子们的纪律了。每天早晨入园、早操以后、午餐前和午餐后都是格外混乱的时候，每当到了这些时候，我都会感到全班50个孩子就好像是一大群蜜蜂似的，嗡嗡嗡地向你涌来。他们每个人都在七嘴八舌地拼命向你说话，那场面会让你感到自己都好像要被他们给淹没了！这个时候，你说什么他们也都听不见，根本不管你有什么口令，也不理会你要他们干什么。如果是在户外活动，你会觉得他们就像是一只只断线的风筝，或是一匹匹脱缰的野马，任性奔跑，拉都拉不住。刚开始，一看到这种情形，我都不禁心中暗暗叫苦：我的天哪，这可叫我咋办是好啊！

李婷婷：作为刚上任的顶岗实习幼儿老师，我觉得给那些懵懂天真的小家伙们上课还真是很有难度的：那些三四岁的孩子们调皮好动，根本坐不住，不出几分钟便会分神；有的孩子则因为太小了，还根本不懂事，总是跟赶集似的在教室里乱逛，如果让她坐在椅子上，就跟没听见一样，不理不睬，依然一如既往，如果大声训斥她几句，就开始大哭，对于这样的孩子我感到自己真的是无可奈何，无计可施。我的当班老师非常热情地告诉我，对待这样小的孩子最有效的办法就是"连哄加骗"，当时我有点不理解，这样做真的好吗？但事实证明，这还是一种"有效"的管理方法呢。比如，小孩子们一般都对吃的东西情有独钟，如果老师在给他们教课的时候手里拿着一些吃的作为奖励措施，十有八九都会取得事半功倍的效果，他们往往都会老老实实地坐着听讲，等待上完课后老师把那些好吃的东西奖励给表现最好的小朋友。另外，我发现这群小家伙其实真的是很爱学习的：你让他们跳舞、看动画片的时候，他们看不几分钟就会闹，可是当老师教他们一些新东西时，他们会带着好奇心认真的学习，他们笨拙的小手跟着老师学做动作，明明伸出四根手指，嘴里却喊着三，让人忍俊不禁。

邓景丽：我虽然是在幼儿园顶岗实习支教，但由于这个幼儿园是小学附设的，所以，如果学校小学部的某个老师请假，也常常会临时派我去给小学四年级的学生带两节自习课。记得第一次去四年级教室时，班主任老师看到我来带自习课，就对我说：正好，你可以借此和学生们聊聊，了解一下他们这个年龄的心理特点。说的也是，于是我便带着微笑走进了教室。然而，上课铃都已响过了，有的孩子才慢悠悠地走进来，也有的孩子则撅着屁股和同学聊得火热，似乎根本就没有听到铃声。我只好大声喊安静，这一喊，他们反而注意到了我的存在，于是便七嘴八舌地转而向我问各种问题，简直就像查户口，丝毫也不惧怕作为实习老师的我。结果，一节课下来，我被他们吵得耳朵嗡嗡直响，感觉嗓子也麻了，有点说不出话来……

贾　琳：我担任的是小学三年级一班的语文教学任务，这个班有50名学生，都是一些10岁左右的孩子。比较特殊的是，这个班里有两名低智力儿童。我记得第一堂课主要是让孩子们做自我介绍，通过他们进行自我介绍时的活跃程度，我的第一感觉是这个班的孩子们特别调皮。在后来四个月的相处中，也确实进一步印证了我这个感觉。正是由于他们特别活泼、调皮好动，所以维持课堂纪律就成了个大问题，我几乎每堂课上都要花费大量的时间来整顿纪律。唉，说起来真是一把辛酸泪呀……

李　婕：在小学课堂上，有时候会出现某些孩子扰乱课堂秩序甚至是打架的行为，但他们打架的理由往往都是很小的事情，甚至可以说是微不足道的。记得在一节课上，我进行数学试卷讲解，当我回身在黑板上画图列算式的时候，忽然听到背后的课桌间一阵骚动，两个孩子打了起来。我赶忙停下画图走过去，先把打架的两个孩子分开，然后了解到底是为什么而打架的。结果，原因是其中一个孩子借对方的笔用，在还笔的时候没有好好放，而是随手一扔，结果那个借笔给他的孩子有些生气，两个人便发生了口角，最后就干脆相互动手打了起来。我先制止了他们打架的行为，然后批评了他们一顿之后继续讲解试卷。下课后，我又单独与这两个孩子进行了谈话，让他们认识到自己的错误，并保证以后不要再犯了。

杨文文：我原本想得很简单，那就是在课堂上要与学生平等相处，尽可能地给予他们更多的主动权，也就是把课堂还给他们吧。这个理念我觉得是没问题的。可万万没想到的是，这些孩子实在是太活泼了，结果我这里一放手，却导致课堂秩序整个儿乱翻了天，无法收拾。这种情况确实是我原来没有料到的！

王志霞：开始上课了，才知道原来我们要面对那么多的难题。数学知识很简单，但是我不会教；孩子们的记忆像金鱼，粗心的程度堪比面积为 10 平方厘米的大圆，尽管我每天强调很多次，却总是有人忘带作业或者不写作业。由于孩子们太活跃，一个班里的人数又太多，调皮捣蛋的孩子也一大群，所以上课经常乱糟糟的。这些困难每天都涌向我，让我感到心里真的很累！

李月婉：我在小学一、二年级和六年级都带过课。一年级的学生年龄小，注意力不容易集中，在课堂上乱跑乱跳，交头接耳，无视课堂纪律，弄得教学工作无法正常进行，经常一节课下来基本上都是在设法维持纪律了，这让我感到特别头疼。而六年级的学生马上就要升入初中了，所以对于音乐课的兴趣不大，对于体育课的兴趣倒是十分浓厚。相比而言，我觉得还是二年级的学生比较听话，他们和我建立起一种微妙的默契，这使得我们的教学活动进行得十分顺利……

高　航：良好的课堂纪律是上好一堂课的基础，刚开始同学们对新老师比较陌生，加上刚来的时候年级部主任对他们进行了严厉训话，所以最初上课时都表现得比较认真，纪律也保持得很好。可是，当后来大家渐渐地与我熟悉了，也基本上了解了我的脾气之后，慢慢就开始放松了自己，班上几个比较调皮的孩子上课也开始折腾起来，并带动整个课堂都闹哄哄的，以至于影响到教学无法正常进行下去。

针对这个问题，我首先进行了深刻反思。刚开始的时候我是急于要融入这个班级，过分表现出了自己温和的一面，使得学生认为这个老师没有脾气。初中孩子正是活泼好动的时候，过去的课堂可能没有给他养成一种良好的学习习惯，都是靠老师督促才完成课堂学习任务的，一旦缺乏老师督促，学生便开始随性而为。明白了这一点后，我又去旁听其他老教师的课，观摩、学习他们处理课堂纪律等问题的做法。

在弄清了课堂上的问题产生的原因后，我便开始着手解决问题。我首先与课堂上比较调皮的几个学生进行私下谈话，让他们了解到学习的重要性，并和他们一起制订了学习计划，希望能帮他们养成一个良好的课堂学习习惯。之后我又用了一节课的时间，专门与全班的学生进行了主题谈话，让他们明白课堂的严肃性和重要性，只要上课铃声一响，我们就必须都要打起精神，相互合作，专心上好这节课……

（二）来自教学素养方面的挑战

教学方法、教学能力与自身知识储备的多少，是影响我们的课堂教学效果的另一个挑战。由于我们的教学经验不足，对课堂的掌控力偏弱，所以就使得刚开始的时候，我们在课堂上所呈现出来的教学效果大都不是太好。

于振彪：作为一名历史学专业的大三学生，在实习学校里却让我担任初中语文教学任务，这着实让我深感压力。在开课之初，我仅能凭着一些生动的口头语来引发孩子们的学习兴趣，至于对语文学科的知识体系和教学方法等则一无所知，可是自己又没有退路，所以也就只能硬着头皮去摸索，以至于在第一堂公开课上便栽了个跟头。记得那堂课上，由于我在课堂导入环节的设计下了一番功夫，开场确实给我的课添了不少光彩，但在接下来的教学过程中，由于备课时忘了"备学生"，以至于让他们在根本不熟悉课文的基础上便开始学习，结果便是磕磕绊绊，洋相百出，打了我一个措手不及。好在我还有着一定的课堂掌控能力，费尽九牛二虎之力，总算是硬拖着学生啃下了整篇课文，至于细致讲解则就根本谈不上了。"吃一堑长一智"，后来在旁听、观摩了其他有经验的老师的课堂教学之后，才慢慢明白了一些课堂教学的技巧和方法，对课文内容的理解也渐渐变得贴切起来。后来我再上课时，也慢慢变得有些"语文味"了。也许，这就叫作"专业成长"吧！

韩　雪：我是在一所农村小学顶岗实习的，由于我离开自己的小学时代差不多快十年了，已经不会用孩子们的思维水平来评判教学内容的深浅，再加上我所教的这批孩子的语文学习基础并不扎实，甚至一年级的拼音都掌握得磕磕绊绊。而我们都知道，对于低年级的孩子来说，拼音是他们整个语文学习的基础，如果这个基础打不牢，将直接影响以后的学习。孩子们本身的起点较低，而我为他们预设的起点和终点又过高，这就使得我们在教学过程中产生了不小的矛盾。后来，在与指导老师的沟通中我也认识到了这一问题的根源，于是便调整了自己的心态和期望，适当降低标准来适应低年级孩子们基础差的实际情况，同时我还在教学过程中注意随机穿插运用一年级时所学的拼音知识，为孩子们重新巩固夯实基础，使他们的语文学习渐渐有了新的起色。

牛梦璇：总的来说，我在课堂教学中存在的不足主要有：讲课的声音不够响亮，时间安排有时不够合理，引导学生进行讨论时表达不够详尽，给予学生独立思考的空间不够大……特别是，我发现自己上课时的表达能力比较欠缺，口才有待不断提高。有时遇到学生提出的怪异问题不知如何应对，只好马虎对待。还有就是课堂的应变能力比较差，当事先准备的教案有些在课堂上不能完全照着使用时，就不知该咋办了。虽然为了调动学生的学习兴趣，我在教学过程中也曾尝试着加入了游戏，结果却又往往难于控制课堂纪律，等等。虽然看起来自己存在的毛病很多，但我并不会为此而失去信心，因为只有找出自己的不足，才能够有针对性地去加以改进，而只要看到了自己的进步，我的自信心自然也就会增强了。

孔　杨：虽然我面对的是小学一年级的孩子们，可在处理教学内容时常常不知不觉地就弄得过于深奥了。记得我在讲《端午粽》这一课的时候，为了帮助孩子们便于理解课文，我还特意补充了一些小故事，可我滔滔不绝地讲了半天，到最后还是有几个学生不知道端午节是哪一天，这让我有一种深深的挫败感。有了这一次的教训，我后来便注意不断向其他教师请教，只要有空就去旁听他们的课，慢慢地我认识到：对于低年级的小学生来说，真的是"欲速则不达"，教学时应注意放慢脚步，老师要少讲、精讲，而让孩子们则尽量多读、多练，这样才适合他们的认知特点，教学才会取得好的效果。

赵红艳：虽然我也知道自己在教学素养方面存在不足，但一时也完全改变不了。有一天，我收到了学生们提出的意见，说我上课讲话的速度太快而且含混不清，这让他们难以跟得上并听清楚。当时我虽然表示虚心接受，但心里还是有一丝难受。刚开始的时候，我曾以自己不擅长口头表达为借口，不过我很快就意识到这只不过是为自己寻找的一种不思进取的开脱理由罢了，既然自己存在着不足，那就应该努力改正才是。说实话，由于学校里分配给我的教学任务是初中语文，而这与我所学的历史学专业不对口，客观上确实存在着实际困难，但我后来还是积极地抓紧"恶补"自己关于文学方面的知识，并主动跟着学习其他语文教师是如何上课、怎么处理教学内容、如何控制课堂教学节奏的，等等。就这样，边学边实践，我的课也逐渐走上了正确的轨道，我也和学生们建立起了良好的关系，许多学生还加了我的联系方式，会经常主动问我一些关于学习和生活上的问题，对我有了一定的信任感。结果，"功夫不负有心人"，在那个学期的期中考试时，我所教的那个班级的学生们取得了优异的成绩。这让我在为他们感到高兴的同时，也让我对接下来的教学更加有信心了……

郑克真： 我很想把自己所学过的、所知道的知识全部都应用到教学上去，但当我真正登上讲台以后，才发现自己的知识储备是如此匮乏。学校交给我的任务是教语文，而我学的却是历史学专业，所以我对语文学科的教学要求很不熟悉，也不擅长。因此，我便积极地找老教师学习教学方法与教学经验，搜索资料，认真写教案。虽然做了很多准备，但直到真正上课后我才发现，教案与课堂实际的差异很大，教案毕竟是死的，而在课堂上每个学生的特点和学习基础都不一样，对知识的理解也不一样，他们经常会抛出一些连我也一时不能确定的问题，这也逼着我不得不更加努力地提升自我。可以说，在教学生的同时，学生也在影响着我，甚至改变着我原来的一些已经习以为常了的小毛病。

记得在一次讲课过程中，就发生过一件让我印象深刻又十分窘迫的事情：在那节课上，有个学生突然问我"尴尬"二字怎么写，我当时很自信地立即拿起粉笔唰唰数笔便写在了黑板上。不料，刚写完我就听见学生们叽叽喳喳地小声议论起来。这让我不免有些生气，便大声让他们保持安静。这时,一名成绩较好的学生站起来指着黑板说:老师,您写的"尴尬"两个字错了,左边那个偏旁部首不是"九"。她的话让我一愣,要知道多少年来我就是这样写的啊,这还能有错?可当我仔细对照书本和字典查看了一番之后才发现,我还真的是写错了。原来,这么多年我已经习惯了的写法居然是错的!我顿时感到脸上火辣辣的,有些无地自容。我赶忙向大家道了歉,并自我解嘲地调侃道:老师这次可真是尴尬了。这件事让我对自己非常浅薄的学识底子有了更清楚的认识,知道了自己存在的不足还有很多,也明白了需要学习的东西还有很多。

还有一个让我感触很深的经历:我承担着初中两个班的语文教学任务,由于教学经验不足,在首先上课的那个班里,我的预先准备总会存在着这样或那样的不周和欠缺之处,所以给他们讲课总是不够全面;但在给第二个班上课的时候,由于我吸取了在第一个班上课时的教训,及时调整了思路并又充实了一些内容,所以讲的就比较透彻、深入,教学效果自然也就会比第一个班要好一些。但久而久之,这样的做法却导致了在考试时两个班的成绩很不平衡,差距非常大。比如,在期中考试时,我教的其中一个班的语文考试成绩是全年级第一,而同样是我教的另一个班的成绩却是全年级倒数第二。于是,在这次考试之后我进行了反思,意识到主要是由于自己在教学上出现的偏差而导致了这种状况的出现,于是,后来我便加强了课前的备课环节,尽量把问题思考和准备的全面一些,并在两个班的教学中也相应地进行了改进。结果在后来的几次考试中,两个班的差距就明显缩小了。这件事既让我体会到了做教师的不容易,同时也让我深深地认识到:作为一名教师,一定需要注意不断地进行教学自我反思,及时总结自己的经验教训,不断改进自己的教学方式,这样才能真正做到不断提高自己的教学水平。

胡菁冉: 在正式上第一堂课的时候,尽管我在之前备课时下了很大功夫，却还是没能准备出我想要的效果。这是因为我没有足够扎实的知识储备，也没有创造性的思维，更没有教学经验，脑袋里空空的，所以我很难把一堂课打造得既生动有趣，又具有较强的教育底蕴。所以，我是带着几分无奈、遗憾和对自己的不满登上讲台的。虽然我上的第一堂课不够理想，但当看到教室里学生们那五十多双满含着诚挚、期待和信任之情注视着我的眼睛时，我就感受到了作为教师肩上的担子之重，这让我不敢懈怠，下决心要努力提升自己的教学素养……

（三）来自学生素质方面的挑战

在顶岗实习支教过程中，我们必然需要和学生们近距离接触，但这种接触却未必都是"岁月静好"式的。事实上，有些顽皮的学生也给我们带来了很多困扰，譬如：有些学生因为和我们这些实习老师的年龄差太小，从而缺乏对我们的基本尊重；有些学生没能养成良好的学习习惯和学习态度，而不能做到学习自律，等等。诸如此类的状况屡屡冲击着我们对于完美的课堂状态的想象，让我们不得不面对着来自孩子们自身的另一方面的现实挑战。

张隆鑫：我们并不是第一批来到这里顶岗实习支教的大学生，我不知道之前的实习生给这里的孩子留下了怎样的印象，但从学生们的反应当中，我能体会到有些学生并没有把我当作他们真正的老师。造成这种现象的原因有很多，可能是之前来这里的实习生没有支撑起一名人民教师的形象，也可能是学生们自身的问题，当然也有可能是我本身授课的方式方法等问题造成的。

这所学校的领导可能历来认为语文、数学、英语是"主科"，所以均由在职的骨干教师担任，而品德与社会、科学、音乐、体育和美术之类的课程则向来被他们视为无足轻重的所谓"副科"，所以就都交给了我们这些实习支教生来担任。可能是受这种传统偏见的影响，学生们也普遍对于这些所谓"副科"课程存在着认识上的偏差，他们把所有的时间都用来学习语、数、英这三门所谓"主课",不停地做题,刷试卷,而对于其他的课程则就当成"鸡肋"了。以至于在我所担任的美术课上,学生们就变得无所顾忌,甚至连最基本的课堂纪律都不能好好遵守,就像是一盘散沙。刚开始的时候还好一点,随着时间的推移,我们之间相互慢慢熟悉了,孩子们也就愈发放肆了,最后竟发展到出现了不尊重我们这些实习教师的状况。

我认为,所谓教学过程,也就是教师的"教"和学生的"学"两者密切结合在一起的相辅相成的过程。在这个过程中,教师在观察学生,而学生又何尝不也在观察着教师呢?我注意到,有些学生之所以不断犯错,并不是无意的,而是他们在有意识地去试探我们这些教师的底线。所以,教师应该把握好尺度,既不能让学生整天活在恐惧之中,也不能对他们放任自流,而是要循序渐进地逐步引导他们学会尊敬师长,尊重他人。我认为,其实这本身就是一个育人的过程。

刁玮琪: 在讲课的过程中,我发现了一个不大但也不小的问题:虽然现在的孩子都很聪明,但同时他们也很"懒",上课时每个学生都人手一本学习参考书,面对老师提出的问题,他们看起来很积极地举手,但回答问题时却基本上都是照着参考书上的答案来念一遍而已,根本不去思考为什么是这样,因而也就不能很好地真正理解所学知识内容。面对这种情况,刚开始时我要求他们上课只能看课本和我的课件,我把课本上的内容大部分都写在了课件上面,目的是希望他们能通过多看课件而去进行思考,然而,这样做的效果却差强人意。有一次,课代表告诉我,自从我不让他们照着参考书回答问题之后,班里很多以前能主动回答问题的同学现在也不愿意再回答问题了,因为认真听课思考的学生特别少,他们生怕回答不好而没面子;以前让看参考书的时候,他们的注意力还会一直跟着讲课的进程往前走,但一旦离开了参考书上的那些标准答案,很多学生反而经常会走神,不知所云了。

对于学生的这种反应我感到很苦恼，但也很无奈，看来要改变他们已经形成了的过分依赖教辅参考书，而自己却缺乏主动动脑思考问题的不良学习习惯，并不是一件轻易就能做到的事情，需要循序渐进，慢慢才能实现。于是，我只好还是暂时默认了他们在课上看教辅参考书上的答案来回答问题的行为，但我也同时在努力引导着他们尝试开动自己的脑筋，鼓励他们尽量能够说出除了参考书上的"标准答案"之外的更多的属于自己的想法——哪怕他们的回答不那么完善。不过，说实在的，孩子们的这个学习习惯问题，直到我顶岗实习结束时也没能很好地解决。看来，关于如何面对学习基础较弱的学生，以及该怎样让他们养成一个良好的学习习惯，是我将来真正走上教师岗位后必须要重视的问题。

王志霞：我在顶岗实习支教时遇到的最大难题是，很多孩子根本不写作业。不管老师布置的作业多还是少，他们都一概不写！其实，我自己是很少布置作业的，所以对于每次布置的作业有些孩子不做的现象，我的确很生气，但也很无奈。和他们的班主任沟通，班主任让我考虑是不是作业布置得太多了的原因；和学生家长沟通，有些家长却说孩子是做作业的！这让我感到更无奈了。我还发现，在对待作业的问题上，孩子们很容易撒谎，常常会说自己已经做了但忘了带来，等等。我不知道孩子们的这种不良的学习风气都是怎么形成的，真让人头疼！

当地还有一个很突出的现象，就是大部分孩子课后都会上各种辅导班，在我实习的那所小学的门口就有很多教辅机构。其他班的情况我不太了解，但我们班的学生差不多放学后都被家长硬送到了各种辅导班。这些辅导班主要辅导每天的作业和周末的作业，所以，上辅导班的孩子作业完成情况表面上还是可以的。不过，这只是表面现象，实际上很多孩子的作业都是跟着辅导老师或者是同学之间相互照抄的，并不是他们自己独立完成的。虽然我后来通过多次和学生们进行沟通后，这种状况也有了一定的改变，但是却没能根除这种现象。这是这次顶岗实习所留给我的一大遗憾！其实我也知道，孩子们不写作业甚至抄作业的问题，是一个受多方面因素影响而造成的，家长、老师、孩子都有原因，所以需要各方面的共同努力，我期望在不久的将来能够不再存在这种不好的现象。

我经常在布置作业后告诉学生，如果不会做，那就等从家里返回学校以后我们再一起来解决。但是，小小的孩子也有自尊心，例如：上课时，当我询问他们对某个所学的问题"会不会"的时候，有很多孩子明明不会却偏要装会，因为他们大多是处于中下游学习水平的孩子，平时很自卑，觉得如果自己说"不会"，其他同学就会嘲笑自己。而这种在课堂上公开嘲笑同学的状况，在我刚开始上课的时候表现得最严重，也让我感到很惊讶。嗯，不是一般的惊讶，而是让人简直要惊掉下巴的那种惊讶！我根本没想到，有些小小的孩子居然只不过就是因为自己的学习成绩稍微好一点，就能产生那么大的优越感！实习期间，我既看到了那些学习成绩好的学生脸上的那种骄傲和不屑，也看到了因为回答不上问题而羞愧地低着头的学生脸上的那种尴尬和自卑。当然，我相信那些学习好的孩子对那些学习成绩相对差一些的同学主观上并没有恶意，可他们的嘲笑、挖苦乃至歧视，却毕竟实实在在地伤害了很多同学的心灵，甚至可能会给很多孩子的一生都留下了心灵上的阴影。

还记得我刚去上第二节课的时候，他们班的课代表就直接在课堂上问我，能不能和班主任说一下给他换同桌，理由是和他同桌的那位同学很笨，学习成绩不好。孩子的这种想法和做法，让我既理解又不能理解。在我刚到班里的时候，还发现很多孩子基本上一直不说话，即便是被我叫起来回答问题时，要么声音很小，要么就干脆不说。而这时，那群顽劣的孩子们就会起哄。我觉得，这个现象很值得老师们重视。因为，我们的学校所要培养的不能仅仅只是学习好的学生，更重要的是应当培养品行优良的好孩子啊！

李琳玉：如果你问我在那所乡镇中学顶岗实习期间，所感受到的理想与现实之间的差距有哪些？我想，大概主要有这样几点吧：

第一点，许多高中生的学习态度都很松懈，让我吃惊。其实，我自己从小到大并不是一个学习成绩拔尖的学生，也没有那么优秀，只是好像随着年龄的增长，了解到越来越多的事情，明白了更多的道理而已。因此，在顶岗实习期间，我曾试图以一个"过来人"的大姐姐的身份，在课余饭后的空闲时间里与我的学生们多次进行交流，希望他们能够好好学习。但是，这个年龄段的初中生已经有了比较强烈的独立意识，他们只愿意去做自己觉得对的事情，很少有几个能听父母或老师的劝导，所以我同他们交谈的效果并不好。以至于我都有些泄气了，心想：看来我大概也只能信奉那句"师父领进门，修行在个人"的老话了。说真的，这些学生的学习状态和我当年在高中阶段学习时的班级、宿舍里的那种既紧张又积极向上的学习氛围相比，差距实在是太大了！当年我们高中同学之间是相互较劲"比着学"，而现在这些学生相互之间却仿佛是在争相"比着玩"。

第二点，一些学生对待考试的态度不端正，作弊竟成了一种风气。我所教的一个学生就曾亲口对我说："老师，每个人都抄，我们不抄就完了。"记得当时听到他说的这句话时，我顿时感到心都凉透了，浑身有一种深深的无力感！这说明，学校里的很多教师其实都是清楚这个情况的，可他们大多好像心照不宣地"睁一只眼闭一只眼"，即便是站在讲台上监考，也只不过是以"上帝的视角"视而不见地任凭考场上的学生交头接耳。此情此景，让我们这些实习生真不知如何是好。可这种风气是怎么形成的呢？这种状况是正常的吗？我很不理解。

让我印象非常深刻的一件事是，刚去顶岗实习时，为了解学生们的学习状况，我先查看了一下他们高一年级上学期的成绩单。我发现其中有一位女同学的历史期末成绩考得非常棒，而且她还居然与我的一位大学室友重名，这让我对她多了几分关注。所以，我在给他们班上第一节课的时候，特意点名夸奖了她一番，我希望她能够给全班同学树立一个学习的好榜样。但是，在不久之后的一次月考阅卷中，我阅到了两份雷同答卷，并且答得和试题的参考答案几乎一模一样。我拆开一看，发现试卷居然就是这位女生的。原来，作为全班甚至是全年级的所谓优秀学生的考试成绩，竟然是这样"抄"出来的！这真的让我失望透顶。我不明白，她为什么要这样自己欺骗自己？这样做有什么用呢？

确实，理想和现实之间总是有差距的。我们顶岗实习的第一节课上完后，大家原本紧张、焦虑的心情似乎有所平复，但在上课过程中所遇到的新问题却又接二连三地出现了。由于我们对学生的实际情况不了解，对教学过程、教学方法的应用不熟悉，课堂调控能力也比较差，导致在教学过程中状况频出，手忙脚乱。当然，这种状况也与我们刚刚到达实习学校，还没有来得及好好了解学生，也没能充分备课，就被仓促"推"上讲台不无关系。

我们在教学中存在的问题，首先体现在课堂管理方面。由于我们实习生与各实习学校里的学生们看起来年龄差距不大，再加上大家都有一种想和学生友好相处的心理，并且学生对于我们这些新老师的到来也有着一种天然的好奇心和新鲜感，所以，有些表现欲很强的学生就显得特别活跃，总想着在课堂上、在老师面前多多表现自己，而我们也期望能在他们心中尽快建立起一种无拘无束的可亲近感，所以也乐于与他们打成一片。但是，我们当时对于师生之间相处的"度"并不是很清楚，所以便往往会在课堂上为了片面追求所谓"互动"的场面活跃，而对一些有违课堂纪律的现象也存在一些放纵失度的情况。结果，这种一味在课堂上片面地过度追求互动的意愿，却使基本的课堂秩序又蒙受了影响，以致课堂教学任务常常不能按时完成，一拖再拖。另外我们还发现，年龄越小的学生，注意力集中的时间也会越短，这就需要教师掌握一定的课堂调控和激励等管理技能技巧，而对于我们这些新手来说，要掌握并灵活运用这些课堂管理技能，绝非一日之功，需要假以时日在教学实践中不断历练、提高。

我们在教学中所存在的问题，还表现在对学生的心理特点不够了解。每个年龄段、每个学段的学生心理状态都是不一样的，每个孩子的身心发展程度等状况也都是千差万别的。对于幼儿园的小朋友来说，他们尚处在刚刚开始认识社会、认识事物的启蒙阶段，对身边的事物充满了无限的兴趣，模仿力强，这也就要求作为幼儿教师在工作时更应该注意自己的行为规范。对于低年级的小学生来说，他们处在学校生活的适应时期，尚没有建构起对事物的整体认识，所以对教师的依赖程度也还比较高；而高年级的小学生，则开始跨入少年时期，他们虽已能够形成自己对于事物的基本看法了，但看问题还不够全面。而进入初中、高中阶段的学生，心智逐渐成熟，也会出现青春期的一些叛逆心理，情绪常常不够稳定，也更加关注自己的个性发展，以及他人对自己的评价，等等。另外需要注意的是，每个学生的生长环境也各不相同。这一切，都决定了作为一名教师，对于自己所从事的教育教学工作决不可等闲视之，或只是简单化地采取整齐划一的"一刀切"式的对策。显然，这对于我们这些顶岗实习的大三学生来说，确实是一个不小的挑战，需要我们在实践过程中不断认识、总结、尝试和提高。

其实，有挑战并不可怕，可怕的是我们没有勇于迎接挑战和奋力战胜挑战的志气。

三、反思中成长

如上所述，我们在初次的实际教学过程中出现了很多问题，但也正是遇到的这些问题，让我们认识到了自己的不足和需要努力的方向。

所以，我们在之后的教学实践过程中，都自觉地加强了学习、探索和不断地自我反思，并慢慢开始总结出了一些适合自己的教学方法，有了一些初步的教学经验积累，一点一点地在努力进步着、成长着。

（一）备课付出真心

备课，是课堂教学的基础，也是体现教师基本功的环节之一。备课充分与否，直接影响着课堂教学的成败。作为教师的备课，不仅需要对所教学科的课程标准和教材有充分的理解与把握，而且也需要掌握学生的基本学情。而我们在备课过程中还远不止要把握这些，因为我们在此次顶岗支教实习中，绝大多数同学的任教科目与我们自身所学的历史学专业是不相符的，这也就意味着我们在备课过程中需要有加倍的付出，需要以自己的真心倾情投入其中。

我化身成了一名初中英语老师（图片来源：陈彤 摄）

陈 彤：平时的备课确实不容易。刚开始的时候，每天晚上我都会备课到很晚，后来才慢慢地找到了提高效率的备课方法。我担任的英语课对这些农村的孩子们来说普遍是学习上的"弱项"，所以我在备课时便注意尽量寻找他们能接受的方法来教。譬如：这些孩子们的理解能力比较差，所以我在备课时便特意提醒自己讲课的时候，速度要适当放慢一些，并且收集了很多例子用来帮助他们理解语法。另外，在早读的时候，为了能让他们更有积极性，更好地发挥他们这个年龄段的记忆力优势，我会先自己进行领读，然后再让发音比较标准的同学来领读，这样会让他们更好地集中精力投入进来。

每周我在准备布置作业时，也大都会注意首先询问、了解其他学科布置的作业多不多，然后我再根据实际情况来合理设计、安排作业。时间长了，孩子们可能正是由于我能尊重和理解他们吧，都对我很亲近，很信赖，有什么问题也都会对我说实话。当然，有时候我对那些调皮捣蛋不好好学习的孩子，也会因为"恨铁不成钢"而冲着他们生气、发火，也会耍小脾气，甚至有时候也会被气哭。但是，当他们围着自己一声声喊着"老师"的时候，我本来一肚子的火气也就不知不觉地烟消云散了。因为，这让我一下子便意识到自己在他们面前不再是个任性的孩子，而是一名担负着培育他们的重任的老师了！我想，如果我连这么一点点委屈或不顺心都不能承受，那我又怎能去要求自己的学生，如何去做他们的榜样呢？

郑克真：在备课的时候，我都是提前先找有经验的老教师请教，然后在参考他们的备课资料的基础上，再结合自己面临的实际情况进行调整和完善。在课堂教学过程中，我也随时随地地注意把学生们的实际表现和反映记下来，然后再在备课本上进行调整、改进、补充和完善。

在课堂上我发现，一般积极回答问题的基本上都是相对固定的几个学生，其他同学则大都很少作声。针对这个问题，我便在备课时有针对性地搜索了一些老师的解决办法，我觉得小组学习方式应该是一个不错的选择。于是，我便在备课本上先做出了一个基本方案，划分了学习小组，并特意让那些平时很少回答问题的学生担任小组长，在课堂提问过程中有意识地让那些表现不积极的学生起来回答问题，让他们感受到在老师眼中他们每个人都是这个班集体中很重要的一分子。

让我感受最为深刻的是，教师除了在课堂上要真正做到以学生为主体，充分调动他们的学习积极性之外，还必须注意选用相匹配的行之有效的教学方法，这样才能确保课堂教学的成功。我所学的专业是历史学，但是学校里却让我执教六年级的语文课。我当时确实是有些信心不足，毕竟专业不一样啊，我很担心自己胜任不了。也正是因为这样，我在备课时所下的功夫特别大，认真查阅资料，认真设计教案，认真制作课件，并注意时时主动向有经验的老教师虚心请教、跟班听课观摩等，不敢有丝毫的懈怠心。在教学过程中，我尽量使课堂生动活泼，调动学生们的学习积极性，尽量多地让学生起来回答问题，也借此多方面了解他们的所思所想，并在课后及时记录下来，尽可能体现到自己的教案中。

在每一堂课上完之后，我都及时进行反思，回顾在这堂课上自己的表现有哪些可取之处，有哪些不足，自己的教案还应当进行哪些改进、调整，等等。我觉得只有这样才能把课备好，也只有把课备好，才可能取得好的课堂教学效果。

赵红艳： 上课之前我做了大量的准备，比如：反复试验课件的播放情况；通过班主任、任课教师和学生课代表，了解每个班和每个学生的基本学习状况；想方设法地搜集、寻找一些补充材料添加到自己的教案当中，等等。另外，为了上课时能够首先给学生带来一个较好的印象，我私下里对着墙壁反复演练，甚至连自己的面部表情都试图尽力保持一种既严肃又不失活泼的状态。

学校让我带的课程是地理，虽然这不是我所学的专业，但我本身也比较喜欢地理学科，试想：能带领着学生们了解世界，探索未知，就仿佛是在进行一场全球旅行，这该是一件多么美好的事情啊！比如：在讲述"国家"这一章节时，为了让学生更好地了解每一个国家的位置、地貌、河流、资源、交通等状况，我会提前准备一个空白地图，让学生来填图来加深印象。每当进行到这个环节，学生们都非常积极踊跃。课后，我则会让学生采取连线、填空等方式来巩固所学知识。

另外，为了让学生保持学习兴趣，我还不断尝试创新上课的形式，采取滚动点名呀，或者抽签回答问题呀，等等。通过创设一种趣味盎然的课堂氛围，为学生们在紧张的学习中增添一丝乐趣。记得我第一次使用滚动提问的方式时，学生们感到非常惊奇，既紧张又兴奋，一个个跃跃欲试，都希望自己能得到一次展示的机会。可见这个办法确实在激发学生的参与积极性上有着明显的作用。

再就是，我还根据实践中的经验教训，为学生设立了明确的课堂表现奖惩制度，实行积分制，进行量化管理。对于那些上课回答问题又快又好的学生，规定可以减免作业，以示鼓励；对于那些知识掌握不牢的学生，则要酌情适当增加作业，以示惩罚，等等。这些小点子，都在我的实习教学中收到了不错的效果。

刁晓淼：在顶岗实习中我深深体会到，备好课确实是上好一堂课的重要前提。实习期间，我备课前都会先去查阅许多相关的资料，借鉴一些优秀教师的教案，然后再根据本班学生的特点设计教案，以此来保证能更好地完成这堂课的教学任务。不仅如此，我还特意带着自己设计好的教案再去旁听那些有经验的老教师的课，边听边找出我和那些老教师对于同一节课讲解不一样的地方。在教学内容处理、教学方法应用等方面的差异，然后扬长补短，进一步改进和完善自身的教学实施方案。

虽然我在课前花了很多的时间来做准备，但在上课时，还是会发现自己写在本本上的教案与实际教学之间会存在着比较大的差异。在上课时，教师与学生的影响是相互的，学生对于知识点的理解程度会紧紧制约着整节课的进展。因此，教师在课堂中要具有掌控全局的意识以及随机应变的能力，注意要不断改进自己的教学方法，掌控好各个教学环节，合理搭配授课时间，努力激发学生们的积极性，营造一种和谐、活跃的课堂气氛，这样才可能会取得好的教学效果。

课后，我会认真地批改学生的作业，因为作业是学生对所学内容掌握情况的反映，认真地批改作业能够发现他们在学习中存在的问题和不足，这样就可以知道在下一节课的时候，需要对哪些问题再进一步重点强化。

我教的两个班原来的历史学习基础不够好，上课时我能感受到他们对基础知识掌握程度的薄弱。为此，我在课堂上着重为那些成绩波动幅度大的学生"开小灶"，重点提问她们，要求他们把知识点的识记做扎实，以此来加深他们对所学知识的印象。另外，我每天给学生布置3~5个小知识点的识记任务，在短时间内看起来效果也不大，但我认为从长远来看还是很管用的，毕竟知识的学习就在于持之以恒地不断积累。事实也证明了这一点，在顶岗支教实习的四个月里，我曾经历了两次大的考试的考验，一次月考，一次期中考试。在这两次比较重要的考试中，我所教的两个班的学生，进步是比较明显的，他们的考试成绩一次比一次都有所提升。他们在学习成绩上的进步，让我感到自己的付出很值得，心里也很欣慰。

李琳玉：在备课阶段我遇到了许多问题，例如：如何把课本上的历史知识构建成一个完整的体系，能够让学生理解知识而不是单纯地死记硬背。在这个问题上，体现特别明显的是关于苏俄、苏联的政治经济政策，以及罗斯福在面对经济大危机时所提出的一系列措施的学习上。我在上课过程中就发现，大部分学生不理解这些措施到底有什么作用，以及为何会提出这些举措。这也就造成了在进行作业练习及考试的时候，学生中间出现了非常多的问题。这不禁让我联想起自己在高中阶段学习历史时，似乎也存在着同样的问题，只是在单纯地听老师讲，笔记也在记，可是并不理解为什么要记，所记的内容又是从何处得出来的，等等。就这样，针对这种状况，我在备课时不断地注意进行反省和思考，并把自己当年的学习教训也糅入其中，力求也能给这些农村中学的学生们一个好的历史课堂。

（二）授课融入真情

课堂教学是一项需要教师付出真情的工作。换句话来说，也就是教师若能在教学过程中真正做到真诚以待，用心付出，才可能会产生"以情燃情，以情动情"的育人效果。虽然我们只是一些大三的师范生，但在顶岗教学实习的过程中我们也都逐步意识到，课堂并不仅仅只是一个传授知识的场所，它更应当是滋润学生的心灵和陶冶他们的精神境界的生命"发展场"。因此，我们在教学实践中，便不断注意反思和汲取自身所积累的课堂经验与教训，努力提高自己的教学能力，锤炼自己的教育信念，一步一步地学着用我们的真情和付出，去点燃那些乡村里的孩子们对未来的憧憬与希望。

范明慧：我在教小学四年级语文教材中的《第一次抱母亲》这篇课文之前，对其所要表达的情感态度与价值观进行了一番研究，为了使小学生的心灵能够获得真正的滋润和启迪，我尝试采用了布置实践作业的方式，即：在带领他们学完新课，感受了课文中所表达的深厚母爱之后，我给他们布置了一项实践性作业——自己回家后为母亲做一件事，回报母亲无私的爱。学生们对这个作业非常感兴趣，都跃跃欲试，嚷着要为母亲洗脚、打扫卫生等。

第二天上课时，我让他们把自己为母亲做的事情写成一篇作文，并表达一下自己对母亲的感恩之情。结果是非常令人欣慰的，孩子们一个个真的是妙笔生花，在作文的字里行间都流露出对母亲的真

我最开心的时候就是看到孩子们在课堂上抢着举手回答问题的那一刻（图片来源：范明慧 摄）

挚爱意。看着孩子们这一篇篇充满着真情实感的作文，我想我的目的达到了，那就是：孩子们已经在本课的学习中掌握了足够的知识，既培养了他们的写作技能，同时又实现了"感恩母爱"这个情感目标。我相信，"谁言寸草心，报得三春晖"的这个道德观念，将会深深地印在了他们的脑海里。而我觉得，这便是教育的价值所在。

刁玮琪：当我逐渐找到了讲课的方法，并且也和学生们慢慢熟悉了以后，上课便开始变成了我所期待的事情了。但由于刚开始时为了和孩子们建立一个良好的关系，我对他们的课堂纪律要求很松，结果一些学生便在课堂上逐渐开始搞出了不少"小动作"。面对这种情形，我开始反省自己，不禁想起了学校第一次给我们开会时，有位老师对我说的话：要让学生把你看成是老师，而不只是一位姐姐。现在想来，才觉得这话是不无道理的，这实际上是在提醒我们这些新老师要有新的"角色"意识。于是，我开始注意对待学生既发自内心的关爱他们，同时在学习和纪律等方面又严格要求他们，这大概也就是"严慈相济"吧。当我在课堂上再面对那些"大胆"的孩子提出的奇怪问题时，我不再只是当作玩笑以调侃的方式应对，而是认真倾听并思忖那些看起来有些匪夷所思的"怪"问题中，有没有隐含着值得关注的价值，然后把那些值得关注的问题拎出来，交给大家一起来讨论。

记得在讲《桥》这一课时，课文中有这样一个片段：主人公老村支书在山洪暴发到来之际，把自己的儿子从逃生队伍里揪出来，让他排到最后面去。老支书是选择了宁愿舍弃自己的儿子，也要先保护村民的安全。讲到这里，我向孩子们提出了一个问题："文中的父亲为什么要这么做？他真的是不爱自己的儿子吗？你从哪些地方可以看出？"问题刚问完，一个调皮的小男孩便抢着大声说："老师！我知道，他不是亲爹，是干爹！他不爱他儿子！"顿时，教室里一片大笑，我也给他弄得有些哭笑不得。面对这一无厘头的回答，我没有发火，而是继续耐心地引导孩子们再反复品读课文，并进一步让全班共同找出文中的关键词句，逐字逐句地进行分析和体悟。直到大家的情感完全沉浸其中时，我才严肃地单独问那个调皮的小男孩："你现在还认为这位老人不爱自己的儿子吗？"他有点不好意思地摇了摇头。

这件事让我很有感慨：教学就只是教知识吗？除了知识，更重要的还应当教给学生什么呢？这一刻，我似乎突然明白了为什么人们把教师称作"人类灵魂的工程师"。

邓景丽： 我很纳闷，一开始的时候，为什么这些"小不点儿"的孩子们都不怕我，不听我的话呢？记得有一节课间，一个学生就曾悄悄地对我说：老师，你得对我们严一点儿。看来，他们过去是已经习惯了老师的严厉态度，而我则觉得自己只不过是临时来替班的，所以基本上抱着的态度是"一团和气"，只要"你好我好大家好"就可以了，从来没有对这些"熊孩子"在课堂上的调皮捣蛋行为声色俱厉地训斥过，而这难道就让他们觉得在我面前便无所谓了吗？……于是，下一节课我便刻意严肃地板着脸走进了另一个班的教室。一开门，我便直奔主题，向学生们郑重宣布："这节课，你们老师临时有事不在，由我来替你们老师负责检查你们的自习表现。"你别说，他们还真的比上个班安静了不少，有的看书，有的写作业，只有极个别学生偶尔偷偷私语几句。这究竟是我的严肃态度起了作用，还是这个班的学生本来就比较遵守纪律的缘故呢？我想，或许都有吧。看来，作为老师如果对待学生只是一味地迁就和迎合，或者敷衍应付，而对于他们的过失和不良行为不予以严肃批评和教诲是不行的，这并不是爱他们，而是做教师的一种失职。

顶岗实习支教的经历使我深深体会到，一个班级的学生管理，确实不容易。尤其是现在的小学生接触了太多社会上的东西，他们对任何事物都充满了好奇心，他们活泼好动，他们"初生牛犊不怕虎"，不情愿听老师的管教，甚至有些小孩子就连"有没有男朋友"这种问题也会毫不掩饰地说出口。这让我很吃惊！他们才只不过是小学生啊，这未免有点过于早熟了吧。这让我觉得，现在老师教小学生真的绝非易事，如果我们做教师的不能真正深入地了解他们的心思，不能全身心地投入其中，付出真情，那确实是很难带着他们真正成人，很难取得好的教育效果的。

贾　琳： 在顶岗实习支教的日子里，一开始，我的角色意识并没有调整过来，总是忘了自己已经是孩子们的"老师"了，而孩子们好像也没有把我当成他们的老师，大概更习惯于把我看成一个脾气随和的大朋友，以至于在课堂上比较随便，常常搞得秩序比较乱。后来，我自己进行了反思，意识到毕竟良好的课堂纪律是进行正常教学的前提，所以也就逐步调整自己的心态，对待学生该严肃的时候就严肃对待，该严格要求的时候就一定做到严格要求。这样一来，课堂上的秩序便慢慢变得好起来了。

另外，我还体会到，作为教师要注意尽力激发孩子们的学习兴趣，由教师"强迫"他们学习变为能让他们自觉地主动学习，这也是改变课堂秩序的一个有效策略。比如，我就经常会用多媒体进行教学，选择一些与课文内容相关的精美图片做进课件里，以此来吸引孩子们的注意力。实践证明，这种方式对于低年级的学生还是比较适用的，这个年纪的孩子好奇心、求知欲都特别强烈，虽然自律性差一些，但相应的是他们的课堂氛围也更活跃，每次都争先恐后地回答问题。经常会有学生跟我说，"老师，你怎么不叫我起来回答问题""老师，下个问题记得让我回答呀"，等等。所以，在课堂上每次提问问题时，我都注意"雨露均沾"，生怕忽略了哪个同学，伤了他们的积极性。

学校里的老教师们与学生相处时间较长，都比较了解学生的情况，甚至可以具体到某个学生的脾气秉性以及学习的特点，等等。所以，我便注意经常主动通过向老教师请教，来了解学生们的情况，并在此基础上调整自己的教学思路，针对不同的学生采取不同的方法。在空闲时我则会主动去旁听其他教师的课，学习他们的教学长处，以及课堂管理方法等。我觉得，只有这样不断地去学习他人的长处，努力提高自己的专业能力，才对得起孩子们喊我"老师"声中所表达的那份尊敬啊！

李月婉：让我印象最深的是小学一年级的一节课。当时，我教的那个班的班主任老师请我在课上给孩子们教唱一下国歌。我意识到，这也是作为语文老师的我，对于孩子们进行家国情怀培养的一个特殊方式。于是，我便在课上专门拿出时间来，一句一句地认真教孩子们学唱，孩子们也都学得很快，可是我却发现：其实他们并不明白国歌到底是什么，更不清楚国歌具有怎样的特殊意义。在孩子们的眼中，觉得国歌与这世界上的其他任何一首歌曲都没有什么不同。我觉得这是一个应当让孩子们弄明白的重要问题，也是一个重要的进行家国情怀教育的最佳契机。于是，我本能地想到，可以借助我所学的历史专业的有关知识来为孩子们解决这个困惑。

一提起自己的历史专业知识，我就有了源源不断的话题。我向孩子们介绍了我们的国歌诞生的历史背景，讲述了在那个战火纷飞的年代，中华儿女为抗击外来侵略者而共赴国难、前赴后继的英勇事迹，并为孩子们播放了《黄河大合唱》等抗日爱国历史歌曲，以激起孩子们内心的情感波澜。下课的时候，我看到孩子们一个个眼里闪闪发光，脸上都挂着一副意犹未尽的表情，这时，我的心里油然产生了一种强烈的成就感和作为教师的光荣感。那一刻，我才真的体会到，原来这才是当老师的感觉啊！

刘　冉：顶岗实习支教时，我面对的是小学一年级的小孩子，这让我比较担心自己不知该怎样与他们交流，后来在课堂里遭遇的情况，也证明了我的担心不是多余的。课上，无论我怎么要求他们要遵守课堂秩序，可他们都仿佛根本没有听见，照样吵吵嚷嚷成一锅粥。这可该咋办呢？于是，我先向学校里有经验的老教师请教，她们告诉我，对于这个年龄段的小孩子，采用奖励的方法对他们比较有效。我在课上一试，这招儿还真管用。比如，对于那些特别调皮的孩子，可以先尽量找出他们的优点，或是夸奖他们能认真听课等，这样的鼓励会让他们很自豪，会更加往好的方向表现。再比如，可以重点表扬某个小朋友，在班级里面树立起一个小榜样，让大家都向那个榜样学习，等等。

给小学一年级的孩子上课，我觉得运用生动形象的课件来吸引他们的注意力是非常有必要的。因为，只有能吸引他们的注意力，才会使他们的心思转移到学习上。比如，在课件上添加声音或者动画特效，这样会持续保持孩子们的学习兴趣和好奇心。另外，要注意激励孩子们参与到教学过程中，尤其是那些比较腼腆的孩子。比如，可以让他们进行读课文比赛，对他们读课文的表现，教师都及时给予反馈。对于他们的课堂表现，教师要以奖励为主，因为奖励可以提高他们的自信心。再就是，还要注意不能给予孩子们太大的压力，这样会使学生对学习产生排斥和厌恶情绪，不利于学生以后的学习。

小学语文的教学应该是以打基础为主，所以教学进度不能太快，教师应当注意给予学生充足的复习或者内化的时间，让他们一步一个脚印，踏踏实实地学好每一点知识。

李欣霖：度过最初几天登讲台的心理紧张期之后，我一边平时注意在课下收集材料做足上课的准备，一边注意主动去旁听学校里经验丰富的老师讲课，学习他们的教学长处。但即便如此，我还是苦恼于自己的课堂里遇到的这样或那样的问题，例如：学生常常不能保持注意力，上课坐不住，爱走神等。而我自己在上课时实际遇到的情况与事先备好的教案也存在着较大出入，特别是需要花费大量时间管理学生们的课堂秩序，以致课程教学内容经常无法按时完成，等等。于是，我就带着这些问题去向学校的老师请教，学校领导也十分照顾我这个新手，安排我到县城的实验小学去参与集体备课活动。县实验小学是全县比较好的小学之一，在那有更多经验丰富的老师，也有更高的教学质量。我通过参加这种跨校集体教研备课活动，了解了究竟如何去准备一节小学语文课，以及如何去找到每一篇课文的教学重点和难点。并且通过与老师们的交流得知，小学生的注意力正是最薄弱的时候，这时候老师在安排课堂学习任务时，一定注意每一分钟都要让学生们有事情可做，等等。回校之后，我开始慢慢地按照从县城里学习的方法进行备课、上课，教学终于得法，慢慢步入了正轨。

我带的另一门课程是品德与社会，这门课虽然不需要考试，但我觉得更应该重视。因为这门课程是要帮助学生树立正确的人生观、世界观和价值观，教学生认识社会，学会做人。所以，我在备课时不敢有一丝懈怠。而在上这门课的过程中，我发现其中很多的道理需要老师做到深入浅出才会让孩子们真正明白，而且各个方面的知识都需要涉猎一些，比如：我所学的历史学专业的知识，以及地理学、哲学、文学等方面的知识。同时，小学三四年级的孩子好奇心极强，经常会提出一些让人意想不到的问题，这也促使我更加不敢掉以轻心，必须要注意自觉的不断加强学习、不断为自己充电，虽然有些累，但想想孩子们那一双双期待的眼睛，觉得自己即便是备课时累一点，也是值得的。

王允健：我上的第一堂体育课出了好多状况，还惹得孩子们相互之间不太高兴，这让我感到有些尴尬。课后，我进行了反思，意识到作为教师在上课之前做好对小学生心理的认知，以及精心设计好每一个环节的教学活动等，都是非常重要的。于是，在之后的体育课上，我除了教授广播体操以外，还开始注意结合每个年级孩子们的年龄特点，并注意充分利用学校里有限的体育器材，有选择地教孩子们一些使用体育器材的简单技能，等等。这样一来，学生们对上体育课的兴趣又高涨起来，我刚开始时给他们带来的那种失望的情绪便慢慢渐渐消失了……

张　晓：在课堂上，孩子们真的是很活跃的，提问问题时他们会疯狂地争相举手，嘴里还不断急切地向我喊着"叫我，我来"。他们的思维是开放的，他们有着很强的求知欲，总会问一些奇怪的问题，也总会有一些意外让我始料未及。不过，这些孩子们看上去很调皮，其实他们也很懂事、很善良，富有爱心。关键是我们当老师的要真正了解他们，读懂他们。

记得有一次我们正在上课，教室里飞进来一只燕子，起初大家都还是尽量按捺着躁动的心好好听课,但由于燕子乱飞乱撞,结果孩子们的注意力还是被它吸引过去了,课堂秩序变得乱了起来。面对这种状况,我灵机一动,干脆顺水推舟,让他们仔细观察这只燕子的外表、飞行状态,以及在面对误入我们教室之后它的反应,等等。于是,孩子们开始兴致勃勃地仔细观察着,还纷纷小声讨论着,生怕惊扰了这只燕子。最后,他们实在不忍心看它惊惶地四处碰壁,便主动打开了教室的所有门窗,用言语和手势引导燕子飞出去。当燕子终于飞出去时,孩子们在教室里发出了一片欢呼。之后,我借此给他们布置了一个作业,让每人写一篇记述这只燕子的小短文。结果非常棒,就连平时不爱写作的学生笔下的燕子都充满了灵气,而且在作文中还都充满了真挚的感情……

丁 瑞:我清楚地记得,我上的第一堂课讲的是"两弹一星"元勋邓稼先的故事。由于我的专业是历史学,所以那时只要遇到关于历史的课文就总想着多讲一点儿,结果我就从"两弹一星"说起,一直讲到了中国特色社会主义道路,等等。整整一节课的时间,学生们听得确实是津津有味,可对于课文本身和生字、生词等方面的教学任务却没有涉及太多。下课之后,看着空空如也的黑板,我才意识到自己在课堂上把本末倒置了,这不禁让我有些尴尬和迷茫。后来,每次上课时我都在讲桌显眼的位置放上了一张纸条,上面写着"教学内容为先,扩展要适量",用来提醒自己。这样,情况才慢慢好转。

上课从手忙脚乱到从容应对,这个转变过程还离不开经验丰富的老教师们所给予的指导和帮助。刚开始备课的时候,教研组里有经验的老师会指导我如何研究教材,如何准确地把握住教学的重难点;她们还告诉我要重视参阅哪些资料,如何制定与学生现阶段相符合的教学方法及形式,等等。同时,我自己也注意最大限度地发挥自己的文科专业优势。就这样,我的课慢慢变得越来越像样了,也越来越受学生们的欢迎了。我觉得,在这个实践的过程中,自己也渐渐变得成熟起来了。我想，这大概就叫作专业成长吧。

黄　靖：我发现，给高中生上课时，如果老师只会循规蹈矩，照本宣科，画书背书，那么学生很快便会感到厌倦，是不会买账的。所以，平时在备课时，我便格外下功夫，绞尽脑汁，想方设法地让自己的教学设计尽可能新颖、有吸引力一些。比如：我在给高一学生讲授世界史中的"新航路开辟的背景及代表人物"这一部分时，我就开动脑筋，打破常规，设计并采用了下面这种教学方式：

课前，我先给每位学生下发一份打印的世界地图，并将一幅大的地图贴在黑板上。开始上课后，我首先抛出了这样一个问题：假设你是一位16世纪的欧洲商人，你会怎样选择欧亚两洲的往返航线呢？果不其然，这立刻唤起了学生们的参与积极性。不过，他们所绘制的航线，与我预料的差不多，无外乎都是按照距离优先的原则，基本上画的全是经过里海和黑海、经过波斯湾、经过红海的三条所谓"旧航路"。于是，我便适时再抛出了奥斯曼土耳其帝国垄断传统航线的史实，引发学生进一步思考旧航线受阻后的解决办法，由此引出新航路的开辟。课堂上，学生们通过史料，在自己的地图上尝试绘制出了迪亚士、哥伦布等几位航海家的航海路线，此后我请几位学生到黑板的大地图上分享自己的探索成果，与全班同学互相交流。

如此一来，虽然我因为当地这所学校的教学设备条件所限，而没能采用更形象直观的视频播放的方式，但学生们的学习兴趣却同样被激发起来，并且他们还由于自己亲身参与到了课堂教学活动的全过程，不仅将历史学习与地理知识相结合，从而提升了空间想象和做图能力，而且还从原来仅仅是课本内容的被动接受者，变成了课堂学习的真正主人，所以对所学内容的印象更加深刻，掌握得也更加准确。我想，自己被实习学校教学设施的短缺现实所"逼"出来的这种教学思路，也就是所谓"因陋就简"和"因地制宜"的一种创新吧。

谭　欣：这所县城高中对于师资缺乏的状况我算是深有体会了，

我才刚刚熟悉了让我任教的那个班的一小部分学生，便由于另一个班的任课教师因故请假，而不得不让我临时充当了"救火队员"，再去同时兼任那个班的教学任务。

来到这个新班我发现，他们和我原来任教的前一个班的教学进度是不同的，他们原来的老师上课进度比较快，而我之前的进度则相对较慢，他们要上的新课我还根本没有备出来。所以，最初的几节课，我就只能带着他们先来复习已经学过的课程内容，以便为我抓紧备出新课而留出一个缓冲的时间。但是，很显然学生对于复习旧课是没有什么兴趣的，结果两节课之后就都打不起精神来了。为了让他们上课的时候都能够集中精力，打起精神，我借鉴其他老师的做法，也尝试组织学生进行课前五分钟的热身小活动，让学生可以自由发挥，与同学们分享自己感兴趣的东西，比如：可以是一本书，一个故事，一部电影，也可以是自己的一个经历。另外，作为每节课上对学生表现的一种奖励，在每堂课下课之前，我还允许他们点一首歌放给大家听，等等。让我高兴的是，在这些课前小活动和课堂小奖励措施的调动和激励下，许多学生上课的积极性明显地提高了。

在讲《雷雨》这一课时，我还大胆地采用了让学生分角色表演的活动式教学形式来进行。学生对这种形式都非常感兴趣，他们做了充足的课前准备，自己分配好任务，选好角色和段落，准备道具等，最终自己成功地组织完成了《雷雨》这一课的分角色表演和学习任务……

（三）听课彰显真诚

作为初登讲台的后来者，主动向富有教学经验的老教师请教，是我们提升自己教学能力的一个重要途径；而带着问题跟随这些老师们听课，则是我们学习其教学之长的一个最基本、最直观的有效方法。在顶岗实习支教的过程中，只要有空闲时间，就去跟随那些有经验的老教师听课学习，是我们实习生最基本的日常功课。每一次我们都是怀着真诚之心走进这些老师们的课堂的，面对他们站在讲台上的身姿，我们认真观摩，细心揣摩，取其所长，补己之短，从而使我们自身的专业能力不断得以成长和提升。

于振彪：在授课过程中，我的指导教师具有课堂教学组织严密，条理清晰，教学重难点突出和课堂气氛活跃等特点。所以，在他的课上，学生们普遍表现得比较积极、主动，课堂教学效果自然也就比较好。在跟班听他的课时，我特别注意观摩他的教态，反复揣摩他的教学语言，以及他对课堂时间的安排和课堂教学节奏的掌控，用心领会他的教学技能，这一切都给我带来了很大的启迪和很好的引导方向。

正是通过在现场持续观摩指导老师的课，才使我越来越深切地感受到：要想真正驾驭课堂，自己还需要学习的东西实在是太多了。也正是从指导老师的身上，让我进一步认识到了备课阶段的重要性，因此在后面的教学实习过程中，我特别重视备课环节，尽最大努力去做好课前的充分准备。其中，我非常注意首先在理解、领会课文的主旨和内涵方面下功夫，因为我觉得作为一名教师如果连课文都没搞透、搞懂，那又有什么资格来站在讲台上给学生开讲呢？知识的储备，备课的充足，有节奏的控制课堂气氛等，这些都是要想成为一名优秀的教师就必须具备的。

张　晓：由于我是学历史学专业的，所以第一次接触语文教学时实在是感到有些无处下手。于是，我就大范围的主动去听其他老师的课，然后学着她们的样子，摸索着备课、讲课。其中，我跟班观摩、旁听最多的是小学五年级的孙老师的课。孙老师是一位拥有二十多年教学经验的语文老师，她平时上的每一节"家常课"都让人觉得很自然流畅，能够在不知不觉中就把学生们的注意力吸引到课文内容中去了。她对每一个学生的特点都能熟记于心，会有针对性地引导学生思考问题，有时候还会和学生开个轻松的玩笑来活跃课堂气氛，听她的课会让人忘掉时间，整个课堂气氛都是轻松愉快的。我从她那里学到了如何处理教材内容，如何营造良好的课堂氛围等许多有益的"实战"本领。

另外，我还常去听一位年轻的刘老师的课，虽然她入职才只有短短两年的时间，但她的课却很有特点。她原是学播音主持专业的，所以她在讲课中的语言表达能力真的很棒，声音感情充沛，抑扬顿挫，很有感染力。从她那里，我学到了许多语言表达教学上的技艺。

王志霞：为了上好课，我曾翻阅了很多优秀教案来参考，还不断请教同年级的其他任课老师，她们总是很热情地指导和帮助我。另外，我还经常去她们的课堂实地观摩听课学习，也经常请她们来我的课上帮助纠正我在教学上存在的问题，学校里也经常组织一些教师相互听课学习的活动。就这样，我逐渐适应了自己完全陌生的小学数学教学，并慢慢地使自己的教学生活步入了正轨。

我在听课过程中发现，老师们大都很有耐心，讲课方式也很温柔，就像是慈祥的妈妈在和婴儿对话一样，这让我受益良多。于是，我也学着慢慢改变自己比较生硬的讲课方式，时刻提醒自己所面对的只不过是一群才刚刚10岁左右的小孩子，所以一定要有耐心。上课时，我对于所学的重点问题和有关知识都会不厌其烦地重复很多遍，并且每天布置作业时也让他们注意自觉地多练习几遍，目的是让他们更好地掌握本课的知识点。当他们粗心犯错的时候则会在第一时间及时指出，并在遇见相似的问题时向他们发起提问，以便于让他们更能准确掌握。此外，我还借鉴其他老师的经验，经常进行一些随堂小测验，以不断巩固对所学知识的掌握，并借此及时发现孩子们学习上的"薄弱地带"，以便于自己把握准应当把教学的侧重点放在哪里才合适，等等。

张春玲：听课是教学工作的基础，也是我们在进行教学实习时首先应当必做的事情。不过，我们实习生的听课不再是以前自己当学生时的那种只需听老师的讲课内容就可以了，而是带着问题有目的地去听那些有经验的老师的课，从中学习如何在课堂上处理自己所同样面对的问题，包括：学习他们的教学思路，如何灵活运用不同的教学方法，如何把握教学进度，如何调控课堂气氛，以及与学生进行互动的技巧，等等。顶岗实习期间，我曾在一周的时间内，连续听了两位老师的12节课，尤其是分配我任教的小学四年级和五年级的课，除了观摩学习老教师的课堂教学之外，我还借此了解这两个班级学生们的学习水平和基础情况，以便做到心中有数。顶岗实习期间的跟班听课观摩，让我增长了不少见识，从那些有经验的老师们身上学到了很多……

陈　彤：由于自己原来没有什么教学经验，所以在顶岗实习的学校里，只要有涉及我所任教的英语和历史两门课程的公开课活动，我都一定会去观摩学习。同时，我也会私下里主动联系其他老师，平时去跟班旁听他们的课。而在这些听课学习的过程中，我确实获益匪浅。比如：有些年长的老师确实有经验，他们非常善于调动学生的积极性，能活跃课堂气氛，而不像有些课堂那样死气沉沉的。另外，虽然有些教师年龄比较大，但是他们制作的课件却一丝不苟，很值得夸赞。这说明他们平时是在不断加强对新鲜事物的学习的，那么大年纪的老教师都能在掌握现代教学技术手段方面一点也不比年轻人差，跟得上这个时代的飞速发展，这就说明他们也是在不断努力，不断进步的。我觉得，他们这种不断进取的精神确实很值得我学习。

朱金萌：我在顶岗实习期间所听过的学校里的老师们的课中，印象最深的是一次历史公开课，是由初二年级的一位老师讲的。这位老师在讲课过程中和学生互动比较多，上课的氛围比较好，而且老师还能够给学生足够的思考问题的时间，学生们的注意力也很集中。在这样的课堂气氛下，不仅老师上课舒心，学生也能有效地学到很多东西，这对我有很大的借鉴和启迪作用。我觉得，一个好的课堂应该就是这样的，老师和学生和谐相处，积极交流沟通，这样无论是对学生的学习，还是对于老师的教学都会有很大的积极影响。

就这样，我在听课和上课的过程中，也逐渐了解和初步掌握了教师上课的一些技巧，以及老师和学生相处的技巧，等等。这也让我对教师这个职业有了更多的期待，我觉得与孩子们一起相处，教会他们知识，带着他们成长，是一件很有成就感的事情。

潘玉芝：在顶岗实习的前两周时间里，我一直跟着指导老师听课，观摩他们在课堂上是怎样激发学生们学习兴趣，又是怎样将学生们的注意力集中起来的，等等。课后，我则不断向指导老师请教怎样备课，怎样处理教材内容，怎样才能上好课，并随时随地地把自己的学习心得记下来，还在备课时注意将所学过的教学理论知识与课堂实践相结合。就这样，我慢慢积累了许多课堂"实战"的方法和技巧，也使自己逐渐实现了从学生角色向教师角色的过渡……

对自己的课堂教学不断注意进行总结、反思，这是每一位教师都需要坚持做的事情。因为，没有一节课是完美的。但是，有失误也好，不足也罢，只要我们自己能够随时注意去反思和分析这些失误的原因，努力找出问题的症结所在，以及改进的策略，那么我们实现专业成长就指日可待的。

没有完全一样的课堂，也没有完全一样的学生，所以每一位教师都无法复制其他一些优秀教师的教学模式。我们看到的绝大多数光彩照人的示范性课堂，都是那些教师不断反复打磨才呈现出来的一种结果。而打磨教学设计的过程，其实也就是教师不断从反思——总结——实践，到再反思——再总结——再实践的磨砺过程。而对于我们这些初登讲台顶岗实习的师范生来说，自然更应当这样去做。

我们认为，教师的所谓教学反思，除了回想在课堂上的闪光点之外，更应当反思自己在上课过程中的不足之处。特别是我们作为初登讲台进行尝试性课堂教学实践的实习生来说，在课堂教学中出现一些失误是在所难免的，而且很多时候是不能够自知的，这就需要同事以及前辈的指导和帮助。通过邀请同事听课，请同事提建议，指出问题所在，并注意认真反思，找出改进策略，那么在之后的课堂教学中，才会避免再出现这些失误，教学能力才会有所长进。

如今我们已进入一个高度信息化的新时代，学生们的信息来源不再闭塞，因此，有时学生会在课堂上提出一些教师在备课时并没有想到的问题，这是很正常的。这也反映出身为人师需要不断加强学习和进行专业充电的必要性，这一点在同学们的叙述中也已经得到了充分的反映。由此可见，对于我们这些师范生来说，养成一种终身学习和注重进行自我反思的自觉意识与行为习惯，才有可能在未来的教师职业生涯中不断取得专业进步，并能够收获丰硕的育人果实。

四、采撷金果实

有辛勤的付出，便会有相应的回报。顶岗实习支教期间，同学们为那些乡村基层学校付出了许多，同时也收获了许多。无论是在教学能力上，还是在教学效果上，我们都取得了不小的可喜进步。更重要的是，在这段顶岗实习的经历中，还让我们对于教师这个职业的内涵与真谛，都有了更深入的理解。

（一）潜心付出，静待花开

任何成绩的取得都离不开不懈的努力，教育学生更是如此。只有坚持不懈、尽职尽责的追求，才能实现理想的育人目标。顶岗实习支教期间，我们真切地体会到，自己在学生身上的辛勤付出，哪怕只是收获了一点点、非常微小的成功，也就像是园丁看到自己精心培育的鲜花灿烂绽放一般，有一种发自内心的无比的自豪感。

王允健：在顶岗实习支教期间，我认为自己做得最成功的事情，就是将那所乡村小学里的"阳光大课间"活动进行精心的统筹编排和操练，并取得了意想不到的成功。我利用体育课的时间，手把手地指导孩子们进行广播体操和跑操等训练,将学生跑操、做操等健身的"阳光大课间"活动,变成了学校里的一种常态和最亮丽的一道风景线。不仅如此,我还通过细心观察和反复琢磨,利用空余时间独出心裁地将孩子们在操场上的站位用红色油漆一个个地进行了标记,这一来,就使得全校的小学生在运动场上做操时,集结更加迅速,队形更加整齐。

后来,在学校举行的教学现场会上,我负责为当地学区领导展现了我们小学"阳光大课间"活动的风采。之后,校长告诉我,学区领导在反馈会上给予了很高的评价,赞扬道:"一个来顶岗实习支教的非体育专业的学生,都可以将大课间活动做成这个样子,我们在职的其他老师也应该反思一下了。"听到校长的这番转述之后,我开心了好几天,上课也更充满了动力。

贾孟双:在这四个月的顶岗教学实习中,我承担的是小学的科学课教学任务。最令我难忘的就是每次与学生们一起做实验的时候。

我们都知道,科学课程是一门强调动手实践,操作性很强的学科。只有通过动手实验,才能吸引孩子们的好奇心,调动他们学习的积极性,使其更牢固的掌握好新知识,并能更好地培养他们探究实践的能力和敬畏科学的意识。所以,凡是在课本上出现的实验,只要学校里的实验器材具备的情况下,我都会先自己进行尝试,按照教师参考书或借助相关演示视频把这个实验做几遍,成功后再带学生们进入实验室,指导他们动手进行实验。

记得有一次,我要教六年级的学生做"用显微镜观察洋葱表皮细胞"的实验。在上课的前一天晚上,我自己先反复进行了很多次实验,但可能是因为光线的原因,我一直没能观察到细胞。于是,我第二天一大早又再次进行了尝试,结果功夫不负苦心人,这次实验终于成功了。这也让我顿时对上课指导学生做实验充满了自信心。

上课铃响了，六年级的学生们按照事先分好的三人一组，井然有序地分别坐到了实验台前。当他们看到我手里的大洋葱和显微镜时，瞬间燃起了对本节课的兴趣。等到各小组派代表领取了实验器材后，我首先进行了本节课

我们指导的这些"农村娃"在兴致勃勃地做小实验
（图片来源：贾孟双　孙晓敏　摄）

教学的第一步是教孩子们认识显微镜各个部分的作用和学会使用显微镜；第二步是指导学生们用我手中的洋葱自制洋葱表皮玻片；第三步则是指导学生们分别用显微镜来观察洋葱表皮细胞。在整个实验学习过程中，我先一步步地为孩子们进行示范，然后再指导他们学着动手操作。当看到他们一个个成功地观察到细胞后的那种激动喜悦的样子时，我的内心里也充满了骄傲与自豪，体会到了初为人师的开心与喜悦！

（二）辛勤浇灌，采撷硕果

如果把自己通过努力而换取的自豪比作花朵，那么我们在教育教学实践中所取得的经验就是比花朵更为珍贵的果实。在顶岗实习支教的过程中，我们正是凭着一股执着进取的拼劲和绝不轻言放弃的韧劲，通过不懈摸索、不断反思，终于收获了属于我们自己的第一枚硕果。

曹　琪：在顶岗实习支教过程中，我深深体会到，教师要真正履行好"传道、授业、解惑"的职责，真的是一件任重而道远的事情。下面我就说说自己实习班主任工作的体会吧。

当我第一次在班里与学生们见面并相互介绍完之后，我就走下讲台跟他们随意地进行了交流，我觉得这样能带给他们一种亲切感，拉近我与他们之间的距离。每天上课间操的时候，我会跟着学生们一起

去做，既起着监督作用，也以身作则，为他们发挥示范作用。平时我会耐心地与孩子们交谈，做他们的思想工作，了解不同学生的具体情况。在此基础上，我再制订出班级工作计划。

接下来，我就按照班级工作计划把一件件事情落实、做好。首先是常规工作方面，我每天早起督促学生按时早读，下第二节课后监督学生站队做广播操，下午监督学生打扫卫生，平时则向值日班长和学习委员了解作业的上交情况，等等。同时，也进行一些答疑辅导。其次，我通过与学生多接触、多沟通和细心观察，较快地熟悉和掌握了每个学生的具体情况。每天晨检和午检的时候，我也都会去教室里巡视。就这样，我慢慢地融入了这个班集体。孩子们也很喜欢我这个实习老师，能像朋友一样和我聊天，一些调皮的学生也能虚心听取我的教导。总之，我感到和学生们相处得非常融洽。

通过实习班主任工作的经历，我还认识到：班主任对学生的思想教育工作，实质上就是一个与学生进行心理沟通的过程，而只有真正了解了学生的内心世界，才能做到有的放矢，方法得当，才会实现教师对学生的成长提供帮助指导，同时学生也会对教师的工作给予密切配合的目的，从而收到好的教育效果。

我体会到，对学生们的不同表现，班主任要做到奖罚适当。我知道一个优秀的班主任，时刻应该用"爱"去开启学生的心灵，很多时候我们的一个笑容，一个课余诚恳的交谈，有时是一个眼神，一句鼓励的话，都会对学生产生长久的影响，你的奉献会得到爱的回报。对学生我们还要注意宽严相济，一些孩子会把老师对他的宽容误解成了对他的放纵，从而淡薄了遵守纪律的意识。我负责的班里共有65名学生，如果没有严明的纪律，如何会有良好的班风？所以，在我们的教育工作中，必要的惩罚也应当是教育的一种手段。当然，惩罚要特别慎重。我认为，当我们惩罚学生时，应该注意：一要注意尊重学生的独立人格，保护好学生的自信心、自尊心，好的就是好的，错的就是错的,不要一错百错,全盘否定;二要明确惩罚的目的是警示学生什么不可以做,做了会有什么后果,而不是为了惩罚而惩罚。换句话说,惩罚是手段,教育才是目的。

我还体会到,良好班集体的建设必须依靠丰富多彩的主题活动来实现。活动可以产生凝聚力,密切师生关系,使每个学生发挥主体的积极性,这时进行集体主义教育、健康的竞争心理教育是行之有效的。在我的班里,凡是学校组织的活动,我都给予高度的重视,并且像小记者团的组建、舞蹈班训练等活动,我都亲身参与当中。在活动中进行教育,学生既易于接受,也能很快转化为行动。所以,班级工作若能抓住"活动"这个孩子们最喜闻乐见的育人方式,是可以收到意想不到的教育效果的。

王 娜: 在教学方面,通过自己的探索,我收获颇丰。每个周末,我都会独自在办公室里提前备课,撰写教案,制作好教学用的课件等。尤其是在讲《传统文化》课的时候,由于这和我的历史专业比较相近,我便尽可能地补充一些材料,给孩子们讲得生动一些,有趣一些。我发现,小学生注意力集中的时间是有限的,所以如果在上课的时候只是一味地进行讲授,那么他们的注意力很快就会转移,会出现听课不认真的现象,这就需要老师运用很多技巧来吸引他们的注意力,并将一节课的时间合理分配,综合运用多种方法才会使孩子们不会感到枯燥无趣,从而才能保持住他们的学习求知欲。这一切,都是我在顶岗实习中所得到的切身感悟和收获。

苏逸飞: 通过顶岗教学实践,我从中学到了许多。俗话说"万变不离其宗",而我觉得教师拥有扎实的专业知识就是搞好教学工作的"宗"。所以,只要选择了做教师,就需要自己持续不断地加强对专业知识的学习,这样遇到问题才能够随机应变,挥洒自如。学生是独立的个体,作为老师就应当注意深入了解学生的发展心理,尊重和理解学生,激发学生学习兴趣,从而制订出符合学生心理发展规律的教学计划。同时，教学计划不是千篇一律的，需要针对不同学生的特点来制定和调整。教师本身原有的素养也不可能是一劳永逸的，而是需要广泛学习先进的教学理念，创新教学方法，提高教学能力。另外，我还认识到，课堂只是教学的一个环节，课后的反馈和跟进同样重要。例如，通过批改作业，可以分析出不同学习层次的学生对教学内容的接受程度，而教师则应当根据这些情况对自己教学思路作出相应的调整。

李琳玉：通过一段时间的登台锻炼，我上课时逐渐变得比刚开始时从容多了，对于教学内容的引入、衔接上也比较流畅了，知识与知识之间的逻辑关系处理得更加清晰明了。在面对课堂突发问题上，也能够比较灵活的处理。这一切在我顶岗实习之前，都是根本不可想象的。

丁　瑞：在顶岗教学实习过程中，我慢慢学会了如何保证每一节课的质量，学会如何与学生们展开互动，如何充分发挥他们的学习主动性，等等。随着时间的推移，通过不懈地听课和实践，自己的教学能力也一直在不断进步着。

实习上课给我的感受是，讲台下坐着的不再是自己的同学，而是真正的学生了，他们不会像是我在大学的课堂里模拟教学时那样，模拟听课的"学生"（我的同学）可以随意附和或快速地回答我提出的问题，而现在他们则是真正地在思考和等待我的解答。当然，在上课的时候，我也遇到过一些困难，如维持课堂秩序的问题就常常让我感到头疼，但也正是这些小小的挫折，让我越战越勇。同时，这也更让我懂得，作为一名教师，应该想方设法在课堂上创设一种民主和谐的教学氛围，在教学活动中要注意建立平等的师生关系，这样才能更加有效地进行教学。

谭　欣：回想起整个顶岗实习支教的日子里，留给我印象最深刻的一节课，是我们年级组的老师全体都去听我上的那节公开课。

我是在课前两周就开始准备这节公开课的。其间，我先是跟班旁听有几位经验的老师的课，浏览了许多网上的教学设计，收集了一批参考资料，等等。我尽自己最大的努力去准备这节课，也告诉学生做好预习准备，大家都完成得很好。上课时，学生们也都积极配合，积极互动，面对提出的问题积极开动自己的脑筋思考，不会的问题也会认真听其他同学的回答；即便是平时不怎么听课的调皮学生，也在努力控制自己认真听课，跟上我的教学思路。课后，老师们对于学生们的课堂表现评价也都很高。总之，这是我在整个顶岗实习教学过程中，体验最好的一堂课。

（三）反思提高，走向明天

我们在欣喜于取得了初步的教学实习收获之余，还注意自觉地加强反思，查缺补漏，不断提高自己对教育教学工作的认知水平。我们意识到，深刻总结并检视自己在教学实践中的经验与教训，这应当成为我们在专业成长道路上必须养成的一个行为习惯。因为，这些经验与教训都是我们自身弥足珍贵的一笔财富，它将时刻警示和提醒着我们，要更加脚踏实地，更加努力完善自我，更加在教育教学工作中付出真情和真心，而只要我们能这样坚持下去，就一定会取得更丰硕的育人果实。

邓景丽：记得在顶岗实习期间，我曾看到了这样一篇文章：一个母亲为自己刚入学的女儿写的一封信，信中说道：孩子，妈妈希望你能遇见一位手持戒尺、眼中有光的老师，当一个心怀敬畏、不丢信仰的学生。这封表达流畅自然，情真意切的信，流露出对孩子的期望和要求，也表达了一个学生家长对老师工作的期望。通篇看下来，甚是感慨，这不正是现在的我所困惑的吗？怎样才能成为一个手持戒尺，眼中有光的老师？怎样才能将我学到的知识和现实中的教学紧密联结在一起？素质教育的主旨与现实中的许多学校只是一味追求升学率的做法是否矛盾，我们究竟又该如何才能解决这个矛盾呢？

在基层顶岗实习的日子里，所见所闻也让我越发清楚地意识到，我们所倡导的素质教育如何和现实中的学校教育相融合，这确实是一个普遍存在和有待解决的难题，而这一难题的破解，需要全社会和学校的共同努力。而我自己所能做的，只有努力提升自我的整体素养！我在想，倘若我将来真的做了一名教师，我一定会竭力做一个真正为学生负责任的老师，以不辜负学生和家长们的期望。但要做到这一点并不容易，因为说到底，我自己的专业学识还非常浅薄，学得还不够扎实，用的更不够灵活，我还缺乏更多的实际锻炼。《弟子规》中说："力不行，但学文，长浮华，成何人；但力行，不学文，任己见，昧理真。"这句话也在告诫我，若只有理论而没有实践只是虚华，而只有实践却没有理论则就是盲目。在基层学校顶岗实习的这段经历使我更加清晰地认识到，理想中的教育和现实之间确实还存在着不小的差距，还存在着大大小小的冲突和矛盾，但正如一位我所尊敬的中学历史老师所说的那样：就算是自己被现实逼得放下了手中的戒尺，我的眼睛里也应该有亮光！

胡菁冉：直到自己在登上讲台真的成为一名实习教师给学生们上课之后，我才意识到自己的身份角色发生了转变，原来只是一名学生而现在则变成学生们的老师了。于是，我也开始学着站在教师的角度看问题。当成为一名教师后，也让我进一步切身感受到了自身能够拥有广博的知识的重要性，譬如：有时候我总是很想对学生讲一些人生道理，但总是找不到合适的由头。有一次，我好不容易找到了一个含有教育意味的老故事，就想借此告诉学生们要有思辨精神。我本以为学生们是不会知道这个故事的，一定会感兴趣。可是，有一个学生却站起来告诉我，这个故事他早就看过了，没有什么新奇的。这给我的打击不轻，让我一下子感到很气馁，我费了一番功夫试图借此对他们施与的"教育"随之也仿佛化成了一股空气飘走了。看来，我真的还需要更多地勤奋读书学习，不断地充实和提高自己的专业素养……

王志霞：在顶岗进行教学实习之余，我经常会看一些教育学方面的书籍，这些书籍大都是在师院学习期间老师推荐的书，只是那时基本上并没有去读，或者说即便是当时读了可能也不会有太多的感受吧。但是，自从真正深入到基层学校顶岗实习以来，伴随着自己在实践中遇到的困惑和问题越来越多，我才意识到阅读这些教育理论著作的重要性。因为，阅读这些书籍让我对教育有了更深层次的理解，也更懂得了如何去正确把握学生的心理和认知规律，同时也从中学到了很多教育教学方法，从而使自己的课堂教学实践不断得到改善，使学生的学习状态慢慢进入正轨，我与学生们的感情也越来越融洽、浓厚。

为了培养学生们各方面的品质，我曾多次通过做小游戏的方式，让他们互相信任、互相帮助、懂得公平，明白每个人都有优缺点，教他们对人要和善。后来，在他们原来的班主任老师因事请长假时，学校让我担任了代理班主任。这样一来，我工作上的事情就更多了。由于小学生自制力较差，平时出现的打架等状况很多，他们自己又基本上解决不了，所以我就只好对所有的事情都要操心，每天都在疲于处理那些看起来无关痛痒的琐碎事情，毕竟他们是连同桌之间过了课桌上的"三八线"也会吵架的孩子。不过，这也很好地锻炼了我的应变能力和处理问题的能力，并且还在帮他们解决问题的时候，也一并教会了他们更多做人处事的道理……

对于我们这些师范生来说，顶岗实习支教中最重要的一件事情，应该就是我们站到讲台上面对学生开始授课了。从站上讲台的那一刻起，我们的身份就从"学生"转变成"新教师"了。而第一堂课，也会成为大家脑海最深处的一个记忆点。从以上各位同学的叙述中，我们可以看到，由于大多数同学是在小学乃至幼儿园里顶岗实习，而且所教的课程又与自己所学的历史专业相去甚远，所以就不免心里有些没底，有些缺乏自信。此外，我们的第一堂课也总难免会出现各种各样的问题，有些是由于我们自身的准备不足，导致第一堂课手忙脚乱；有些则是由于学生们的学习习惯不佳，与老师难以形成共振效应，导致课堂效能不高……当然，出现这些问题也是正常的，谁也不是初登讲台便会应对自如的，我们需要的是走向专业成熟的时间和历练。

  从以上同学们的叙述中我们可以发现，在经过了一段时间的听课、备课和上课的磨炼，再加上课后持续不断地自我反思，我们这些"实习教师"终于也逐渐变得可以在课堂上驾轻就熟了。我们可以不再为如何备课而忧虑，也知道该从哪些地方入手，知道哪些内容是重要的，学生应该掌握哪些能力，如何循序渐进安排教学过程，等等。在上课过程中，我们初步懂得了如何利用教室里的教学设备，如何设计课件，如何安排板书。还基本把握了学生们对于教学内容的接受程度，也开始知道了用什么样的方式才能够吸引学生的注意力，不再只是照搬教学参考用书上的教学案例来上课了。不仅如此，我们还初步懂得了应该如何安排课后的作业来巩固学习成果，以及如何做一个受学生欢迎的班主任等。

  当然，不得不说，我们需要注意进一步改进和提高的地方还有很多，比如在上课时会过于拘泥于自己预先设计好的教案上，还不能灵活处理教案与实际课堂之间的关系；对于课堂中出现的突发情况，尚不能及时妥善处理；也容易将个人的习惯带入课堂中，板书和体态语言尚不够规范；另外，在班级管理方面，我们采取的方式方法还比较单一，缺乏艺术性，等等。不过，虽然如此，我们却在实践中都已经认清了自己未来努力的方向，也已经初步掂量出教师这个职业那沉甸甸的分量，而这不也正是我们顶岗实习支教的意义所在吗？

  只有经过亲身体验之后，才能深刻体会到教师这一被称作是"太阳底下最光辉的职业"背后的分量。在顶岗实习支教的四个月里，初出茅庐的我们确实遇到了诸多困难和挑战，也付出了许多汗水和心血，但这与那些常年坚守在乡村学校里的老师们相比，却实在是不值一提的。作为教师这个职业的未来接力者,我们深知前程漫漫,路途遥远,而顶岗实习只不过是我们迈出的一小步,所以我们没有任何理由可以自满或懈怠,而是需要更加勤奋、加倍努力,这样才有可能在未来的某一天真正攀登上教育的高地!

师 说

应该说,师范生顶岗实习的直接目的之一,就在于锻炼大家从教的专业能力。而从同学们的以上叙述中我们可以看出,在乡村基层学校顶岗实习支教的实践过程中,他们不仅在课堂教学"实战"能力方面得到了锻炼和提高,而且也对教育教学的规律和真谛有了一些自己的初步思考。我觉得,这既是他们参加乡村教育顶岗实习支教所取得的最值得称道的收获,同时也是顶岗实习这项活动本身的最大价值所在。

教师的专业发展从来就不可能是一蹴而就、一劳永逸的,而作为还只不过是大三年级在读的师范生,自然也就更难以初登讲台便会一飞冲天、一鸣惊人了。所以我们便看到,这些尚处在青涩的实习阶段的学子们在初登讲台时不可避免地遭遇了一些显得颇有点"狼狈"的经历,譬如:课堂中意想不到的突发状况频频,导致他们不得不绞尽脑汁想方设法去应对,以至于手忙脚乱,心力交瘁;由于事先对学生的学情了解得不够全面和细致,导致他们手头预设的教案与实际情况相脱节,可他们又还不会灵活变通,以至于课堂教学不能顺利进行下去,等等。其实,在他们身上出现诸如此类的问题一点都不意外,因为这是所有的年轻新教师初登讲台时,几乎都可能会发生的问题。不过,让我们感到欣慰的是,同学们都能够比较快地调整自己的心态,能够正视自己客观存在的短板,并主动向那些具有丰富教学经验的老教师请教,持续旁听和观摩他们的课堂教学,然后再结合自己的实际情况进行认真总结和反思,等等。我们看到,有的同学为此主动放弃了周末休息的时间,独自在办公室里伏案加班备课,反复推敲自己的教案,力求臻于完美;有的同学真诚虚心地向老教师们学习,居然在一周的时间之内,除了完成自己所承担的教学任务之外,还见缝插针地旁听、观摩其他教师的课竟然多达十几节,从中认真汲取他们的教学之长;还有的同学则将自己完全融入孩子们中间,认真倾听和了解他们的诉求,更加深入地去准确把握他们的心理特点和学习习惯,并据此努力调整自己的教学思路,以更好地符合孩子们的认知特点和学习需求……从这些同学们的身上,我们感受到了一种不甘平庸、发奋努力、积极向上的精神风貌,而只要具有这样一种精神风貌,他们的专业成长愿景又怎能不会得以实现呢?

孔子曾说:"三人行,必有我师焉。"作为刚刚接触基层教学实际的年轻的实习生,平时主动向那些富有经验的老教师拜师学艺,跟班听课,观摩学习,确实是一条可以有助于提升自己的教学视野和教学技能,使自己在教学方面尽快入门的重要途径。但是,单纯地观摩学习之后,得到的却还是别人的经验,所以,能不能结合自己的实际取长补短,加以内化就成了关键。从大家的叙述中可以看出,在这一点上同学们还是做得不错的。

另外,我们的教学能否取得好的效果,还有一个不可忽视的重要因素,那就是要看教师对于学生的实际情况(即"学情")是否能有足够充分的了解和准确的把握。我们应该都很清楚,学生相互之间在学习基础方面客观上是存在着一定差距的,每个学生的学习习惯与认知能力也是千差万别的。教师所面对的不是机器生产流水线上整齐划一、没有生命呼吸的一个个零部件,而是一个个有血有肉、有着蓬勃朝气的活生生的生命个体,他们每个人都有着自己的生活环境,有着自己的不一样的想法,有着与众不同的属于自己的个性,因此,这就决定了作为一名教师必须要牢牢把握每位学生的身心发展情况,要深刻认识到每个学生之间的个体差异，当然，还有他们的学习特点、学习习惯，以及知识的积累程度，等等。只有清楚地把握了这些学情，树立起一种指向生命整体发展的教育观和学生观，我们再进行教学设计时，才能把自己的目光升华到促进生命发展的教育高度，才能使自己的教学方案具有更强的针对性，也才能在实施教学时做到高屋建瓴、胸有成竹，并由此而取得更加有效的教学效果。

当然，要取得好的教学效果，相关的影响因素还有很多，其中很重要的一点，还在于我们自己的学养是否丰厚、扎实，是否能够很好地支撑起对于所教内容的准确理解和真正把握。从这个角度来说，同学们需要继续学习的知识和进一步提高的地方，实在是还有太多太多，所以能否做到"持之有恒"和"学而不厌"，则将是对大家的一个现实而漫长的考验。

（齐健）

第四章
乐在其中

人活着总是有趣的,即便是烦恼也是有趣的。而教育又何尝不是呢?

——题记

教育活动，从最简单的层面来看，其组成部分是教师与学生两个主体，而教育活动的有序进行，应当是在良好的师生关系的基础上进行的。师生关系如何，会直接影响到教育教学活动的进行和教育教学的效果。不仅如此，每一位学生的背后都还寄托着家长们的殷切期盼，所以教师与家长之间也需要保持一种紧密的联系，以便实现"家校合作"和"家校共育"。可见，作为一名教师处理好与学生、与学生家长之间的关系，是非常重要的。

在我国传统社会的观念中，教师一直是被置于一种崇高地位的，"尊师重道"是我们的一个重要传统。例如，在我国民间广为流传的程门立雪、张良拜师等历史故事，都体现出古人对于师者的尊敬，而且这种尊敬并不只是口头说说而已，而是真正将其内化于心的。之所以如此，是因为教师的作用不仅仅是体现在对于每个人的个体发展上，它还往往被人们与国家的前途命运密切联系在一起，即所谓"国将兴，必贵师而重傅；……国将衰，必贱师而轻傅"[1]，等等。但是，另一方面，也由于在我们的传统观念中对待师生关系上过于强调"师道尊严"的不可侵犯性，以至于长期以来学生对老师的态度基本上就是唯唯诺诺，言听计从。简言之，在一个较长的历史时期内，教师就是人们心目中知识的化身，是居于"绝对权威"的地位之上的。

不过，对于师生关系的这种传统的理解，其实即便是在我国古代，也并不是所有的教育先贤们都认同的。相反，我国古代许多伟大的教育家、思想家更推崇师生之间应当建立一种教学相长、相互尊重的关系。譬如，孔子即明确反对学生对老师的话只会"无所不悦"，唯命是从，而是鼓励他们"当仁，不让于师"[2]。他甚至还提出了"后生可畏，焉知来者之不如今也"[3]，以及"三人行，必有我师焉"[4] 等著名

---

[1] 《荀子·大略》。
[2] 《论语·卫灵公篇第十五》。
[3] 《论语·子罕篇第九》。
[4] 《论语·述而篇第七》。

论断，强调学生不仅是教师教学活动的受益者，也是教师的一面镜子和重要的学习资源，教师从学生那里也会得到有益的启迪和提高。而在古代教育经典名篇《学记》之中，则更进一步强调："学然后知不足，教然后知困。知不足，然后能自反也；知困，然后能自强也。故曰：教学相长也。"这一论断深刻地揭示了"教"与"学"之间相互依存、相互促进的辩证关系。不独如此，唐代著名学者韩愈也认为师生关系是可以相互转化的，他强调说："弟子不必不如师，师不必贤于弟子。"① 即学生如果有专长，也可以为教师，而教师也应当向有专长的学生学习，师生之间相互学习、教学相长，是理所当然的事情。此外，唐代另一位著名学者柳宗元也提出了"交以为师"的主张，即师生之间应当像朋友之间一样，相互交流、相互切磋和相互帮助，在学术上是平等的，而不是单纯的教导与被教导的关系，等等。由是观之，师生之间最好的相处关系应当是什么样的呢？在我们看来，或许用"亦师亦友"一词来诠释最为恰当。

顶岗实习支教期间，我们作为各基层学校里最年轻的一批"实习教师"，一开始便本能地想要打破我们身为学生时最反感的那种刻板、僵硬的师生关系，希望能够与学生建立起一种比较亲密的新型关系，更快地得到学生的认可。我们主观上认为，这样一来，学生们在课堂上就能够更加活跃，就能够自觉、主动地参与到课堂教学及各种学习活动中，从而使我们可以取得事半功倍的教育教学效果。事实上，我们有些同学通过建立这种比较亲密的师生关系，确实使我们在顶岗实习期间既顺利地完成了教学工作，又和所带班级的学生们结成了可以倾心而谈的朋友；可是，我们也有一些同学在试图与学生们建立所谓"亲密无间"的关系时，一切都刻意迎合甚至放纵孩子们的各种行为或索求，虽然这不出乎意外地讨得了孩子们的"欢心"，但不料时间一长，孩子们在课堂上的"活跃"程度却变得越来越过分乃至放肆，最

---

① [唐]韩愈:《师说》。

终一发而不可收拾，竟连最基本的课堂秩序都难以维持了。由此一来，这些同学不仅与学生们的关系并没有处理好，而且对自己也产生了怀疑，陷入了深深的苦恼之中。这种状况告诉我们，做任何事情都需要有一个"度"，过犹不及。如果师生关系是维持在一个合适的"度"之内，所催生的教育教学效果可能是上乘的，而一旦超越了那个"度"的界限，结果可能就会适得其反。只是，我们究竟该如何去把握这个"度"呢？如何才能做到既不高高在上，又不失去师生之间的分寸感呢？顶岗实习支教的经历使我们深深体会到，这还是一个需要我们在未来的教育教学实践中去慢慢摸索的重要问题。

与学生家长之间的关系，也同样值得关注。因为，家庭教育在所有教育方式中有着十分重要的不可替代的作用。每一位学生家长和教师一样，都希望自己的孩子成器成才，希望孩子能够拥有一个更好的生活前景。但是，教师与家长有时也会因为对方的教育观念、教育方式等而产生错位或误解。譬如：有的家长认为把孩子交给学校、交给教师后，自己就可以完全撒手不管了，从而导致教师无法及时与家长有效沟通学生存在的问题；有的家长因为自己所处的地位不同、对孩子的情感不同，有时会不理解教师对于孩子们健康成长的良苦用心，特别是对于批评、处罚之类的事情；有的家长由于不能理解教师教育孩子的方式，而与教师产生了矛盾，甚至会上演"闹校"的无理行为……当然，有矛盾也是正常的，家长把自己的孩子送到学校、交到老师手里，他们在交出一份信任的同时，自然也伴有一份可以理解的挂念。所以，这就要看教师与学生家长，以及与学生之间的关系究竟会如何处理了。毕竟，在教育孩子的问题上，单凭学校里的老师这一方的"孤军奋战"，自然是远远比不过老师与学生家长们"双管齐下"、密切合作所形成的"合力"的。

由此可见，作为一名教师，如果认为自己仅仅靠掌握好教材教法就会成为一名好老师，显然是远远不够的。事实上，一位教师对学生可以发生潜移默化的教育影响,不仅仅是在课堂上,更多的是发生在课堂之外。所以,当我们走下讲台,能否与学生之间结成一种"亦师亦友"的、和谐而温馨、张弛而有度的关系,就成为一个必须要加以重视的方面。而我们在顶岗实习支教期间,也确实曾为一些"熊孩子"的调皮捣蛋而伤透了脑筋;也曾为个别孩子扰乱了课堂秩序而肝火直冲脑门;另外,也曾为自己的苦口婆心劝导不被孩子们理解或误解而感到备受打击,乃至背地里委屈地悄悄哭鼻子……我们为此疲惫过也抱怨过,但事后再回想起来的时候,却又觉得这一切都让我们回味无穷。特别是,在同学们下面的叙述中,我们可以更多地看到:有些同学所记述的在与学生相处过程中发生的那一件件看似微不足道的小事,却都让我们读来如沐春风,感受到一种发自内心的温暖与感动;有些同学则从日常课上或课下与学生们交往的点滴小事中,领会到了自己应该与学生和他们的家长之间保持什么样的关系,学会如何处理那些看似稀松平常,但又有可能成为影响学生一生的不经意间的"关键事件";还有些同学则针对自己所遭遇的某些现实中存在的现象,发出了对学校教育现实问题的叩问与思考,并反思自己如何才能真正做到"为人师表",以及要引导学生成长为一个什么样的人。

是的,与学生们相处的过程,是一个让我们尝遍了酸甜苦辣等各种滋味的体验的过程。坦率地说,在这期间,我们有过苦恼,有过迷惘,甚至也有过短暂的消极。虽然如此,其实更多的喜悦与欢乐却从来就不曾远离过我们。只不过,这一点是直到我们结束了与孩子们朝夕相处的那段顶岗实习的光阴之后,蓦然回首才发现和体悟到的——原来,快乐一直就在我们身边。

一、与纯真相伴

顶岗实习支教,不仅仅让我们带着初次教学的经验而归,沉甸甸的行囊里，还有那与学生们共同创造的回忆，它们已经深深地镌刻在我们每一位同学的内心深处。在整个顶岗实习的过程中，我们接触最多的，就是自己每天所面对的班级里的学生们。在我们相处的日子里，有感动，有喜悦，抑或也有一些不那么愉悦的小情绪。然而，不管是酸甜还是苦辣，当我们告别他们返回熟悉的大学校园之后，却总是不由自主地在脑海里一遍又一遍地重温起那四个多月里所经历的一个个难忘的瞬间。

（一）在城镇幼儿园里

幼儿园里的那些小孩子们是最纯净、最天真的小天使，他们需要我们的精心呵护，也需要我们的贴心陪伴。在这里，孩子们那活泼的天性跳跃在园内的每一个角落，我们与孩子们一起做游戏、学唱歌、学跳舞，学着认识大自然、认识世界，虽然与这些在生活上尚不能完全自理的小孩子们相处的过程中，事情琐碎而忙碌，但在这繁忙与辛苦之中，却让我们也收获了与天真相伴所带来的快乐。

邓景丽：虽然幼儿园里的小朋友们喜欢调皮捣蛋，整天惹得我们这些幼儿老师常常手忙脚乱，着急上火，但是，跟这些孩子们在一起，真的是让我们能够享受到那种天真无邪的童真与快乐。比如：当我坐下来认真的和他们聊天的时候，他们也会很认真地跟我说心里话、悄悄话，把我当作他们的朋友和大姐姐来看待。在课间玩耍的时候，那些调皮好动的小男孩会推着我荡秋千，而在那个时候，我感觉自己仿佛也变成了一个小孩子。当我穿了一件漂亮的衣服，那些天性爱美的小女孩们则会围着我夸赞"老师，你真好看"。而她们的这一句话，就能让我足足开心一整天。他们在做手工时总是会有那么多让我惊讶的创意，让我忍不住向他们伸出大拇指啧啧称赞，而他们则会认真地向我讲解自己的小制作的创意来源，眼神里都是骄傲和自豪。

在我实习的班级里，有许多小朋友都给我留下了深刻印象，比如：

一个颇有经商头脑的很帅气的小男孩，有时不舍得喝分给自己的袋装牛奶，而是留到放学后按市场价卖给其他的小朋友；有一个文静漂亮的爱学习的小女孩，总是能在班里很快就第一个学会古诗；还有一个调皮捣蛋的小男孩，不听老师的话，也不认真学东西，但是，他却非常诚实，对人对事有自己的原则，在他的身上，我看到了桀骜不驯，也看到了敢做敢当。虽然他们都还是懵懂天真的"垂髫小儿"，但我觉得自己却从他们的身上学到了许多。他们有着同样调皮的共性，却又各自都有着与众不同的个性闪光点，就像是一块璞玉，有待我们的打磨。

"老师，我最勇敢！"——玩攀绳游戏的孩子们（图片来源：邓景丽 摄）

李金新：回想起来，在幼儿园里的顶岗实习支教工作非常单纯，也很生活化。我所在的那个班级的日常工作，老师都要参与。比如：每天早晨去给孩子们搬牛奶；中午要把孩子们的午饭和餐具从一楼抬到三楼的教室里，然后再给他们分发餐具、盛饭；还有，每天下午要去给他们搬水果和小饼干，等等。每当这个时候，孩子们都非常兴奋，非常期待，也仿佛立马变得格外听话了。

在幼儿园里实习支教的那几个月，我在小班、中班和大班都待过一些日子，感觉真的不一样。小班的孩子看起来很听话，年龄三四岁，肉肉的小脸蛋，卷卷的像绒毛一样的头发，当我第一次去小班的时候，他们都好奇地盯着我看，他们很少说话，很听老师的话。中班的孩子一般都五岁左右的样子，明显表现得更活跃，当时有老师告诉我，因为他们这个时候话说得比较顺溜了，好像发现了新大陆，就非常喜说话。大班的孩子则已经开始有自己的主见了，有些孩子会不听老师的话，但他们开始去关心别人，并不是完全以自我为中心了。

在大班的日子里，发生了很多让我既感到很惊讶又感到很温暖的事情。有一次，我给大班发完加餐后，有两个孩子跑到我跟前，非要把他们手里仅有的两块曲奇饼干分给我一块，我当时觉得特别温暖、特别感动。要知道，对于只不过才刚刚五岁的小孩子来说，零食对他们的诱惑力该有多大呀！

在这个大班里还有一个小女孩，我跟她说话的时候，她总是憨憨地冲我笑，让我不知道她有没有听懂我的话，她做事的时候也比较慢，老是跟不上班里其他小朋友们的进度，但是，我发现班里的孩子们却都不会歧视她、排斥她，而是给她更多的帮助和关照，比如：午睡的时候会主动领着她一起，等等。这让我很感动，更加真切地感受到了孩子们的那份纯真和善良。

总之，我在顶岗实习支教的这段日子里，有酸也有苦，但更有很多意外的感动和惊喜……

李婷婷： 时间匆匆，一转眼，我们入园后几个星期过去了。那些刚入园的小班的孩子们对幼儿园开始熟悉起来，对我也开始产生信任感和依赖感了，每次放学我领着他们出去等候家人的时候，他们都会用小手紧紧地拽住我的手或者攥着我的衣服，有别的老师想要摸摸他们的小脑袋的时候，就会藏到我的身后；当我站着的时候，他们就会跑过来抱着我的腿，小脸贴在我的腿上，偎依着我好奇地看着周围来来往往的一切。就这样，我渐渐地也开始懂得他们的小心思了。

有一次，幼儿园里举行亲子活动，让家长和孩子一起用太空泥做小摆件。当然，来的最多的是爷爷或者奶奶，孩子们都纷纷露出最开心的笑容，他们那老老少少其乐融融的氛围，让我的心里都不禁也生出了想家的念头。这时，我注意到班里有一个家长没有来的小女孩，自己一个人孤零零地躲在角落里黯然地低着头，手里机械地揉捏着太空泥,很明显她感到有些失落和伤心。于是,我慢慢地走到她身边蹲下,然后亲切地陪着她一起玩。她抬起头来望着我,脸上慢慢露出天真无邪的笑容,还把她手里的太空泥拿给我看。我不知道小小的她在当时是什么样的心情,作为老师,我能做的只有用陪伴让她也感到温暖。

当然,也有很多时候并不都是这样和谐、温馨的,甚至有时自己都感到委屈得直想哭。记得有一次快要放学的时候,一个孩子自己打不开水杯盖,生气地把杯子扔在了地上,我赶忙走过去帮他捡起水杯,并打开盖子递给他,可他却把杯子用力一推,并且还"哇"地哭了起来。我不知所措,顾不得被弄了一身的水,蹲下询问他怎么了,可他用手做出要打我的姿势,嘴里还用哭腔说着什么,我没有听懂。之后,他的妈妈来接他,问他为什么哭,我刚想上前说明情况,结果却看见他指着我,跟他妈妈说我打他。我当时的大脑一片空白,惊诧地望着那个孩子,居然一时说不出话来。还好,我的当班老师向他妈妈说明了情况,我不知道那个妈妈是否相信了当班老师的解释,因为我只看到那个妈妈一脸怀疑地看着我……

类似这种情况发生了很多次,我也理解了很多老师的无奈,因为家长的信任很容易崩塌,他们常常会本能地选择相信说谎的孩子,而不愿意去相信真诚以待的老师。虽然社会上有对"虐童"事件的报道,但我其实还是愿意相信大多数幼儿园的老师都是尽职尽责地关爱孩子们的。

(二)在乡村小学里

乡村小学是我们顶岗实习支教的主要去处,虽然在小学任教的科目各异,但同学们还是都努力地适应着自己并不熟悉的科目,努力做到不至于误人子弟。同时,我们无论是在课上还是在课下,都与学生们保持着密切的互动,主动参与到他们的各种集体活动中去,从而与学生们共同创造了许多美好的回忆。

王允健：由于我承担了全校的体育课教学任务，所以我与全校的小学生都有所接触；另外由于体育课相对比较轻松，孩子们也普遍比较喜欢蹦蹦跳跳，所以我也能够比较容易地与他们建立深厚的感情。在自由活动时，我除了观察孩子们的安全以外，还与许多坐在树下休息的学生聊天，借以更多地了解他们的内心世界。尤其是小学四年级的孩子，我在给他们上课时，经常会和他们一起踢足球、打篮球，这样就与他们建立起了良好的师生关系。

四年级的几个学生，几乎每个周末都会到学校里找我们实习老师玩耍，他们一般会跑到我的宿舍里，拉我一块去踢足球，我也很享受这个过程。周末的学校会让人觉得异常的安静，再加上娱乐活动的匮乏，而且两个本地某高校来实习的舍友每个周末也要回他们自己的学校去居住，这难免会让我感到些许孤独，而孩子们的到来，则让安静的校园重新充满了活力。这些孩子天热时还会在路上给我们买几只

我和我的"弟子"们在一起
（图片来源：王允健　摄）

雪糕带来吃，如果我们要是拒绝吃他们送的雪糕的话，他们就会一脸的不高兴，还会耍耍小性子。孩子们的家长有时也会让孩子给我们送来自家种植的时令蔬菜，这都让我在异地他乡感受到了一股暖心的淳朴情谊。

在顶岗实习支教结束前的那个周末，我们几个实习生自己动手，做了一顿饭菜，邀请周末常到学校来陪我们排遣孤单的孩子们做客。虽说菜肴不够丰盛，但孩子们却吃得很开心。我们也不希望把离别的愁绪过早的传播给他们，看着他们开心地吃着，笑着，欢快地喝着饮料，还顽皮地模仿着大人们喝醉了的样子，我们也觉得很开心……

韩　雪：小学二年级的孩子，都是单纯而美好的。当然，他们在

课上课下有时也会不听招呼，有时会走神调皮，有时会闹出不少笑话。但是，他们对于老师的感情却不容小觑，比如：他们会和隔壁班级的同学面红耳赤地争论"谁家的"语文老师最漂亮，"谁家的"老师性格最好、最温柔，他们会"不讲原则"地一味"吹捧"和"袒护"自己班的老师，甚至还可能会因此而与其他班的学生发生争执；他们会把自己觉得最好的东西送给我们这些实习老师，而这些在他们眼里最好的礼物，有的是他们在美术课上偷偷折的千纸鹤，有的是他们在周末路上捡到的一片好看的树叶，有的则是他们这个年龄段的孩子们最喜爱的一个精美的小贴纸，等等。说真的，孩子们是最能知道谁对他们好，谁最爱护他们的，而他们也是会全心全意地来尽力回报这份爱的。

我开始是不会处理上下课与孩子们的关系的，总是上课时想与他们做朋友，下课又想甩开这群"小牛皮糖"，板着个脸急匆匆地逃回办公室，只想喝口水歇一歇，可这样疏远他们的消极后果是显而易见的：上课拢不住他们的心思，走神的走神，调皮的调皮，而下了课又个个争相上演一出在办公室门口"围追堵截"我的游戏。他们真的是小孩子脾气，爱玩爱闹，总感觉你是在和他们做游戏，让我哭笑不得。

幸好这种局面并没有持续太久，刚刚上岗的我，就因为身体原因不得不请假一周回家休养。当我病好回来后，这群小可爱们一看见我就欢呼着围上来，七嘴八舌地争着问我的身体怎么样了，还难受不难受，等等。哎呀，当时我的心里确实是非常感动，也非常甜蜜，不过我当时表面上还是努力装出一副很稳重、很淡定的老师样子。哈哈，现在想想，自己当时的小心思真的是挺好玩的。

随着时间的推移，不知不觉间，这些孩子们一个个变得越来越懂事了，乖巧了，但他们仍不失孩子的天真与俏皮，爱开玩笑，爱玩闹，同时又坚强得让人心疼，比如：有个孩子不小心碰破了鼻子而失声大哭，一群同学都哄不过来，但他见到我的那一刻却抬起头来，尽管还在流着鼻血和眼泪，却对我说自己没事的，不用为他担心。老实说，当时我心里真的挺感动的（嗯嗯，泪目）。我想，如果让我再选择一次，我仍然会愿意陪着这样一群小可爱们慢慢长大的……

刁玮琪：小学五年级的孩子都还保留着儿童独有的童真，但他们也不似一二年级的小同学那么不懂事。在实习的四个月的时间里，虽然他们有时候也难免会惹得我们生气，但现在回想起来，那其实是一段很愉快的时光。

令我印象最深的，就是指导他们为"六一"儿童节排练节目的经历。那次的"六一"活动主题是朗诵经典，所以需要语文老师参与指导。由于参加表演的人数有限制，我们就采取了由老师挑选和学生自由报名相结合的选拔方式，最终确定了由24名学生组成的朗诵队。接下来就是选定节目了，经过讨论后，我们最终选择了屈原的名作《九歌》中的一篇《山鬼》。我们知道，楚辞相比其他一般的诗词篇幅来说显得比较长，以至于我给这些孩子们把这篇《山鬼》打印出来发给他们的时候，24个孩子顿时一片"哀嚎"，都抱怨这个篇幅实在是太长了，而且里面还有一些不认识的字。但是，抱怨归抱怨，这群孩子的行动力却让我很佩服，只不过才几天的工夫，就有不少孩子已经能大致背诵下来了。

在做好基础性的工作后，接下来就是要教他们学会咏唱这首辞。学唱比单纯背诵要难得多，再加上这首辞的调比较平，很多孩子学起来很困难，这让我有点着急。但是，"只要功夫深，铁杵磨成针"，我不知道这些孩子私下里究竟下了多少功夫，在临近表演的前几天，他们居然都能完整地唱下来了，虽然说不上动听，但在我的耳朵里却觉得那是最棒的。

"六一"正式展演的那一天，上台前孩子们都很激动，由于是按照由低到高的年级次序来表演的，所以轮到我们五年级表演的时候已是中午了，面对头顶上的大太阳，虽然孩子们都被晒得汗涔涔的，但他们却始终都保持着饱满的热情，全身心地投入咏唱表演之中。最终功夫不负有心人，这次表演我们班荣获了一等奖。当校领导宣布获奖名次的那一刻，孩子们都沸腾了，我也和他们一样很激动，觉得自己虽然指导他们排练的过程很累，嗓子都哑了，但这一切都是值得的。

开心，我们获得了"六一"演出第一名
（图片来源：刁玮琪 摄）

贾孟双：在与那些小学生们相处的四个月里，我们既是互敬互爱的师生，更是无话不谈的好友。在我的记忆里，有很多难忘的与学生们相处的经历。

首先是与二年级孩子们的一段"偶然相遇"的快乐时光。当初，为响应开展"阳光大课间"活动的号召，校领导临时抓差，安排我用两周的时间，负责在体育课上教二年级的孩子们学会做广播体操。结果，后来在不知不觉之间那些孩子们便认定了我是他们的体育老师，每当上体育课前都会跑到办公室来找我，让我带他们上体育课，就这样阴差阳错地持续了一个多月。在体育课上，我和他们做游戏、跳绳、踢毽子、转呼啦圈等，玩得不亦乐乎，令他们特别开心。我也因此而成了他们喜欢的好朋友，哈哈。

其次是与五年级学生们相处时的几个难忘记忆。记得我第一次去为他们上课时，他们班的课代表同学还没到上课的时间，便早早地把我拽到了教室。我一迈进教室门口，孩子们便全体起立向我献上了一首歌，他们是用了这样一个别出心裁的献歌方式来欢迎我。当时，我真的是又惊又喜，感动得一时竟不知说啥好。还有一次，我在课堂上结合课文，与学生们聊起了"梦想"这个话题。当时，孩子们一个个充满着向往的神情，纷纷畅谈了自己的梦想，虽然他们的梦想有的宏大，有的朴素，但所有的梦想之中都蕴含了这些乡村孩子们对于明天、对于未来的憧憬与期盼，让我深受触动，不禁油然想起了那句很流行的歌词："蒲公英也有自己向往的春天。"

另外，我还记得在"六一"儿童节那天上午，学校里举行会演活动，我的学生们都登台进行了演出。上台前，几个六年级的学生还让给他们拍下了美美的照片，作为小学毕业前的纪念。那天下午，各班都在教室里召开了班内的联欢会，我们三位实习老师也被学生们叫到教室内，一起观看他们的即兴表演。这一天，我从早上到放学，很开心地与学生们共同度过了难忘的一天——这也是我成年后所度过的最难忘的一个"六一"儿童节。

姜美燕：虽然我上课的时候常常会因为二年级的这些顽皮的"熊孩子"们不听话，而直冒火、干生气，可是在课下却又觉得他们是那么天真、可爱。尤其是我的办公室就在二年级教室旁边，所以每次我一下课，总会有孩子跑进来送给我一些他们自己制作的小礼物，比如：他们自己用纸折叠的小花、小船、宝塔，等等。我每收到一个，就觉得心里像是被填了一块糖，甜甜的。由于我给他们担任《品德与社会》课程的教学任务，所以每次学生看见我都会喊："品德老师好！"而每当这时，看着那一张张稚嫩的小脸，我真的感到自己的心里满满的全是幸福。在课上我是他们的老师，下课后他们则总喜欢粘着我，在那个时候我也就变成他们的大姐姐了。

在小学生的生活世界里，真的是充满了童真、童趣，每个孩子都是那么可爱。在与他们的相处过程中，我感觉自己也放松了不少，没了那么多烦恼。印象深刻的是为"六一"儿童节演出做准备的时候，我每天都要帮他们化妆，顶着烈日带队陪他们演练。直到正式演出的那一天，看着他们一个个意气风发地上台表演，我就感到自己那些天所付出的辛苦和汗水都是值得的了。

这些孩子还总是很崇拜我，这可能因为他们没有怎么离开过自己的乡镇吧，所以觉得我这个大姐姐很厉害。其实呢，我只不过是很普通的一个大三学生罢了。不过，我当时还是很享受那种被他们"崇拜"的感觉的。当然，这也在无形中督促我要尽己所能，努力上好每一堂课，为将来能改变他们的人生尽一份力。

在顶岗实习支教的过程中我也慢慢了解到，在这些孩子们中间，有很多都是留守儿童，由于在家照顾他们的爷爷奶奶们年纪都偏大了，没能力给他们保持好个人的干净卫生，所以他们身上穿的衣服大都是脏脏的。这种情形我看在眼里，感觉很心痛，这也让我对待工作更加不敢掉以轻心，总是暗暗盼望他们能早点长大，有能力自己照顾好自己……

王志霞：顶岗实习支教期间，我和孩子们在一起度过的快乐时光有很多，每当回想起与他们相处的那些日子，他们的欢笑声便仿佛又响在了耳边。我们曾经一起组织"六一"表演节目，在教室里开联欢会；我们曾一起参加学校的春季运动会；我还带他们在课堂上一起用做小游戏的方式学习数学，比如玩"移动火柴棒"的游戏，使乘除法等式成立，既锻炼了他们的动手能力，又激发了他们学习数学的兴趣，并使所学的知识得到了巩固。我还带他们在课外做一些有益于知识学习和增强团队精神的小游戏，比如：让班里的孩子们每12人呈一列横队钩肘，我发令后，他们一排排昂首挺胸，高喊着"众志成城，爱我中华"等口号阔步前进。四个八拍后，以排头为轴，呈顺时针方向转180度走，再前进四个八拍后，以排尾为轴，呈逆时针方向转180度走。之后，还让他们自己再开动脑筋，创想走出更多的花样来，看哪个小队表现得精神特别抖擞，队形特别整齐，然后给予奖励。就这样，在游戏中锻炼了孩子们的团结精神，增强了集体荣誉感。

我记得那个"六一"儿童节的时候，他们的班主任老师居然忘了向学校上报孩子们准备表演的节目，结果学校举办庆典的时候，班里的孩子们听说没有自己的节目上台表演，一个个情绪都特别沮丧。为此，我们后来在教室里特意为他们补办了一场联欢会。我鼓励班里的孩子们每个人都上台去表演,孩子们都特别高兴。那天上午,教室里真的是其乐融融,每个孩子都非常开心。当然,望着他们那快乐的样子,我也感到很开心。

孔　杨: 进校园开始顶岗实习的那一刻,我觉得自己信心满满,我想让我的学生变得特别优秀,我想做一个温柔又耐心的老师,和孩子们做亲密的朋友。但仅仅过了一周的时间,我便感到了深深的挫败,似乎我的信心和耐心都被那些孩子们磨光了。面对那么小的孩子,我经常在想,我自己所学习到的教学理论究竟该怎样用到实践中去呢?我怎样能在教给他们知识的同时,还能使他们养成良好的学习行为习惯呢?

课下的时候,孩子们喜欢一起玩游戏,他们也常常拉着我一起玩。孩子们对于做游戏的这种热爱,使我想到了一个维持课堂纪律的好办法,那就是我和孩子们一起"做游戏"。课上,当他们又开始坐不住了,准备"蠢蠢欲动"的时候,我便会喊"1、2、3",而他们则呼应喊"木头人,不许说话不许动",并且立刻就真的重新安静下来。就这样,这个看似平平常常的对话游戏,居然成了我和孩子们在课堂上最好的默契。

每周,孩子们的语文课是安排最多的,这就意味着他们每周将要在21节课上都要与我相伴。为了不让他们对学习产生厌倦心理,我专门去找了一些有教育意义的动画电影,穿插在课上播放给他们观看。当然,这并不是仅仅为了娱乐放松,而是也借此希望他们能从这些电影中学到一些东西。

我的办公室离教室很近,所以那些可爱的小调皮们习惯了有什么事都会先来找我。比如,一大早上会有带着委屈表情的孩子告诉我:"老师,今天早上走得急,我忘了换鞋子。"低头一看,他那穿着袜子的小脚丫委屈地蜷缩在拖鞋里,正在不安地到处张望呢。又比如,春天天气干燥,经常会有孩子捂着流血的小鼻子找来了;还会有两个孩子发生矛盾，小打小闹的哭诉便会充斥在办公室里，等等。这些"小屁孩"调皮捣蛋的时候，真能气得我牙痒痒：有的孩子作业拖拖拉拉就是不写；有的孩子上课时只要看见我的目光不在他们身上就开始调皮；还有的孩子则一心想亲近老师，写字的时候必须搬着凳子坐到我的旁边，让我感到既无奈又很暖心。而当他们认真听课的时候，那一副副专注地望着我的小表情，简直让你忘掉了他们所有的淘气。

顶岗实习期间，我无论何时何地碰见那群小孩子，他们总是热情地围着我叫着"老师、老师"，兴奋地向我分享他们的喜怒哀乐。每个周二，我需要在楼梯口值班，而楼梯口旁边就是我们的教室。所以，每当我站在那里，孩子们便会一窝蜂地围着我，叽叽喳喳的你一言我一语，或者邀请我一起做游戏，或者给我看他们的小手工制作，等等。我觉得和他们在一起，真的特别让人放松，他们可爱、单纯、天真，能让你忘掉了所有的疲劳，那种愉悦的感觉真好。

我最喜欢看他们专注读书的样子
（图片来源：孔杨 摄）

贾 琳：三年级的小朋友特别可爱，想法也特别天真。学校里分配给我们实习老师的课时是比较多的，尤其是我负责的语文学科，一天8节课，不加早读，有时我甚至一天要上五节课。孩子们老是上同样的课也会觉得厌烦，所以，在保证完成基本的教学任务前提下，其余的课我会让他们做手工、学画画，或者播放一些有教育意义的电影，看后再让他们说说自己的观后感，等等。

课下，我们更像是朋友或是姐弟、姐妹关系，孩子们有时会直接叫我"姐姐"。孩子们有时在校外采到一些好看的花儿的时候，总会记得送给我；平时他们也会送给我一些自己做的小礼物；有的孩子还会跟我说"老师，我好喜欢你啊"之类的话，让我心里很温暖。虽然他们也常常调皮捣蛋闹得我很生气，但他们也总是会在不经意间给我一个惊喜。

我们班的孩子们大都住的离学校不远，不仅在学校每天见，周末也经常见，而只要他们一看到我，就算是隔得特别远，也会大声地冲我喊"老师，老师"。当然，每到周一的时候，我也特别期待能早早地看到他们。爱都是相互的，小孩子虽然懂得不多，但他们也会本能地体会到这个道理。

朱林建：在半年的顶岗实习支教过程中，有一个小女孩让我格外难忘。

这个小女孩，据说是这所学校的学生中家境最穷的一个孩子，从我第一次见到她，到五月中旬天气回暖为止，这个孩子一直穿着一件灰乎乎的羽绒服和一条破破烂烂的棉裤，她那双掉底的旧棉鞋也绝对已经磨破了。

和我一同顶岗实习的当地某高校的女实习生看这个孩子实在可怜（这孩子的母亲是天生痴呆，父亲不务正业，孩子在家没人做饭，经常饿极了自己直接生吃食物），回家吃不饱饭，就请她吃了两顿饭，担任主厨的我也乐得帮这个可怜孩子一把。但我们没想到的是，我们的好心却没有得到好报：有一次，这孩子趁我们不在的时候，潜入了我们的厨房，把厨房里所有能带走的东西全部偷走了，米、花生油、盐，甚至是我们买来自己种在盆里的蒜苗也一并给薅走了。

我们是通过监控录像才知道这一切的，当我们把这个孩子叫到校长办公室询问的时候，整个办公室里的气氛都是凝重的，因为，用校长的话来说就是"建校几十年来，第一次遇见偷老师东西的学生"。但让我们很无语的是，哪怕我们把监控录像从头到尾放给这个孩子看，她也始终抵赖说偷东西的不是自己，死不认错，反倒像是我们所有人冤枉了她一样。说实话，我当时真想打人，但我忍住了；很快我又想骂人，忍不住的那种——但我还是强忍住了，尽管自己把舌头咬得生疼。

后来我们几个实习同学共同商量了一下，最后还是决定宽容了事，我们全当这件事没有发生过。尽管在这之后我们厨房里的东西又少了几次，不过我们没有再去追究谁的责任，我们只是在少了东西之后尽快补全食材。甚至，有时候我还会故意多买一两根火腿肠，并把它们特意放在厨房最显眼的地方……

李　婕：小孩子往往是最单纯的，你只要对他们好，他们就会用自己最大的热情来回应你。尽管我连续上课感到很辛苦，但当听着他们一声声喊着"老师辛苦了"的时候，还是会不自觉地非常开心，觉得一切辛苦都是值得的。

在顶岗实习支教的日子里，经常会遇到一些让我感到十分温暖的时刻。记得有一次我在二年级上课，那堂课是下午的最后一节课，下课的时候有个孩子悄悄地送给了我一个她自己做的小手工折纸，虽然折得有些粗糙，但我知道她表达的是对我的喜爱；当我走出教室的时候，还有许多孩子特意跑到我跟前说"老师辛苦了"。哎呀，当时我真的满心里都是巨大的幸福感，所有的疲劳仿佛一下子都飞走了。

我上课的时候一般比较严厉，但课下孩子们却和我都很亲近，女孩子有什么事情也会悄悄对我说，放学以后或者周末偶尔会在校外的路上碰见，他们都会十分热情地和我打招呼。在来顶岗实习之前，我曾十分担心和学生家长的沟通问题，但来了以后却发现家长们并没有我想象的那么不讲理，私下里会和我交流孩子的学习问题；有时候我会布置一些需要家长协助的作业，刚开始的时候他们不太配合，无论如何都收不齐，到后来渐渐地也变得都能比较好地配合了，或许这是因为学生家长们也开始逐渐认可我了吧。

李月婉：这所农村小学里的孩子们都是很天真、很善良的孩子，在与我们这几个实习老师经过一段时间的相处后，渐渐熟悉了，便经常在下课以后来办公室和我们聊天。在手工课上，孩子们会亲手制作一些折纸作品送给我，每次下课后都会收到他们送的花朵和纸鹤，让我很开心，至今还保留着呢。放学的时候，我们把学生列好队送到学校门口，等待他们的家长来接，学生们在离开的时候，都会对我们说"老师再见"，让我们心里很温暖。

每个周三的下午，是学校里安排开展实践活动的时间，每位老师都有组织活动的项目，我是配合一位老师组织学生进行腰鼓队的训练。五月份的时候，作为全校四个年级的音乐老师，我接受了为"六一"儿童节的会演准备节目的任务。在经过了三次彩排以后，我们顺利地为全校的学生和学生家长们举行了儿童节大会演。这次会演赢得了联合校区领导的赞扬，我们的腰鼓表演和合唱表演还被选拔到市里参加表演比赛，这让我特别兴奋，很有成就感。

我们在校期间，市里进行学校综合水平大检查，我们积极配合学校，顺利完成了此次教学检查任务，取得了良好的成绩。期末考试时，在我们所有老师的共同努力下，我们校区再一次取得了蝉联联合校区第一名的优异成绩。

四个多月顶岗实习支教的光阴转瞬即逝，当我告别实习学校的那天，我教的四个年级的孩子们，还依依不舍地为我送来了离别礼物。当时，我真的感到特别激动，同时也万分不舍……

牛梦璇：当看见那些七八岁活泼的小学生时，我仿佛觉得时光一下子倒流到了从前，自己也返回到童年时代了。也许是我还年轻的缘故吧，这些孩子既把我当作老师，也当作朋友，许多问题都愿意和我交流，很多孩子也会经常去办公室找我玩。

每次下课时，我几乎都会收到他们用各种纸片亲手制作的小礼物，那个时候我的心里总是既骄傲又开心，那是我收到的最美好的礼物，是任何世俗的东西都无法替代的。在我将要结束支教实习返回的最后一个月里，我买了很多可爱的小文具和甜甜的糖果送给了这些孩子们，那是我对他们最真挚的祝福。

顶岗实习期间，我还担任了学生们自主选课的健美操班的老师，之前我在学院带啦啦操的经历派上了用场，使我很轻松地胜任了这项工作。后来，当我看到自己指导的健美操班的孩子们登上"六一"儿童节的舞台尽情起舞的时候，我仿佛觉得这些孩子们都在闪闪发光，这让我觉得此前自己的所有辛勤付出都是值得的。我很庆幸能陪他们度过了一个快乐的儿童节，虽然我给他们一个个化妆、指导、拍照等，忙得团团转，但就像其他老师对我开玩笑所说的，这些孩子们都是我最甜蜜的"负担"。

孩子们亲手制作的小礼物，还有写给我的悄悄话（图片来源：牛梦璇 摄）

顶岗实习支教即将结束时，当孩子们得知我就要离开他们的学校了，纷纷跑来办公室送小礼物给我。在外人看来，那可能只是一堆乱七八糟的不值钱的小玩意儿，可对我来说却是无价的，因为那里面藏着的是孩子们对我的真心真情。在我给他们上最后两节课的时候，各班的孩子们都像约定好了一样，出奇的专注、听话，没有之前的吵闹，没有任何多余的小动作。当时，我站在讲台上，不知道怎么就一下子联想起了自己在初中阶段学过的法国作家都德先生最著名的作品——《最后一课》。

我不会忘记孩子们的礼物，不会忘记我离别的时候孩子们集体拖着我不让走的样子；我不会忘记曾被我训斥的最多的那个最调皮的小男孩不舍地拉着我的胳膊不让我走，哭得最凶的样子；我不会忘记孩子们对我说"老师一定不要忘记我们，一定要回来看我们"的样子；我更不会忘记孩子们那一张张天真无邪的笑脸——那是我见过的最纯真、最美好的模样！我不会忘记……

王　娜：越是低年级的小孩子越给人一种特别单纯的感觉，他们的脸上都写满着天真和美好。他们总是那么热情，我每次下课，都会有女孩子从班里跑出来，亲昵地扑在我身上，我们手拉着手一起走在路上，仿佛不是师生，而是朋友。

杨文文：与学生在一起的快乐记忆有很多，有一直萦绕耳边的做游戏时孩子们的欢呼声，有一年级的孩子们齐声高喊"三二一，坐整齐"的口号声，有三年级的孩子们争相回答问题时抢着举手的画面，还有五年级的孩子们在科学课上认真做实验的场景。

在我将要离别实习学校的时候，各个班级的孩子们或许已打听到了风声，接二连三的纷纷送给了我很多他们亲手制作的小礼物，有百合花、小钱包之类的折纸，有用贴纸包装的自己亲笔写下的书信，等等。我知道，这一切所表达的都是他们对我的一番心意与不舍。我还记得离别的那一天，当我坐着一辆破旧的电动三轮车离开学校时，偶然被几个五年级的学生发现了，他们一边奔跑着追赶着车子，一边大声向我喊着"老师再见"。那一瞬间，我的眼睛模糊了……

李欣霖：在顶岗实习期间，我曾和孩子们一起参加"六一"联欢会，我和六个高年级的学生一起排练了一首歌。排练的那些天是我感到最轻松自在的时候，这除了我很喜欢文艺活动之外，更主要的原因大概还是和这些天真可爱的孩子们在一起时，仿佛觉得自己也一下子也回到无忧无虑的童年时代了吧。

不过，在整个排练期间，也曾发生了一点不愉快。一个男生和一个女生因为一点很小的事情闹得不可开交，就在马上要演出的时候，两个孩子却都赌气要罢演，这可真让人着急。我只好先稳住两个学生的情绪，让他们两个分别到不同的地方冷静，然后再逐个击破。当时我内心十分生气、焦灼，可是又不能表现出来，只能在学生们面前假装很冷静地处理这件事情。好在小孩子之间闹别扭过一会儿就好了，虽然两人之间的关系还不能马上恢复到原来的状态，但他俩却俨然表现出了像"小大人"一般"成熟"的样子，很快又投入了排练之中。唉，这些"熊孩子"呀，真是让人又好气又好笑。好在总算没有耽误排练和演出，我悄悄地松了口气……

张春玲：下课的时候，我喜欢与小朋友们聊聊天，当他们叽叽喳喳地围在我周围的时候，我就会不知不觉地和他们融在了一起，很开心，那种愉悦的感受真的无法形容。我喜欢与他们共处的每时每刻，虽然他们很调皮，甚至有时会让你喊破了喉咙，但每次看到他们这么开心地上我的课，也就会把疲劳全都忘掉了。

最让人期待的莫过于学校举行运动会的时候了。一大早，全校师生就来到了运动场，他们有的安排场地，有的整理服装，有的安放运动器材，忙得不亦乐乎，原本寂静的操场一下子变得热闹起来。开幕式才刚刚落下帷幕，各类田径比赛项目就如火如荼地展开，掌声、加油声、欢呼声、呐喊声此起彼伏，操场上一片沸腾。运动会既展示了小学生们良好的精神风貌和体育风采，也让校园多了一份蓬勃向上的生机与快乐，让我们的心里多了一份美好的回忆！

张　晓：初为人师，能遇见这些孩子们是我的幸运。我教的那个班里共有38个孩子，他们都很可爱，在相处过程中屡屡给我惊喜。

记得有一次学校组织学生进行书法比赛，通知我作为评委老师参加。由于比赛安排在下午第一节课举行，不会耽误我第二节课的上课计划，所以我便没有多做准备。可谁知比赛时出现了一点意外，导致时间向后延迟，直到第二节课已经上课十分钟了才结束。我焦急地赶到教室，本以为课堂秩序会是一片大乱，结果没想到课堂上却极其安静，大家在班长和副班长的组织下默写生词呢。这一刻，我被感动了。

类似的事情还有很多，比如：有一次，我让孩子们课前搜集两首与月亮有关的古诗,结果上课时发现有不少同学贴了满满一桌子的诗句;在自学课文时,我安排学生分别担任主讲,发现他们为此而在课本上写了密密麻麻两大页,还对我说:"老师,我们喜欢讲课,以后能不能多让我们讲?"这一切,都让我感到欣喜和自豪。

另外,让我想不到的是,班里还有一些孩子居然把我的名字写在了他们自己的手上、胳膊上,然后骄傲地向人们炫耀说,这是他们老师的名字;当我在镇上的街道走过时,不经意间就会听到一些孩子远远地冲我喊"老师好"……

与孩子们相处的这一个个温馨的记忆画面,将永远刻印在我的心间。

姜婷婷: 我也来说说顶岗实习支教期间让我感触最深的几件事情吧。

先说说我和班里的女孩子们之间发生的一件不大不小的事情。这些年,网络上的所谓"美女老师"层出不穷,媒体报道中也常常说,学生因为被老师美丽的外表所吸引,往往在课堂里座无虚席且很专注听讲,云云。对此,我一开始还真的相信了。受此启发,我寻思着自己初来乍到,又没什么教学经验,生怕学生不喜欢听我讲课,就想着也在自己的外在打扮上下点功夫,以期吸引孩子们听课的注意力。于是,我每天上课都会换套衣服,早起化妆,把自己收拾得尽量精致一些。我以为这样孩子们就不会对我产生审美疲劳了,从而便可以达到提高他们上课的积极性的目的。可后来我却渐渐发现,事情好像与我的初衷出现了偏差:班上某些小女生居然也开始模仿我的发型和我的穿衣风格了,甚至还有的女孩子开始喷香水、涂口红和抹睫毛膏了。这些现象让我暗暗吃惊,不会是她们受到我的影响了吧?这个念头顿时让我感到有些心慌,开始意识到了问题的严重性。于是,我第一时间把班上的几个女孩子喊到我的寝室,我和她们认真地聊了很多。其中,我耐心地引导她们说:只要自己平时能做到挺胸抬头,便会有了一种自信的气质，而自信是女孩子变美的第一步。你们这个小小年纪是皮肤还很稚嫩的阶段，如果现在就用那些化妆品，那么这些化学物质非但起不到滋养皮肤的作用，反而还会加重你们皮肤的负担，很容易变成过敏性肌肤，受到损伤，所以你们现在还不适合使用化妆品。而加强学习，使自己具有内在美，这才是你们这个阶段最重要的事情！这番谈话还是挺有效果的，从那以后，这些小女孩再也不乱化妆了，而且每天坚持洗脸，都变成了干干净净的小姑娘。当然，"吃一堑长一智"，我自己也注意吸取了教训，改变了一开始的那种刻意着装打扮的幼稚做法，而是努力去追求一种端庄、大方、温婉、亲切的女教师所应当拥有的那种内在气质，这样一来，在女孩子们中间一度出现的那种盲目模仿化妆的现象也就随之消失了。这件事对我的触动特别大，正是这件看起来好像并不大的事情，却让我真正明白了"为人师表"这四个字的分量及重要意义。

还有一件发生在男孩子们中间的事情，也让我很受触动。我们四年级的班主任老师是个"老烟枪"，课间有时会不自觉地站在楼道里吸烟，不料他的这一行为被孩子们看在了眼里，而且居然也跟着学上了。有一天下午，我和另一个实习老师去校外散步，正巧看见了我们班的几个小男孩在村口玩，他们一个个嘴里都叼着烟，正在煞有介事地学着大人的样子喷云吐雾。他们一看见我走过去，吓得赶紧把烟扔掉一溜烟跑了。看来这些"熊孩子"也知道学抽烟不是好事啊！第二天上课前，我给班上的学生们专门普及了一下吸烟的害处，并半开玩笑半认真地告诉他们，我们女孩子最不喜欢抽烟的男生了，抽烟的样子一点儿也不酷！我还随机让班上的女孩子们也发表对吸烟的看法，自然是毫无例外，她们都表示很讨厌烟味。大家的这番表态，说得那些偷偷学抽烟的男孩子们都不好意思地低下了头。我不知道这些男孩子能不能理解我的良苦用心，也许在他们成年之后面对沉重的生活压力时，也会想用抽烟缓解一下内心的苦闷，那也无可厚非。但是，现在作为刚刚才八九岁的小孩就过早沾染这种有害身体健康的生活习惯，作为老师肯定是要制止的。当然，这件事更让我反思的是，作为老师真的是要随时随地注意检点自己的一言一行，千万不要在不经意间给孩子们带来不良影响啊！记得古人曾说："经师易得，人师难求。"而"人师"意味着什么？这还真值得当老师的好好想一想。

我顶岗实习支教的那个地方，学生们中间存在着一个普遍的现象，就是不以学业为重。我在课余时间和学生们聊天的时候了解到，他们对村里已经上班的小哥哥、小姐姐们的生活充满了期待，觉得一个月两千多的工资可以买很多想要的东西，甚至表示连初中都不想读了。造成孩子们这种思想的一个重要原因，就是这些孩子大都是留守儿童，父母长期外出打工，他们平时基本上都是跟着爷爷奶奶一起生活。而这些老人觉得只要让孙子孙女们吃饱穿暖就完成任务了，至于对孩子们的学习则无能为力。基于此，我便多次在课堂上给孩子们"洗脑"，"大肆宣扬"上学读书的好处。我甚至把自己在学院里参加各种大学生社会实践活动的图片做成课件投放给他们观看，并告诉他们：目前你们的生活范围非常狭小，而世界却是那么大，你们难道不想长大了出去见识一下吗？以此来鼓励他们努力学习。同时，每天放学后，我都会在班级家长微信群里提醒他们要多督促孩子及时复习功课，等等。偶尔看到有几个对孩子学习情况比较上心的家长，心里就别提有多高兴了。

总之，当我真的走上实习教师的工作岗位后，才发现原来有那么多双充满期待和信任的眼神在注视着我，在孩子们的眼里，甚至还把我当成了他们的小世界中"神"一样的存在。而这个时候我才深刻体会到，陶行知先生所说的那句"捧着一颗心来，不带半根草去"的名言，是发自内心的！

（三）在基层中学里

作为从中学时代过来的我们，总觉得中学时代是充满着酸酸甜甜滋味的一个特殊的成长阶段。在这个阶段，中学生需要学习大量的知识，小学时期那种无忧无虑的快乐好像都被那些厚厚的书本完全压没了。同样，中学阶段的学生正处在一个人的成长过程中特别关键的青春期，心理状态非常复杂，特别叛逆，情绪时起时伏，极不稳定。他们常常自认为已很成熟了，其实表现得却依然很幼稚。这些情况自然也就对中学教师提出了更高的要求。面对沉重的教学任务以及更为复杂的学生状况，我们处在基层中学顶岗实习支教的同学们用真心实意陪伴和引领学生们共同成长，共同进步，留下了许多同样令人难忘的珍贵记忆。

李 茜：在我顶岗实习支教的那所县中，虽然历史学科依然被看作所谓的"副课"，但有可能是因为我和学生们的年龄相差更小一些，而且我还是一名新来的"实习老师"，对他们来说可能感到更"新鲜"，所以只过了短短的一两天，在校园内就有很多学生主动和我打招呼，问这问那。我也很喜欢和他们聊天，因为我想了解他们对学习历史这门功课的感受。结果和我想的没多大差别，大部分学生不爱学历史，认为历史枯燥无味，甚至还有学生听我说上高中后还要继续学习历史时，脸上露出难以置信的表情。可能在他们看来，历史就是一门根本不重要的"小科"，所以在历史课上写其他作业的、交头接耳的，甚至把历史课当成可以开小差的"休闲课"的学生大有人在。这其中涉及的原因有很多，但我觉得主要的原因还是出在老师身上。许多老师忽略了这样一点：无论何时，兴趣永远是最好的老师。如果老师讲得枯燥，只会"划划"课本，然后就是片面强调"背背背"，那么哪个学生又会对学习历史产生兴趣呢?!

在实习支教的四个月里，我经历了几次比较大的考试，也体验了监考的滋味。而在这其中，也进一步发现了他们的有趣。比如：在考场上，很多学生的小动作不断，还不时地观察着我，自以为试图偷偷作弊的念头可以瞒天过海。这让我哭笑不得，同时也真正体会到了监考的不容易，真的是好累啊。

从与学生的交往中，我还真切体验并学习到了一些东西。比如，就像老教师说的，刚和学生见面的时候，真的不能太过于"讨好"了，因为他们瞬间就会觉得这个老师脾气很弱、很软，这样就会导致很难维持课堂纪律。而我刚开始的时候，就恰恰"倒"在了这上面。可能学生觉得我表现得脾气太随和、太绵软了，居然一看到我就会没大没小地直接喊我的名字，还会围着我开玩笑。虽然我挺喜欢与学生之间这种无距离的感觉，但这还真的不利于课堂管理。后来不管我如何板着脸生气，学生也不买账，还以为我根本就不会生气，是在和他们玩呢。所以，当老师的如何把握好与学生之间关系上的"度"，真的是一门学问。

陈　彤：有一次，我和一些学生闹了点别扭。事情是这样的：之前的时候，二班有一些孩子会经常主动去我的办公室打扫卫生，后来好几天他们都没去，一班的几个孩子发现后就主动跑来打扫办公室了。也巧了，那天早读的时候，我找两个班的学生分别谈话，由于一班的学生考的成绩稍微差一点，所以我在他们班谈话的学生就多了些，在一班待的时间也就长了些。没想到，后来我到二班上课的时候，坐在教室后面的几个学生就开始埋怨我，说我对一班偏心，二班"失宠"了，等等。我当然不承认。然后，他们就在课上一直"老师老师"地乱喊乱叫，瞎起哄。我没搭理他们，继续上课。于是，那几个学生就开始以"罢学"相对抗，在课堂上径自玩自己的，这分明是在故意气我。本来那些日子的事情就特别多，特别累，再加上当时已是夏季，天气比较闷热，所以我的心情就更加烦躁，心里的那股委屈噌地一下子涌了上来，眼里的泪水也就控制不住了。那一瞬间，我自己都觉得很丢人。

我父母在家中对我从来都很宽容，大学里的同学和老师也都相处得挺好，我还从来都没有受过这种气，一时半会儿接受不了。所以，再上课的时候我也赌气不与他们进行交流。后来他们可能也意识到自己不对了，专门到办公室向我道了歉。当然，我也原谅了他们。

这件事情过去以后，好像他们对我比以前更好了。平时他们上体育课的时候，会拉着我去陪他们一起上课；在我不需要批改作业、不用备课的时候，我也会带着一些毽子、小球之类的运动器材，去和他们一起玩耍。不过，偶尔碰到两个班一起上课的时候，他们两个班之间还是会相互"争风吃醋"，闹得不亦乐乎。

四月初，我们学校要举行月考。考试期间，我们几个实习老师都担任监考老师。虽然是第一次给学生监考，但我们好像摸透了他们的小心思，只要他们有一点点想作弊的想法，我们都能察觉出来，这大概是因为我们自己也是从那个年龄阶段过来的吧。在考试期间，我在考场上没收了好多想作弊的学生偷偷夹带的书本、笔记本、小抄，等等。有的学生作弊被发现后居然还很不服气，我真的特别生气，但我没有冲他们发火。我知道他们正处于青春期，叛逆心理很强，所以我也给他们留足了面子，不在众目睽睽之下揭穿他们。考试两天，感觉自己比学生还累。考试结束后，我们阅完卷又开始讲解试卷，孩子们都迫切想知道自己的考试成绩，这是一种好的现象，起码都有想学好的想法。所以，这让我很开心。这期间，还有一个自尊心很强的学生因为历史学科没考好，整整哭了一节课的时间。我安慰她，让她不要气馁。从她的身上，我好像看到了小学和中学时代的自己，那时每次考试后也是既特别期待又特别害怕考试成绩的公布，期待自己能有个好成绩，害怕自己考不好，更害怕被老师叫去谈话，嘻嘻。

随着天气变得越来越热，学生的心情好像也长了野草一样，变得越来越心浮气躁。于是，每次上课我都会尽量设法把课堂气氛搞得活跃一些，生怕他们不感兴趣。听说音乐会提高记忆力，所以每周我都会抽出一节课为他们播放音乐、唱英语歌曲，还会为他们播放一些儿童影片等，既让他们放松一下紧绷的神经，也让他们在这种喜闻乐见的形式中增强对学习英语的兴趣。而当看到他们在我的课堂上开怀大笑、兴致勃勃的样子时，我就感到特别开心。

郑克真：在实习过程中，我与这些孩子一起经历了很多，建立了深厚的友谊。"六一"儿童节的时候，我指导两个班进行了歌舞表演，都取得了学校一等奖的好成绩。在准备节目的过程中，这群孩子十分团结，也十分认真，而我们之间也都对彼此加深了了解，拉近了距离。另外，我还曾为他们的演讲比赛进行过指导训练，而且两个班的学生还分别取得了全校第一名和第三名的好成绩，让我很有成就感。让我最欣慰的是，我教的其中一个班的学生在比较重要的第一次月考和期中考试时，语文成绩均位列全年级的第一名，得到了学生和他们班主任老师的认可，让我感到自己的付出有了回报。

课上我和孩子们是师生，课下我们则是朋友。他们会经常到办公室和我谈心，尤其是两位课代表，无论是学习上还是生活上的问题都会找我。期末考试时，学校要求学生家长代表和老师一起监考，和我一起监考的那位学生家长对孩子的学习十分上心，我们交流了很多，这让我觉得很欣慰。

在指导两个班进行庆祝"六一"儿童节的歌舞表演排练过程中，发生了很多难忘的事情。也正是在这大约一周的接触过程中，我和这群孩子们成了好朋友。当时参加表演节目的学生都是自愿报名的，大家的积极性都很高。其中，有一个男孩学习成绩比较差，上课也不认真听讲，还把上一个实习老师气哭过，所以刚开始时我对他还有一些偏见。可后来我发现，这个男孩在排练过程中很用心，他会在家里提前学好一些动作，然后到学校里再教其他同学，而且他其实非常聪明，还能想出一些新的表演动作。他的组织能力也很强，排练的孩子们都很听他的指挥，这让我不禁对他刮目相看。看来，作为老师不能只是以考试成绩高低来评价一个学生，其实每个学生都有自己的长处与闪光点，而老师需要善于发现他们各自的长处，并给予他们正确的引导。

一些打听到我生日的女孩子，在我生日那天还很用心地送给了我一些她们亲手制作的小贺卡、小礼物，偷偷放在了我的办公桌上。其中，有个孩子见我那些日子嗓子不舒服，还贴心地送给我一个喝水的玻璃小杯子，让我感到特别暖心。后来我经过"调查"才知道，送我这只杯子的是班里一位学习成绩一般，而且平时不太爱说话的女生。我在跟她道谢的时候，她对我说，有一次我在课堂上提问她，她没有回答上来，我不仅没有批评她，还在课下找她谈话鼓励她，所以她很喜欢我。她的话让我意识到，老师哪怕是给予学生一些很细微的关心，都会在孩子幼小的心灵中埋下一颗激励的种子。

最暖心的生日礼物
（图片来源：郑克真 摄）

在顶岗实习快要结束的时候，孩子们又给了我一个大大的惊喜——他们居然自发地为我专门举办了一个欢送会，满屋子的拉花，还有一个大蛋糕，孩子们争相送给我一些他们自己制作的小礼物，还有一些写满了祝福的小卡片，等等。这场孩子们自发组织的欢送会，让其他来这里实习的同伴们都非常羡慕。当时，我觉得自己真的好幸运，遇见了这么一群天真可爱的孩子，这将成为我最美好的记忆。

朱金萌：在顶岗实习的时候，我除了教学之外，还担任了班主任的助理，学习管理班级和学生的经验。这期间，让我印象特别深刻的一件事是：班里有个女孩子因为某些原因经常被班级里的同学排斥和嘲笑，结果有一天她的情绪突然爆发了，一直不停地哭，即便是被她的班主任叫到了办公室，她还是一直哭。但是，这位班主任老师并没有训斥她，而是温柔地安慰她，非常有耐心。后来，当通知她的家长来了之后，这个女生却哭闹得越发严重了。但是，班主任老师还是没有着急，而是一直耐心地劝解，就这样持续了大概两个小时才终于使她的情绪平静下来。这件事让我很有感慨，作为一个班主任做学生的思想工作，该需要有多大的耐心呀！

在顶岗实习支教过程中，让我印象深刻的还有我的两个小课代表。她俩看起来很乖巧，十分负责任，对于老师下达的任务总是能够细心做好，并且也很有礼貌。她俩给了我很大的帮助，让我感到很温暖，我非常喜欢她们。另外，那些调皮的孩子其实也是很有意思的。爱玩是孩子的天性，这些孩子有时候会跑来办公室串门，冲着我调皮，但他们同时又非常暖心。记得有一次，我早早地就到办公室准备课了，这时有一个来送作业的小男生就很关心地问我吃没吃早饭，还给我推荐学校附近哪里有好吃的早餐，真的让我感到特温暖。

李琳玉：从整个实习过程来说，我与学生之间的相处是愉快的。有一些印象比较深刻的事情，让我有了更加坚定的信念去做一名教师。

在我到实习学校的当天下午，学生就跑到办公室"刺探军情"。第二天一大早，课代表就到办公室帮我收拾东西，领我去教室。这似乎是稀松平常的小事，可正是因为这些事儿，让我在刚步入陌生环境时便感受到一股温暖。

每个周四的下午，第四节课是历史自习。有一次，某个班的几个学生被我多次发现在自习课上乱打乱闹，我当时非常生气，随即严厉地批评了他们一顿。下课后不久，这几个学生就跑到办公室向我道歉，表示已经知道自己不对了。虽然这不是一件很让人愉快的事情，但令人欣慰的是，他们终于能懂得我的良苦用心了。

潘玉芝：在中学顶岗实习的过程中，我遇到了很多可爱的学生，他们的每一声"老师好"，都让我感到很温暖。在讲课过程中，我有时会让学生们角色扮演某个历史场景，他们都会兴趣浓厚地纷纷参与活动中，这既便于理解知识，又活跃了课堂气氛。

在学生们中间，也不乏对历史有着浓厚兴趣的爱好者，其中有一位女生让我印象非常深刻。这位女生其实我并没有教过她，只是跟过他们班的一节自习课，当她知道我是学历史专业的之后，就经常在课间跑来找我聊天。通过聊天我了解到，她是一位非常热爱文学的女孩，从小到大看过非常多的书，对历史也非常感兴趣。虽然高中阶段的学习非常忙，但她还是挤时间看完了大部头的历史著作《全球通史》，这让我深感自愧不如。之后，我都会向她推荐一些历史方面的书籍，她也经常给我带几本她喜欢看的书分享。实习结束时，她用陶笛给我吹了一首曲子《送别》，她那单纯而明亮的目光中满含着不舍。我和她约定：好好学习，等她考上大学，我请她吃饭！这是一个简单的约定，没有字据，没有证明，多年之后她可能会忘记，或者由于各种事情的忙碌不能赴约，但这却永远是我的一份最珍贵的回忆。

我们这些初出茅庐的实习教师对于教学工作有着更高的热情，与学生的关系也会更无拘无束一些。我们会更加主动地和学生接触，与学生沟通、聊天，一起欢乐。这一切，就使得学生对于我们实习老师有着不同的感情，觉得我们更容易接近，更可亲，可信，他们更愿意把我们看作朋友。年龄稍小一些的学生，会更加依赖我们，课上课下更喜欢围着我们团团转；年龄稍大一些的学生，虽然在情感的表达上已比较内敛一些，但也更愿意和我们聊天，交流学习心得或生活上的小纠结，等等。

从以上同学们的叙述中我们可以看出，实习学校的学生们是很喜欢和我们实习老师一起参加各种活动的，他们还把自己亲手制作的小手工品当作礼物送给我们，以此来表达对我们这些年轻的实习老师的爱。虽然这些小礼物可能制作得没有那么精美，写在上面的字迹也大都歪歪扭扭，但这在孩子们的心目中，这却是他们最心爱的东西，都寄寓着他们对我们的喜爱与信任。甚至在面临分别时，我们还看到了许多学生洒泪挥别，表现出了对我们这些青涩的实习教师的眷恋和不舍。

但是，孩子们对我们的这种亲密的关系，似乎在某些时候也成为我们这些实习生的一种"甜蜜的烦恼"。因为，有些孩子自以为和老师的关系不错，从而就可以随心所欲了，以致在课堂上也肆无忌惮地调皮捣蛋，使课堂秩序蒙受了严重影响，这令我们这些缺少经验的实习生十分头疼。可见，作为教师在与学生相处的时候，确实存在着一个值得注意的"度"的问题，教师在任何时候都不能忘记了自己的身份，应当随时随地注意自己的言行举止，也要注意与学生们交往中的分寸感，这样才能建立起一个适宜的"亦师亦友"的师生关系。

二、为师之乐趣

对我们来说，顶岗实习支教活动本身，就是在给予我们一次进行教育教学"实战"的机会。教学是最重要的工作，虽说教学任务繁重，教学环境各异，这给我们带来了无形的压力，但与那些学生们共同度过的时光却是难忘而明媚的。我们说"乐在其中"，而这个"乐"字，并不仅仅是指我们在课下与学生们的相处，它也包括我们在课堂上与学生们的互动与交流。

刘　冉：顶岗实习支教初期，由于实习学校派给我的指导教师因事出差，所以我曾一度只能在没有任何指导的情况下自己摸索着上课。我面对的是小学一年级的小孩子，所以我比较担心自己没有办法和他们交流。事实也证明，我的担心不是多余的。不过，我无意中发现，对于这个年龄段的小孩子，采用奖励的方法激励他们学习是比较管用的。比如，对调皮的孩子找出他们的优点或者是夸奖他们认真听课，这样的鼓励会让小孩子更加自觉地向着好的方向发展，更加自律，更愿意向好学生学习。比如说，夸奖某个小朋友，在班级里面树立起一个小榜样，让他们一起向那个榜样学习，等等。

给小学一年级的孩子上课，我觉得精心制作课件很有必要，因为它除了可以辅助我的教学之外，还能够吸引学生的注意力。而只有吸引了他们的注意力，才会使他们的心思转移到学习。比如说，课件上多运用一些声音或者动画特效，这样可以持续保持学生的学习兴趣或好奇心。另外，还要注意激励学生主动参与到教学过程中。对于学生的课堂表现，教师要以鼓励为主，因为这样可以提高学生的自信心，能让那些比较腼腆的学生也能积极参与到课堂学习活动中。此外，小学语文的教学应该是以打基础为主，所以教学进度不能太快，要给予学生充足的复习或者内化的时间。让学生一步一个脚印，踏踏实实地学好每一点知识。

范明慧： 古人云："师者，所以传道授业解惑也。"在顶岗实习中我切身体会到，教师不仅是知识的传授者，是学生求学阶段知识储备的带领人，还是生活的引路人和解疑答惑的人生导师。所以，在支教实习的过程中，我努力勉励自己要争取成为受学生爱戴的一位实习老师。我能做到认真备课，用心上课，课后及时反思总结。我明白了"爱"才是教师与学生之间的桥梁，才是教育学生最好的良药，作为一名教师，必须要用足够的耐心和毅力去爱护每一个学生。

这次实习真的让我深深地体会到教师工作的辛劳，也深刻理解了教学相长的内涵，经过教学"实战"磨炼，现在的我已经基本能够驾驭课堂了。在课堂上，我学会了"察言观色"，时刻关注着学生的一举一动，学着分析学生的所思所想，为学生的学习提出建设性的意见，从学生的身心发展规律出发，讲授他们所能接受范围内的知识并适当拓展，不辜负"教师"这一称号。总之，我正充满信心地向着成为一名合格称职的教师之路上进发。

刁玮琪： 在顶岗实习的一开始，为了和学生建立更好的关系，我向他们提出了一个小要求，在每周写2~3篇记录自己的生活和学习的"日记"，其中一篇主题我来定，另外题材不限。之所以这样做，一方面是为了我可以更深入了解这些孩子们的内心世界，另一方面也可以提高他们的写作能力。每周四我把这些日记收起来，认真阅读并在每个孩子的日记后面都写上评语。有的孩子看了我的评语之后，还会在后面给我回复呢。对于那些写得很不错的"小文章"，我会在周五的课上抽出一小段时间来让大家一起分享。最后的效果虽然没有理想中的那么好，也不是每个学生都认真对待这件事，但是在这些文字中我更快地了解了这些孩子，发现孩子们身上充满了童真童趣。

李欣霖：在班主任工作方面，我担任二年级三班的副班主任一职，协助班主任老师进行班级管理。我每周都要有一半的时间，需要早早地到学校带孩子们上晨读课。小学二年级的孩子不过六七岁的年龄，他们对身边一切事物都充满好奇，课上总会出现一些突发情况。我一直认为，我做不了一个优秀的教师，因为我的耐心首先就不够，我常常忍受不住他们在课上的小动作，甚至会冲他们发脾气。可是，即便是我发完脾气，这些孩子也不见得就会听你的话了，所以又把自己气得不轻，如此循环往复！为此，我也常常尝试组织他们开展一些小活动来吸引他们的注意力，比如让他们尝试表演课本剧之类的，但有时又把握不好"度"，结果适得其反，以至于学生们只顾着玩了，反而忘了课堂上应该完成的学习任务。唉，这真让我感到不知所措，哭笑不得！与孩子们相处，当个合格的老师真的不简单，看来我确实还需要慢慢磨炼啊……

苏逸飞：我觉得，与学生在一起总会有一种简单的快乐感。课堂上孩子们那一双双真挚地望着我的眼睛，可以让我从中读到信任；课下他们那一声声响亮而诚挚的"老师好"的问候，可以让我从中感受到敬爱；有时在校外遇到学生，他们老远就会打招呼，这可以让我感受到了热情。由此，我开始慢慢体会到，教师这个职业真的是带有一种天然的幸福感和满足感，同时也让我渐渐认识到了教师对学生的重要影响力。所以，作为一名教师确实需要时刻注意规范自己的言行，因为我们在无形之中的某一个小小的举动，都有可能会对学生产生重要影响。

与学生在一起不仅有简单的快乐，作为老师还应当要有能够管理好他们的智慧。五月下旬，我接替一位四年级班主任的工作，担任为期一周的代理班主任，负责教学、早读小自习、课间操、午读小自习、送队、卫生检查等工作。我与这些孩子们的年龄相差10岁左右，所以在他们眼中，我是不像"老师"的老师，更多的是把我看成了他们的大姐姐，亲近有余而又威严不足，这对于我进行班主任工作来说竟成了一个"短板"。周五下午，恰逢学校卫生大扫除，即将放假又是停课打扫卫生，学生们都显得格外兴奋，有的甚至在楼道里引吭高歌。我安排好每个人的打扫任务后，就让大家分头行动。可是，转眼之间我就看到有几个孩子聚集在一起嬉戏打闹。这样的情况反反复复，结果到了放学的时间，我们的卫生区还是乱糟糟一片，没有完成预定的打扫任务。无奈，我只能先将孩子们送出校门，回来后自己再继续进行未完成的打扫任务。

从这次组织学生打扫卫生的经历中，我认识到自己还没有真正实现从"学生"到"教师"的角色转变，我在思想上和心理上都需要有所改变和调整。作为一名教师，不仅自己要有良好的带头作用，也要有规矩、有计划，为学生提出明确合理的规定和要求，合理安排好具体的小活动，并做好监督工作，这才有可能有条不紊按照预定计划进行，最终完成整个班级的活动。换句话来说，相互尊重、平等和谐的师生氛围固然很重要，但也要注意符合学生的心理发展特点。小学生的年龄小，心智发展不成熟，自制力比较差，还没有形成行为规范意识，需要教师及时正确的引导，过于宽松放任则有可能会导致班级管理像一盘散沙。看见，要想成为一名合格的教师须有沟通交流、组织管理的能力，并要努力做到既在学生的心目中拥有足够的威信，又能和他们融成一片。

张　晓：班里的学生年龄均在十一二岁，喜怒都挂在脸上，同学之间拌嘴之类的事情时有发生。有一次晨读课上，一个孩子哭着对我说有个同学嘲笑他，后细问才知道是那位同学看到这个孩子的字写得不好看，想劝告他好好写字，结果被这个孩子误会了，我了解了事由之后，把他俩叫到一起进行了谈话劝解，很快这俩孩子便和好如初了。我发现，对待不同性格的孩子，采用不同的教育方式会收获意想不到的结果。而在与学生相处时，老师保持严慈相济是最好的状态。

刁晓淼：随着实习时间的不断增加，慢慢地我习惯了上课这件事，也习惯了与学生们娓娓而谈。对于教师这个职业而言，拥有人际交往能力是很重要的，无论是与同事之间，还是与学生之间都一样。教师的办公室就像一个小型的社会，我们要学会与别的教师交谈、学习和协调；而与学生之间的关系更难把握，由于我们实习生和学生们之间的年龄差距并不大，所以给他们的第一印象如何，在很大程度上就会决定了后面的教学等工作能否顺利进行。根据我的体会，老师只有和学生之间保持一种上课是师生、下课是朋友的关系，我们的教学工作才能更加顺利地进行。另外，作为老师还需要对学生保持足够的耐心和细心，要不厌其烦地回答他们的每一个问题，要看到他们的成长和进步，适当鼓励他们。但每个学生并不都是一样的，所以我们要尊重他们之间的差异性，并且要采取不用的教育方式和方法，才能取得好的教育教学效果。

随着实习时间的不断增长，我越来越觉得我和学生之间的关系，不仅仅是单纯的我向他们输出知识的单向关系，而是在某种意义上的相互成长，只不过我给予他们的是知识等方面的引导，而他们给予我的则是对过去的自己的反思，以及对未来自己的规划。

在和学生相处的过程中，我觉得对孩子的做人教育真的一定得从小抓起。特别是在青少年这个敏感的"叛逆期"，一定要向他们传送正确的价值观。我认为孩子们都是讲道理的。很多时候，一些不好的习惯只是因为跟风盲从，或者根本就不了解它本身所代表的意义。我就经历过这么一件事情：有一天，有个学生和同学之间打闹时，随口说了一句脏话。我马上就问他，你知道这句话的含义吗？他说他不知道，认为这只是句口头禅而已。于是，我就用另一种比较文明的语言向他解释了这件事情。从此以后，我就再也没有听他说过脏话。这就说明，有时候孩子的不良习惯也许是无心之失。所以我觉得家长也好，老师也好，遇到问题的时候，都应该注意尝试着去向孩子们讲清道理才是。

李琳玉：或许是对于年轻实习老师的好奇，很多学生主动添加了我的QQ，通过与他们进行面对面的交流和在QQ上的交谈，让我能够充分地理解了他们现阶段的想法与心态，也让我在上课过程中更好地与他们相处。在整个顶岗实习过程中，我觉得自己与学生们的相处，更多的是一种朋友的关系，这多半是因为我们之间的年龄差距不算太大，了解的东西具有很多的相似性。由此我在想，随着自己将来年龄的不断增长，如果将来我真的成为一名教师的话，那么我觉得自己就需要注意永远保持着一种年轻人的心态，以及不断加强学习的恒心才可以。

确实就像前面有位同学所说的那样，与学生在一起可以享受到"简单的快乐"。作为一名教师，在给学生们上课的时候，看到的是一双双真挚的眼睛，他们目光中有着对知识的渴望，也有着对老师的信任。有位同学说，教师这个职业带有一种天然的幸福感和满足感。的确是这样的，不管是在课下，还是在课上，学生们都把自己最深的信任交给了老师，而如果学生们表现得优秀、天真和开心，那么作为老师自然也就会很开心。

在顶岗实习支教的过程中，我们切身感受到了角色的转换，即由学生转向教师，在思想上与心理上也随之有了一些改变与调整。作为大三的师范生，我们虽然具备了学科知识以及教学理论知识，但这远远不够，通过在顶岗实习过程中的备课、上课，以及在与学生和与其他老师的多方面交流中，我们自己的不足也一点一点地显现出来。同时，我们也已逐步意识到，作为教师在面对学生时，一定要注意起到以身示范的作用，应该对自己的工作有着细致的规划，同时要有足够的创新意识，在可能的范围内改进传统的教学方式，有条不紊地按照预定计划完成教学任务。

我们还普遍体会到，在与学生的交往上，相互尊重、平等和谐的关系和氛围固然很重要，但也要认识到不同学段的学生是有着不同的心理发展特点的，所以对待不同的学生，作为教师也应当采取不同的施教方法，即所谓"因材施教"。想要成为一名合格的教师，不仅仅需要教学能力，也需要有与学生沟通的能力，以及进行班级管理的能力，等等。

我们都渴望成长为一名优秀的教师，而要成长为一名优秀的教师，离不开要真正拥有一份对教育职业的认同感，并能持之以恒地自觉加强专业学习，以及对于新鲜事物能永远具有一份好奇心和探求欲，等等。不过，让我们感受最为深刻的却是：要想成为一名真正受学生爱戴的教师，最重要的是哪怕再过十年、二十年、三十年，我们依然都能保持一份可以与学生心连心的年轻心态，以及永远不会消失的真挚的教育情怀。所以，我们还需不懈努力。

三、与家长相遇

有人说，家长是孩子的第一任老师。可见一个孩子的健康成长，离不开家长和老师的共同努力。在顶岗实习支教过程中，为了更好地促进孩子们的成长，我们不可避免地需要经常与学生家长沟通交流。但让我们始料未及的是，处在乡村最基层的那些学生家长们，却并不是所有的人都会对孩子的学习和成长很关心，所以我们在与他们打交道的过程中，也尝到了碰壁、委屈和误解等滋味，当然也有通情达理的学生家长。我们从中所获得的最深切的体会则是：与学生家长沟通交流时，除了要有耐心、要讲究沟通艺术之外，更重要的是需要建立在相互理解的基础之上。

于振彪：我担任班主任的那个班里有50多个学生，由于这个年龄段的孩子比较调皮，所以他们相互之间免不了经常出现一些矛盾争端，自然也就免不了会时常要与他们的家长打交道了。

记得我刚到那所顶岗实习的学校不到两周的时候，便发生了一起学生家长之间因孩子而引起矛盾的事件。事情的起因是，一个强壮的男生经常与较瘦弱的同桌男生打闹，结果同桌男孩身上留下的一些伤痕，回家后被他的家长看到了。于是，这个被欺负的孩子的家长非常气愤，非要到学校与那个欺负他家孩子的男生的家长理论一番。他打电话联系我，通知那名男生的家长到学校双方进行谈话。结果可想而知，两个家长各护各的孩子，互不相让，我在旁边只能不断协调两方此起彼伏的情绪，不断安慰被欺负孩子的家长，同时也不停劝解那位强壮男生的家长。最后，直到双方情绪相对平静了一些，我便提出先将两个孩子调开，避免再次发生这样的事件，这件事就这样暂时得到了解决。之后，我找到两个孩子进行谈话、开导，结果不久之后两个学生不仅和好如初，关系反而更密切了。这是我担任班主任后接受的第一个大考验，好在事情圆满解决，这也让我增长了不少经验。

作为班主任，平时与学生家长的沟通是一项比较繁重的工作，在与他们打交道的过程中，也不可避免地会产生一些问题。这需要我在沟通时要时刻保持理智，尽管有些学生家长的话说得不合适，甚至很蛮横、不讲理，自己也要尽量克制情绪。我体会到，与他们相处需要注意保持适当的距离，既不要走得太近，也不要拒之千里之外。慢慢地，我也学会了调解学生与家长之间的关系，学生有任何学习或者身体上的问题时，务必要第一时间通知他们的家长。

但是，现在回想起来，由于我自身在人际交往方面不太擅长，再加上了解每个学生的情况不够深入，所以在实习期间尚无法做到与学生家长们能主动去交流沟通，多数时候是学生家长主动来联系我讨论孩子的问题。这一点，是我今后需要逐步努力加以改变的。

范明慧：在顶岗实习班级工作方面，我基本做到了关爱学生，设身处地为学生的发展着想，尽可能为学生带来丰富多彩的生活体验。同时，我还主动向那些富有经验的班主任老师请教，做到经常性地与学生及其家长沟通了解情况。当时，我还主动加入了年级学生家长微信群，在群里与家长们友好互动，细心解决家长们的疑惑，实时发布学生相关成长的信息，并协助班主任举办期中家长会，在会上与家长们诚恳交谈，认真分析每一个学生的学习情况，对学生放学回家后的学习提出相关要求，并请这些家长予以协助督促按时完成相关作业等。同时，我也注意及时接收家长们对于教学的反馈意见，从而形成了一种家校合作，共同促进孩子成长的局面，赢得了学生家长们的称赞。

贾　琳：我在与农村学生家长们的交流中，总体感觉他们大部分对自己孩子的学习并不上心。比如说，我们班共有50个学生，可是主动向我了解孩子的学习状况的只有两位家长。还有，放学之后很多家长也不是让孩子回家，而是继续让孩子到那种既管饭又辅导功课的"小饭桌"那里去，把教育的责任都推给了其他人。而那种"小饭桌"式的所谓辅导，为了让孩子快点完成作业，往往会直接告诉他们答案，这就进一步导致孩子们更不愿意去独立思考，独立完成作业了。我也通过孩子们的作文发现，其实很多孩子都不愿意去"小饭桌"辅导，而是想放学之后回家，由父母陪伴自己完成作业，也有的孩子认为父母是因为有了二胎，而不愿意去管他们，把他们交给其他人管理照顾，等等。这些现象让我感到很不能理解：既然父母生育了孩子，那就应当对孩子的健康成长负起责任来，如果完全不管不问，那么当初为什么还要生下他们来呢？孩子的教育需要老师和家长的共同努力，家长要明确他们在孩子教育中应该扮演什么样的角色，该承担怎样的责任，只有家校双方齐心协力，才会真正促进孩子们的健康成长啊。这个很普通的道理，为什么有些学生家长就是不明白呢？

岳晓霞： 在我们学校职工宿舍住的一位代课的姐姐曾提醒我们，与这里的学生家长接触一定要多加小心。她告诉我们说，一年级曾有一个刚上任的女班主任老师，性格很温柔，但就是因为管教了班里的学生，却被家长带人在校外边围堵欺负，等等。老师在这里的人身安全都得不到保障，谁还会真正对学生的学习和成长上心呢?！后来我了解到，这里的村民都是拆迁补偿户，属于那种暴发户，很多家长都自恃家里很有钱，所以并不关心学生的学习，自然也不会尊重这里的老师。我听后很震惊，我对这些家长的做法和思想实在是不能理解！在这样的家庭影响下，他们的孩子将来会走上什么样的路呢？想想真替这些孩子担忧。

从同学们的叙述中，我们可以发现有些学生家长和我们这些实习生之间的交流，并不像我们想象中的那么顺畅、融洽。其中原因有很多，比如：一些农村学生家长的文化水平有限，很多做父母的都外出打工，孩子大都是留守儿童，只能托付给爷爷奶奶辈的老人来照顾，这些老人对于孩子们的教育问题常常有心无力，只能解决孩子们的温饱生活问题，至于对孩子们的教育也就只能依赖学校了。即便是教师希望与这些孩子们的家长进行一些必要的沟通，他们也常常以没有时间或不懂教育为由，完全推给学校自行处理。再就是，虽然有些学生家长比较关心自己的孩子在校学习情况，但对于我们这些"实习教师"却抱有怀疑的态度，不怎么信任。他们认为，实习生也是学生，和学校中的那些在职教师差别很大，不怎么懂教育，所以就不愿意和我们这些实习教师交流、沟通。另外，我们这些顶岗实习的同学有不少是不担任语文、数学、外语这些所谓主要科目的教学任务的，同时也很少被安排担任班级管理工作，所以与学生家长之间的接触机会自然也就比较少，无法照顾到每一个学生家长，等等。这一切都造成了我们与学生家长之间比较生疏，交流效果自然也就受到了一些影响。

但是，教师能否与学生家长进行有效的交流沟通，也是评判教师能力的一个重要方面。同时，班级管理能力也是教师必备的专业基本能力之一。而顶岗实习中的实践表明，对于这一切我们还缺乏更深入的了解和历练，还需要有意识地进一步加强锻炼和提高。

四、关爱的力量

我们在基层学校待久了才发现，在学生中间总有一些比较特殊的群体，他们或许是孤儿，或许是单亲家庭子女，或许身患疾病，或许性格偏执，又或许性格极度内向、封闭……这些孩子往往会被其他同学看作异类，嘲笑他们、排斥他们，有时还会恶语相向，甚至会以校园暴力行为来对待他们。而有些老师也不注意为这些学生提供关怀与爱护，而是视若无睹，或干脆撒手不管。我们在顶岗实习中也曾遇到了一些这样的学生，虽然我们不知道究竟能为他们做些什么，但大家还是用自己的真心和努力，希望能在他们的心中点亮一束爱的光芒。

孔　杨：我经历了一段时间之后，对班里的学生们也渐渐开始熟悉起来。其中，有一个孩子的表现却总让我觉得有点不对劲儿：他的眼睛里好像永远带着一种茫然的神情，也从来不会跟我互动。后来我向班主任问了一下，才知道这个孩子患有一定程度的自闭症。每当在课堂上看到他那带点无助的眼神，我心里便总是感到有些发闷。于是，在自习或是让孩子们练习写字的时候，我开始尝试单独教他一些简单的东西。慢慢地，他一点点地开始亲近我，也会对我笑了，并且还会认真地跟我数"1、2、3……"。说真的，看到他在一点点地进步，我觉得自己的内心仿佛都要甜得融化了。班里的孩子们对这个患有"自闭症"的孩子，也总是很有耐心且充满着善意：他们会保护他，陪着他，会带他一起上厕所，并且还不放心地牵着他的手。回想起这一幕幕温馨的情景，至今都让我觉得特别感动。

岳晓霞： 自从了解了班里孩子们的特点之后，在课堂上我更多的是给予他们鼓励，我自己还买了很多小玩具和小文具作为奖品奖励给他们，一颗小星星、一面小红旗都会让他们高兴老半天，课堂上表现得也会更加积极，课下也有了更多的笑容。每次遇到我，这些孩子们就会大老远地跑过来冲着我喊"岳老师"，我真的特别开心。记得有一个男生，平时特别调皮，作业也从来不交，还经常欺负女生。在他的同学们的眼里，他就是一个坏孩子，以至于我每次在课堂上提问或检查他的作业时，周围的孩子都会跟我说："老师不要管他，他从来不交作业。""我们班主任都气得不管他了。"等等。我一方面劝告学生们不应该这样对待他，另一方面还是和平常一样关心他。后来，他真的变化很大，上课能主动回答问题，作业也能基本完成了，课下见到我也会主动问候了。我很开心，我觉得这是我在顶岗实习过程中所得到的最大收获。

一个二年级的小学生正处于成长的起步阶段，而老师对他的一言一行影响特别大，一个被老师定义为坏学生的孩子，他的同学也会把他定义为坏同学。学生不是一件被打上标签的商品，只有在老师和家长的共同引导下，孩子们才能健康茁壮成长。

高　航： 记得我们在学习《教师职业道德规范》的时候，曾经学到过"关爱学生是师德的灵魂"的论断，我觉得这个观点很有道理，所以也曾在心里默默保证，我一定要做到关心爱护全体学生，尊重学生的人格，平等公正地对待学生。在实习上课的时候，我一般都是习惯于随机让学生起来回答问题的，但有一次我请一位学生起来回答问题时，全班的孩子们却莫名其妙地瞬间都哄笑起来。我当时有些懵，不明白为什么他们会笑。这时，有个好事的孩子冲我嚷嚷："老师，他太笨了，肯定回答不出来。"我拍了拍桌子示意他们保持安静，然后告诫他们不要随便去嘲笑别人，因为我们也都会有回答不出问题的时候。这时，我看到那位被嘲笑的孩子脸涨得通红，一副快要哭出来了的样子，于是我便临时改为让他朗读课文中的某一段。待他读完后，我向大家说，他读得很正确！并且我还称赞他的普通话发音很标准。这一下子，那些本来想要看他的笑话的学生，都很尴尬地低下了头。

课后，我去他们班主任那里要了一份成绩单来看，了解到他的学习成绩排名确实比较靠后，我心里便大致明白了班里的学生们为什么会嘲笑他了。下午我特意约他到办公室里聊天，我先是再次称赞了他的普通话，夸他讲得非常标准，他的脸上露出了开心的笑容。我看他情绪比较放松，就趁机问了一下他的学习状况，他脸上的笑容一黯，说自己笨，总是学不好。我问他，那你想学吗？只要想学的话，我可以教你。咱们可以先定一个小目标，然后一步一步地往前赶。他望着我，用力地点了点头。

后来，在上课的时候，我让他起来回答问题时，哪怕还会有同学偷偷笑他，我也要求他要挺直身子，树立起自信心，认真地把问题回答清楚，等等。就这样，功夫不负有心人，期中考试结束后，他的成绩果然比过去提升了一大步。这个进步让他开心极了，兴冲冲地憧憬着自己将来要考上哪个高中。看着他那鼓起了自信心的劲头，看着他再上课时那副认真回答问题的神情，我突然觉得，就算他将来不能如愿考上他向往的那所重点高中，他也已找回了自信，也开始为自己的奋斗目标而努力了，这本身不就是我们所取得的一个可喜可贺的教育成果吗？

这个事例告诉我，每个学生都有自己的发光点，而我们教师则就应该是那个帮助他们找到自己的发光点的人。

黄　靖：上课第一天，我发现坐在教室最后一排角落处的一位男生整堂课都在趴着睡觉，一节课下来我甚至都没有机会看清他的长相，这让我十分诧异。尽管我知道会有些学生对老师的授课内容不感兴趣，进而索性在课上呼呼大睡或者偷偷干别的事情，然而这堂课毕竟是我上的第一堂历史课，就算是他对历史学习不感兴趣，难道他对新来的老师就没有一丝丝好奇吗？何况，实际上这堂课我除了带领大家简单梳理了一遍新教材的目录之外，主要以聊天方式的相互了解为主。下课后，我悄悄向班里的学生打听那位男生的情况，这才知道他是一名借读生，甚至都没有课本（学校不发课本给借读生，他自己也没有单独买），在班里成绩也是垫底的，每次考试的试卷上除了填上自己的姓名之外，基本上也都是空白的。学生对我说："不用管他，废了。"这短短六个字，可是多么具有杀伤力啊！可是，不管怎样，作为老师是不能戴着有色眼镜看任何人的，何况我根本还没有了解过他，凭什么就先入为主给人家下定义"废了"呢？

于是，我从网上买了一本历史课本，写上他的名字，在有一节课间塞到他的桌洞里。我相信，即便他不是一个学习成绩优异的学生，但他毕竟是一个有血有肉有感情的人，而没有一个人是愿意自己被集体忽视的。令人欣喜的是，上第二堂历史课的时候，我便成功看到了这位同学抬起头来了，尽管他还是时而双眼放空，时而走神，但我知道他毕竟已经开始听课了，并且在我强调一些知识点的时候，还能看到他手中动起来了的笔杆。再后来，在课堂上的小组合作学习活动中，他也渐渐能与同学进行交流，课间也能与同学一起说笑了。他的这些变化，让我心里特别高兴！

当然，我承认自己还没有能力在短短四个月的时间里，就可以把一个学生的成绩一下子提高五六十分。但在实习结束的时候，我手里拿到的却是这位学生几份分数一次比一次提高的成绩单。而且，我相信他通过自己的积极努力所得到的东西远不止是课本上的那些知识，当然也绝不仅仅是那几张成绩单……

现实中的确有这样一些比较特殊的学生群体，他们确实需要更多的关爱与呵护。而他们形成某些特殊性格的原因有很多，比如：有些是因为身体状况不好，患有某种疾病或残疾，这种身体上的缺陷导致他们在心理上具有较强的自卑感；有些因为家庭经济困难，单亲或者父母在外打工无法长期陪伴，缺乏父母的关爱，导致性格孤僻，不爱与人交流；有的则因为学业基础差等原因，精神压力与心理压力过大……而这样的身体状态和心理状态给他们的学习和生活都造成了很大困难。

这些学生的心理极度脆弱和敏感，哪怕是看到别人对其产生一点点排斥与厌弃的表情，他们都会将自己的内心封闭得更紧更严，更加不会愿意和他人交流。在顶岗实习过程中，我们也遇到了一些这样的学生，要么受到其他同学的排挤，要么老师也放弃了他们，这让他们在学校里很少感受到温暖。但是，每天他们却又是与其他同学一起上课、一起活动的，所以，作为教师又怎能也把他们视为"异类"，乃至放弃呢？

其实，对待这样的学生，作为教师更应该重视"平等"与"尊重"，要让他们感受到我们是关爱他们的，是能感受到他们的情感诉求的，他们和其他同学一样，在人格上都是平等的，也都应当是被尊重的。而教师要想真正保护他们，就需要想方设法地打开他们的内心。从同学们的叙述中可以看出，虽然我们还没有掌握有效打开他们心扉的方式和经验，但我们已经都不约而同地开始努力去探求了，并且也已经取得了小小的，却又是珍贵的回报。由此我们坚信，只要我们能持之以恒地用真心去呵护、去温暖这些孩子幼小的心灵，那么就一定会有"金石为开"的那一天！

其实也不只是这些特殊的学生。现在回过头来看，在与学生相处的过程中，我们所体验到的滋味真可谓是"五味杂陈"啊。但说到底，我们从中所获得更多的还是在历久之后才蓦然觉察到的一种平淡的快乐。之所以这样说，是因为最初我们大都认为，我们自己本身就是学生，所以与实习学校的那些孩子们相处也理应是一件很容易的事情，因为我们毕竟都是"学生"嘛，我们之间肯定会有许多共同语言，相互在对话、沟通上也一定会非常顺畅。然而，现实却并非像我们想得这么简单。

　　对于刚开始顶岗实习的我们来说，都希望自己第一时间便能够得到学生的喜爱和认可，所以我们也曾刻意去营造与学生之间"亲密"的朋友关系。对于小学生来说，这种师生关系可能会帮助他们对老师产生依赖感与信任感，从而能够听从老师的安排。但是，对于年龄稍大一点的学生来说，过于亲密的关系则可能会导致他们对老师失去基本的分寸感，反而是不利于教学的。在顶岗实习期间，我们就有很多同学在这一点上栽了跟头，有些学生可能正是自恃是我们这些实习老师的"好朋友"，所以无论是在课堂上，还是在课下，都表现出一种任性而为的势头，结果弄得我们束手无策，疲于应付，忙于"救火"，叫苦不迭。

　　我们在自己所学的教学论课程中，内容大多是聚焦于如何把课上好，而针对如何处理与各种不同类型的学生之间的关系问题，我们却知之甚少。作为支教实习教师，我们每一位同学的学科知识水平应该都是基本合格的，但我们所掌握的实践性知识却实在是太少了。这样，当我们在工作中一旦遇到突发性的事件就难免会出现紧张、冲动，或者不知所措的情况。

　　遇到问题就要学着解决问题。于是，我们不约而同地选择和自己的学生将心比心，学着换位思考，忘记自己的"教师"身份，不再高高在上，而是关注学生，和学生平等相处，做学生心声的倾听者，尊重学生的人格。我们本着平等、尊重的原则，积极与学生们进行互动沟通，寻找最恰当的方式去打开学生的心扉，为他们创造更多的表达自我的机会，让更多的人看到他们身上的闪光点，尽己所能营造一个温馨的班集体氛围。这样一来，当学生们再有任何内心的困惑与问题时，也就渐渐开始信赖地向我们倾诉了。

　　可见，作为从事教书育人工作的老师，最该拥有的就是耐心。在耐心的倾听与沟通的过程中，学生会感到被重视，也就会更信任老师。

换句话来说，教师在教育教学过程中具有主导作用，但在发挥这种主导作用的同时，教师也需要首先思考一下，自己应该以什么样的方式去对待学生。如果只是一味地严苛，可能会适得其反。

教育的目的绝不仅仅只是把学生当作机器生产流水线上批量生产出来的一件件没有生命气息的"产品"，也不仅仅是将知识填满每个学生的大脑，而是要看到每一个孩子鲜活的生命质量能够不断获得整体提升。同时，教育的过程从来就不是单向的、填鸭式的，也更不仅仅是发生在课堂上的。事实上，对学生更多地发挥着无形的、重要影响作用的教育，恰恰发生在我们随时随地与学生们相伴相知的过程中。在这个过程中，我们也常常会有焦虑、有心烦、有委屈、有心酸，但只要看到我们苦口婆心地付出能在孩子们身上产生了作用，使他们有了一些小小的进步，那么，我们的心中就立刻会被由衷的喜悦和莫大的成就感填得满满当当。

是的，每当这个时候，我们才会更真切地体会到那个看上去特别简单的词汇的丰富内涵——"乐在其中"。

师　说

曾经有位朋友很羡慕地对我说：你们教师这个职业实在是太幸福了。因为，你们每天所面对的都是像初升的朝阳那般生机勃勃的青少年，你们每天都被那些纯真、快乐、日新、阳光的孩子们所环绕着，所以你们的心中也一定都会是天天充满着蓬勃的朝气和洒满着温暖的阳光！——是这样吗？细细想来，还确实如此呢。试想：在这个世上的三百六十行职业当中，还有哪一行是能够与"教师"这个职业可以相提并论的呢？还有哪一行会被人们称颂为"太阳底下最光辉的事业"呢？

作为一名教师，与那些正在成长中的天真烂漫的孩子们日日相处，确实是一种快乐和幸福。因为，只要沉浸其中，你便往往会不自觉地被他们那种勃勃的生机所感染、所点燃，自己立刻也像是重新回到了童年、少年或是青春勃发的年轻时代，忘掉了自己的年龄、忘掉了自己的烦恼，全身心只沉浸于那种孩子们所带来的"简单的快乐"的享受之中。而这份纯真和快乐，是可以永葆我们的生命之树常青的！所以，做一名与儿童朝夕相处的教师，又怎不会觉得自己能从事教育事业原本就是一种幸福呢？

然而，现实中却确实并不是所有做教师的，都会真正体会到这份与孩子们相处的愉悦感和职业的幸福感的。就像上面同学们所历述的那样，学校里的孩子们其性格特点及其品行表现是千差万别的，有的积极向上，有的乖巧懂事，但也有相当多的孩子却是调皮捣蛋，乃至顽劣逆反，常常是你要求向东，他可能却偏偏会向西，等等。如此一来，作为教师自然便会常常感到烦闷、焦虑、上火、头疼，当然也就谈不上能享受到教师这个职业的幸福感了。在我看来，他们身上产生一些这样的负面情绪是完全可以理解的。不过，我觉得越是在这个时候，我们就越是需要去学着读懂这些孩子，读懂他们的内心世界，去厘清他们何以会有如此这般的种种行为表现。

多年前，我曾参与主编过一套中小学教师教育叙事丛书，其中有一本书的题目就叫《读懂每个儿童》，作者是我熟识的一位优秀的基层小学班主任老师。她在这本书的开篇即曾这样告诫道："我们必须面对这样的现实，儿童的很多生理和心理表现尚未引起人们的注意，它的发展往往会被成人无意识地破坏掉。"她感慨道："作为成人，作为教育者，我们对孩子了解太少，许多主观的关爱行为其实已违背了儿童的心理需要和发展规律。……正因为如此，父母和教师必须努力去了解儿童，并最大限度地尊重他们的个性，努力帮助他们从周围的障碍中解放出来。只有植根于对儿童的心灵及生命秘密的真正理解和充分尊重基础之上，父母与教师的爱与教育才能被他们接受，才会为儿童的成长增添力量。"① 所以，她强调："教育首先要立足于儿童本身。要想教育好儿童，首先要走进儿童，了解儿童，知道他们想的是什么，真正需要的是什么。"她特别真诚地反思道："作为教育者，我曾试图负起太多的成人责任，但现实中自己所扮演的'救世主'的角色却……往往会阻碍了儿童自由地发展。"而"当我不再对儿童进行粗暴的介入和监督，他们就会接受和亲近我，会乐于和我分享他们的秘密。"② 她还深有体会地写道："我发现班里那些所谓的'问题'孩子却经常打动我。那些童年时期蕴藏着的人性中的闪光点在吸引着我，感染着我，让我不断生发出教育的灵感。久而久之，每个孩子个性中突出的一面，成为我教育生活的一溪活水，让我体验到了教育的艰难，也让我品尝到了成长的甜蜜。"③ 这位小学一线老师的认识是多么深刻啊，她讲得多好啊！确实如此，作为老师能否读懂孩子们的内心，实际上就决定了自己能否真正与他们和谐地融为一体，成为他们的知音，成为他们可信赖的贴心人和引路人。而这，也将关乎着我们对他们所施与的教育的成败。所以，我特别希望作为新时代的师范生，大家真的应该好好地认真品味和掂量一下这位年轻教师切身感悟背后的深沉意蕴。

有人说，"孩子的内心是一个宇宙"④。我觉得这话说得特别有道理。当我们对孩子们"不守规矩"、喧闹不休的状况感到烦躁、无奈，乃至感到不可理喻而火冒三丈的时候，其实在很大程度上很可能就是我们还没能读懂或发现孩子们真实的内心"小宇宙"的缘故吧。不得不说，儿童的世界和成人的世界真的是两个不同的所在，如果我们总是习惯于站在成人的角度、以成人的眼光和好恶来度量儿童的内心及行为，那么我们是很难与他们之间真正产生谐振和沟通的。通过同学们的以上叙述和反思，我们也可以更清楚地看出这一点。所以，理解

---

① 吴艳华：《读懂每个儿童》，山东教育出版社2010年版，第1、2页。
② 吴艳华：《读懂每个儿童》，山东教育出版社2010年版，第3页。
③ 吴艳华：《读懂每个儿童》，山东教育出版社2010年版，第1页。
④ 李政涛：《教育常识》，华东师范大学出版社2012年版，第127页。

儿童，把儿童真正当儿童来对待，这应当是教育的常识，但这也是现实中我们却常常忽视或者错位以待的一个值得重视的问题。而这样的结果，自然就会使我们更加不能理解那些"熊孩子"们的种种不合乎我们成人主观意愿的"头疼"行为，进而导致自己与学生们的内心世界更加不合节拍，相背而行。如此一来，我们享受不到教师这个职业的愉悦感以及与学生相处的乐趣，也便是自然而然的了。

所以，作为一名教师，真的应当树立一种新的学生观和教师观。特别是在面对那些朝夕相处的学生们时，一定要有爱心，有耐心，要真正读懂他们，理解他们的内心，融入他们的精神世界和生活世界中去。或许有些学生暂时还没有形成很好的学习和生活习惯，但我们不要忘了，一种好的行为习惯的养成是需要长久的时间积累的。所以，对于孩子们的某些让我们教师感到匪夷所思、难以捉摸的"出格"行为，还是应当再多一点包容、理解和耐心。其实，当我们看着他们一点一点地在慢慢成长，这本身难道不就是一件让人开心的事情吗？

最后，我要特别提醒的是，作为教师在与学生们相处的过程中，确实还是需要有一点"底线"和"边界"意识的。而这个"底线"与"边界"，也就是要时刻不要忘记自己是青少年学生在成长之路上的燃灯者和引路人。所以，师生之间相处，我们既要时刻注意保持平等相待的态度，但同时却又不能失去了基本原则和底线而曲意迎合这些尚处在成长中的懵懂、幼稚、逆反乃至偏激的他们。因为，如此换来的"和谐"假象，很可能是会与"教育"的本义相悖的。教师在处理与学生之间的关系时是如此，在处理与学生家长之间的关系时亦应如此。而这一点，作为刚刚开始涉足教坛的师范生，还是需要有一个较长的时间段，在与学生及其家长打交道的教育教学工作实践中去慢慢体悟和努力把握的。

（齐健）

第五章
学着生活

世界上最难的学问,也许就是在艰苦无味的生活中寻求属于自己的清香。

——题记

印度著名文学家泰戈尔曾说："天空中没有翅膀的痕迹，而我已经飞过。"作为初出茅庐顶岗实习支教的大三师范生，为期四个月的实践经历，好像在我们的"天空"也没有留下"翅膀的痕迹"，但其实我们都知道，它给我们这些年轻人所带来的影响却是无法磨灭的。

我们的整个顶岗实习支教生活，并不都是顺顺利利的，这个过程中间也有波折、有困难、有打击，特别是孤独、寂寞等复杂的情绪总是若隐若现地浮现在我们的心中，如影随形。由此，如何化解这样的负面情绪，并能始终保持一种积极向上的心态，这个问题便成为我们每个人都不容忽视的一个重要问题。同时，作为一直身处于"象牙塔"里的大学生，我们对于自己刚刚迈入的这个基层社会环境是完全陌生的，如何快速融入这个复杂的环境中去，如何平衡自己的日常生活与教学工作的关系，如何与自己、与他人、与周边环境等和谐相处？尤其是，如何学会独立面对现实生活中的种种困难与挑战？这一系列的现实问题，也是我们必须要学会、要掌握的重要实习内容之一。

譬如，在顶岗实习期间，我们在衣食住行等日常生活方面首先遇到的比较棘手的第一个挑战，就是关于"食"（"吃"）的问题。在一些有条件的基层实习学校，我们是被安排跟随学校食堂用餐的；但是，还有更多的农村基层学校目前实际上还没有完全具备这样的基本条件，所以，在这些学校顶岗实习的同学就需要自己动手做饭，来解决填饱自己肚腹的基本生活问题。对于做饭这件事，听起来似乎比较简单，但对于我们这些绝大多数都是独生子女的"95后"乃至"00后"大学生来说，其实有相当部分同学在家都是由父母一手照顾生活起居的，所以基本上没有掌握做饭之类的实际生活技能。这样一来，完全由我们自己来动手做饭的问题，也就成了一个不大不小的现实挑战。

我们都知道，工作并不是生活的全部。但从另一方面来看，我们又不得不承认，其实工作本身也是我们现实生活的重要组成部分之一。初入基层学校顶岗实习，我们的大脑基本上都被工作中的各种问题挤得满满当当，当然也就一并挤占了许多本想用来享受生活的时间。所以，我们绝大多数同学渐渐习惯了下班后再拿出足够的时间来做教学反思总结，并为第二天的工作而做准备；但也有些同学却认为，自己每天好像除了教学工作之外，享受生活却仿佛成了一件很奢侈的事情。那么，我们究竟该如何理解"生活"的含义？又该如何平衡"生活"与"工作"之间的关系呢？这好像还真是一个值得琢磨的话题呢。

在顶岗实习过程中，我们有些同学很幸运地与自己的好朋友、好舍友分到了一所学校内，彼此相互鼓励、相互慰藉。但是，也有一些同学却不是这样，而是只有自己一人被分到比较偏远的基层乡村教学点，或者与自己分到一起的是其他高校的实习生，彼此从未谋面，非常陌生，仿佛自身处于一座孤岛上，需要自己一个人打理生活，一个人面对教学任务的巨大压力，因而难免会感到很惆怅，很孤独。这种时候，来自同学们周末互相之间的探望或问候，就成了我们最温暖、最快乐、最期待的时光，也成为激励自己在孤独中坚守下去的精神力量所在。苏格拉底曾说，孤独才使人强大。或许，我们正是在那些需要独自面对一切生活挑战的顶岗实习的日子里，才对他说的这句话有了一些最真切的体悟。

不过，由于我们每一位同学所处的境遇不同，性格不同，经历感受自然也就不会完全相同。在我们这群顶岗实习支教的大三学生中间，有的同学从小娇生惯养，家长从来都是捧在手心里的；有的同学出生于城市，自然待不惯泥泞的乡村，也受不了蚊蚁、蟑螂和老鼠出没的住处，以及蛆虫肆虐的厕所；有的同学则缺乏安全感，害怕被同一个实习地点的同伴孤立；当然，也有的同学如同生命力极其顽强的仙人掌一般，有着较强的环境适应能力和生活自理能力；有的同学则早早经受过家庭生活的磨砺，心灵手巧，多才多艺，因而面对生活中的衣食住行等琐碎杂事，应对起来倒是从不觉得为难，等等。就是这样家庭特点、性格特点各异的我们，被分配到了同一个或者不同的支教实习岗位，并在日常生活中让我们慢慢看到了别人身上的长处，以及自己身上存在的不足，从而让我们努力学着变成更好的自己，正所谓"三人行，必有我师焉：择其善者而从之，其不善者而改之"①。

就这样，在顶岗实习支教生活的120多个日日夜夜里，我们很多同学都实现了自己人生中的若干个第一次：第一次真正走上讲台，第一次被学生或是学生家长气哭，第一次体会到教师这个职业的快乐，当然也第一次体会到了做教师的不易；另外，我们还第一次学会了买菜砍价，第一次掌勺炒菜，第一次淘米蒸饭，第一次包馄饨、下饺子……就这样，在不知不觉之间，我们的生活自理能力悄然获得了长足进步。同时，也正是这些看似平凡而琐碎的点点滴滴生活小事，却汇聚成了我们每个同学在自己生命发展历程中的一段铭心刻骨的成长记忆。

一、"一箪食，一瓢饮"

众所周知，春秋时期的颜回是孔子最出色的弟子之一，孔子曾给予他以很高的赞誉："贤哉，回也。一箪食，一瓢饮，在陋巷，人不堪其忧，回也不改其乐。贤哉，回也！"② 我们现在虽然还无法达到颜回对待生活的那种超然的人生境界，但我们也在努力的历练自己，学着树立一种甘于质朴的生活观念与处世情操。顶岗实习支教期间，我们大都身处于我国基层的乡村，泥泞的土地、浑浊的沙土、曲折的小巷、乌黑的夜晚，没有了师院餐厅以及外卖饭菜的美味与方便，没有了每天都为我们大学生公寓楼道辛勤清扫垃圾的阿姨，也没有了在城区出门就可以坐上的公交车；还有，洗漱生活用水不便，外出购买日用品不方便，等等。这些看似不大的生活实际问题，却一直困扰着我们。

---

① 《论语·述而篇第七》。
② 《论语·雍也篇第六》。

简而言之，乡村学校里的生活确实是无法与我们已经熟悉了的大学校园生活相提并论的。不过，让我们感到骄傲和自豪的是，对于生活中的这些种种不便，我们基本上都比较快地适应了，而且我们相互之间还都主动进行互帮互助，相互加油鼓励，学会了苦中作乐。这样一来，那些刚开始让我们感到有些手足无措的生活上的困难，渐渐地都被我们踩在了脚下，而我们在乡村学校顶岗实习支教的生活，虽然有些学校的生活安排让我们实在忍不住要"吐槽"，但也由此而让我们品尝到了生活原本的复杂多样的滋味。

贾　琳：顶岗实习期间，我觉得最大的困扰就是学校里会经常停水，而且水质非常差，成天黄乎乎的。平时还好，沉淀一下还可以用，但是雨天的时候就直接变成了泥水，洗刷也不方便，所以我们只能去买大桶的纯净水备用。至于学校里的学生们，每顿饭都需要刷碗，而且住校的学生特别多，在这种水质条件下，卫生方面真的十分令人担忧。

在这四个多月的顶岗实习期间，由于我们的吃住等生活环境条件都没有在师院和在家里的时候好，再加上讲课说话多，喉咙痛，经常会引发感冒发烧等。于是，当我们中的一个人生病或有事请假没法上班的时候，我们就会一起主动帮助她临时代课，帮着照顾她。我觉得，离开了家人和自己的老师，在基层支教实习，同学之间就应该互相帮助、互相照顾。

姚燕杰：顶岗实习支教刚开始的时候，实习学校里的餐厅是对我们开放的。一日三餐，除了中午之外，吃早餐和晚餐的只有学校里的代课老师和我们这些支教实习老师，虽然饭菜很简单，质量也不高，但对我们来说毕竟还是方便不少的。可是，后来校长说县教育局不允许再给教师提供餐饮了。我们提出意见，因为我们来报到的时候，当地教育局明确规定，如果学校不提供一日三餐，那就要给我们提供做饭的炊具。但是，这也遭到了拒绝。没办法，我们只好自己买了锅碗瓢盆，准备自己做。连吃饭的问题都不给解决好，确实影响工作的劲头！

后来，我们宿舍五个同伴基本上是靠着相互打气，相互鼓励，才坚持到底的。这四个月的支教实习生活，真的是让我体会到了同学之间的情谊是多么珍贵！

苏逸飞：顶岗实习支教的生活让我们走出了一直以来的舒适的保护圈，开始接触真实而复杂的社会，我们需要独自面对之前未遇到过的各种情况，我们开始学着生活，学着自我调节，学会面对生活百味。

我们顶岗实习的那所小学有一个附属幼儿园，而我们的宿舍就被安排在幼儿园的一个房间里，同住的还有许多与我们年纪相仿的幼儿园和小学的代课老师。因为宿舍是安排在幼儿园内，所以在孩子们入园期间不能晒衣服，我们日常洗完的衣服只能系根绳子挂在宿舍里面，宿舍内没有阳光，也不通风，这样我们只能到周末的时候再把晾在房间内的衣服拿到外面晒，这个时候衣服就往往变得有发霉发臭的味道了。而且可能是当地水质的原因，我们洗过的白色衣服还会慢慢发黄。

由于我们是十几个人共用一个洗漱间，所以晨起洗漱常常是人满为患，不过后来我们都渐渐变得颇有默契地相互错开时间洗漱，总算是解决了洗漱拥挤的问题。

由于步行出门多有不便，为了节省时间，面包、火腿肠、方便面等就成了我们填饱肚子的最好选择了，顶岗实习的这四个月，也是我人生中吃方便面的高峰期。另外，虽然中午食堂里为我们盛饭菜的阿姨手抖得让人想哭，但是周二稀有的冬瓜排骨还是让我念念不忘……

牛梦璇：这所城郊小学的周边生活环境并不方便，没有超市，很多东西都没得卖；宿舍环境也不好。最重要的是周末的时候，学校食堂不开门，这样我们连吃饭都成了个问题。周末学生们全部回家，老师们也几乎都不住在学校，整栋宿舍楼就剩下我们几个实习生。每到这个时候我都觉得害怕，心情低落到谷底，好几次都想打退堂鼓。正所谓，有得必有失。幸运的是，环境虽然艰苦，但这里的老师们都对我们很亲切，这让我们的心里有了一丝安慰。

姜美燕： 农村学校的环境艰苦，设备也不全。我们的宿舍条件很差，到处都是灰尘，打扫完还是觉得很脏。但是，这里的条件也就这样了，我们只能想办法尽量改善。比如，我去买了贴纸，把桌子上的缝隙给贴上，不然真没法用。可是，那张小床我真的无法忍受，它太老旧了，我都担心哪天夜里一不留神它就会在我的梦中散架了。

宿舍里每晚只有我跟另一位女同学为伴居住，有一次晚上风很大，刮得旁边的门帘嘭嘭直响，特别像是有人在楼梯上走路的动静。当时可把我俩吓坏了，只好向住在另一个地方的男同学打电话求助，男同学们来后打着手电在楼上察看了一圈，最后才发现是虚惊一场。从那以后，保安大爷每晚都会把一楼的安全门放下来锁上，让我们俩安心睡觉。其实这还不算啥，最让人难以忍受的是宿舍居然还漏雨。记得第一次下雨的时候，我就发现我的桌子旁边的房顶上往下滴雨水了，我开始还觉得应该不会漏得太严重，但没想到地上很快就被浇湿了。没办法，我只好把洗脸盆放在桌旁边接雨水，不一会儿就接满了一盆。就这样，光忙着端着盆一趟趟地来回折腾倒雨水了，根本就没法休息。那天，我可真是体会到什么叫作"与天斗其乐无穷"了。哈哈。

李月婉： 因为我们顶岗实习的学校处于农村，生活条件不是特别完善，需要我们自己做饭，所以我们每天都要步行去街上买菜，然后回来一起做饭。四个月的买菜做饭、上街赶集的历程，让我们和集市上的大爷大妈们都熟悉了，在集市上也会经常碰到我们班在其他学校的同学骑着电动车、自行车来采购，这可真是让人又心酸又好笑的体验。正是因为有了这些经历，才让我们同学之间更加团结了。由于对这个新的生活环境不熟悉，与我们的想象有一些差距，所以在顶岗实习初期，我们心里确实是有一些不太好的负面情绪，比如焦躁、难过，等等。不过，在进行了一周的教学活动后，这些情绪便有了很大的改变，因为上课的感觉真的挺好，这让我既增强了自信心，也冲淡了生活条件艰苦造成的不开心的情绪。

曹　晖：说实话，顶岗实习地点的生活条件还是比较艰苦的，学校位置偏僻，我们吃住全在学校，而且需要自己每天做饭。最开始的一段时间很不适应，夜间整个校园内就剩下我们几个实习生，校园里没有路灯，整个学校一到夜晚便漆黑一片，再加上学校的位置又处在村庄外面很远的地方，连个人影也没有，所以一到夜晚我们的心情就会变得很差，会感到很害怕。这种不适感持续了两三周的时间，才慢慢变淡了一些。

每个周一到周四，住在学校里的老师除了我们几个实习生之外，还有几个家在市区的年轻老师，他们对我们很热情，会告诉我们附近村里的集市、超市和饭店在哪里，还会带我们一起在晚上烧烤、打扑克等消磨时间。

经过一段时间的摸索之后，我们也慢慢习惯了在这所农村小学的生活，我们摸清了附近集市的规律，每逢集市的日子，便骑着借来的电动车去赶集、买菜，我们自己做饭的技术也在不断进步，比如：我们自己研究的炸酱面可谓绝活，就连学校里的一些老师品尝后，都直夸好吃呢。

杨文文：每个周六周日的夜晚，我一般都是自己在顶岗实习支教的学校里度过的。那时，最害怕的倒不是自己独自在宿舍中睡觉，而是夜晚在睡眠中不知被什么声音吵醒。每个独处的夜晚，我总会将手电筒和防"狼"喷雾放在枕头旁边，每晚在挂断与父母的视频通话之后，大约在21点就开始准备入睡了。

有一个周末的夜晚，我睡梦中被一阵哒哒哒的像是敲门的声音吵醒了。我一骨碌爬起来，抓起枕边的防身工具，大着胆子问："谁？有人吗？"没有人回答，但哒哒哒的声音依旧在响。这让我感到更加恐惧了，半个小时过后，我自己也不敢再发声了。于是，我半夜两点向父母拨通了视频通话，就这样一边与父母视频对话，一边慢慢向门边悄悄走过去查看。最后我才总算发现，原来并不是门外有人敲门，而是之前晚上就曾偷过我的零食的老鼠又偷偷溜出来"顶风作案"了，它在门边的洗衣粉袋子附近流窜，于是便发出了哒哒哒的声音。这个"案件"虽然最后彻查清楚了，但那一整晚我却再也不敢闭上眼睛，加上父母也不放心了，于是这一整夜我就是在与父母的视频通话中熬过去的。

到接近五月的时候，学校里又把我们的宿舍搬到了办公室里。这样一来，我们的办公桌就变成了我在支教实习过程中最舒服的床了……

王志霞：我顶岗实习的学校宿舍里有一个大麻烦，就是没有地方洗澡。在离学校很远很远的地方，倒是有一个破旧不堪的大众浴室，但对于没有交通工具的我们来说，这段距离绝对不算近的路程真的不亚于去"西天取经"。好在后来我们认识了本地一个特别善良的姐姐，她周末都会开车来带我们去浴室洗一次澡，这让我们心里有一种说不出来的感激。

我们顶岗实习期间在生活上遇到的麻烦，并不仅仅只有洗澡这一个问题，就连晚上去厕所也是一个不小的问题。学校的厕所离我们住的地方特别远，而且是露天的公共厕所，关键是去厕所需要走一段很空旷的路，白天倒没问题，而晚上对我们女孩子来说却是可怕极了。于是，我们几个女同学基本上每晚就是都尽量憋着，实在没办法了才相互结伴而去。后来校长大概也觉得这是个问题了，才给我们沿路按上了路灯，门卫大爷还给我们买了手电筒，这才让我们渐渐不那么害怕了……

郑克真：这次顶岗实习支教，真的是锻炼了我的生活适应能力。因为那所农村中学是设在村里的，环境比较艰苦。我们刚去的时候还是3月初，天气还比较寒冷，我们屋里只有一个功率很小的电暖器，电暖效果很差，半夜有时候我都会被冻醒。另外，由于楼上没有自来水管，我们只能两个人到楼下去抬水，用水十分不方便。更艰苦的是住宿的地方没有厕所，我们只能到操场去上厕所，尤其是半夜里的时候，我们就只能结伴去厕所了。这种生活环境和大学校园相比，差距非常大，但是我们都坚持下来了。

顶岗实习期间，我还交到了一些好朋友，比如：与我们一起实习的还有另外两所高校的三位同学，我和她们平时一起探讨教学方法，并相互鼓励，相互照顾。这期间，我的厨艺也有所长进，和小伙伴们在周末一块逛街吃火锅觉得特别幸福。另外，我还经常和学校里的老师沟通交流，与她们相处得十分融洽，从他们身上，我学习到了一些为人处世之道。同时我也理解到了父母赚钱是多么不容易，当自己开始工作生活的时候，才知道生活的不容易。

丁　瑞：到顶岗实习学校的第一天，我们历史专业三个同学加上音乐学院的一名同学，住进了一间宿舍。然而，我们第一天就差点因为宿舍问题而想打道回府了。因为，我们分到的宿舍实在是太脏太乱了，打扫都无从下手。那时正值学校午休时间，办公室也找不到任何负责的人联系。就这样，顶岗实习生活的第一天便用现实给我来了一个彻底的"下马威"。

在长达四个月的实习支教生活里，我们的宿舍不仅经历了无数次停电、停水、断网"事件"，而且还"迎"来了无数的蚊子、苍蝇和各种叫不出名的小虫子，以及一只大大的老鼠等可恶的"不速之客"。不过，排除掉这些，我们的宿舍生活还算是不错。我们自己开火熬粥、炒菜、蒸饭，变着法儿地慰劳自己，原本比较疲惫的顶岗实习生活，硬是让我们给过成了胖起来减不掉的日子。

四个月的顶岗实习支教期间，发生了太多值得我回味一生的事情，也有让我可以"吐槽"很长时间的烦心事。但不论如何，这一切都已化作我的一段难忘的记忆。或好或坏，都是珍宝。

刁晓淼：以前我总觉得当老师是一份比较清闲的工作，可是当自己现在真的成了一名实习教师的时候，才体会到了做教师的不容易。

我虽然只教两个班的历史，可单要把学生们的作业认真批下来，每次至少也需要两节课的时间。每天我都在忙于备课，总觉得自己还不熟悉教学内容，总是前一天备好了课，第二天还是心里觉得不踏实，一早起来还得再看好几遍，并且对着电脑屏幕默默演练一遍上课的全过程才稍稍安心一些。

顶岗实习期间，我最闹心的还是身体因素导致的问题。由于每个班的学生都有50多人，为了让他们在课上都能听清楚，我在讲课过程中就不免要尽量提高声音，而作为教师每天都要讲很多的话，结果我的嗓子就在这种状态下"罢工"了。不仅如此，还引发了一场高烧，让我在那段时间里都精神不振，特别难受。后来吃了许多药，想了好多办法才缓解下来，但嗓子却还是疼到差点说不出话来，持续了好长一段时间才慢慢恢复……

对于以上同学所反映出的顶岗实习支教的生活条件和环境等实际状况，我们事先还是有所思想准备的。因为我们知道，"顶岗实习"不同于师范生的常规性教育实习，它在很大程度上是带有支教性质的。这就注定了我们所去的顶岗实习地点都是比较偏远，生活条件等都还是比较落后的地方。但即便我们在心理上有所准备，可当我们真正面对这些情况的时候，多少还是有些不适应，毕竟这是我们第一次独自面对这一切啊！不过，乐观以对可能是我们这些年轻人所拥有的一个共同品性吧，所以，这种生活上的不适应期并没有在我们身上持续多久，不知不觉间我们也就都习以为常了。

其实，对我们好多同学来说，生活上的"硬核"考验还是从做饭开始的。说起来，做饭这件事情对于我们中的一些同学来说也是"小菜一碟"，所以他们便责无旁贷地承担起了"主厨"的重任，自然而然地掌握了我们"小厨房"的领导权；而对于其他在家时基本上没有进过厨房的同学来说，做饭却变成了一个令人有点挠头的不大不小的挑战。但是，自己若不学会做饭就会饿肚子，所以这也就成了这些同学必须要坚决拿下的一个"阵地"。总之,"自己动手,一起吃饱肚子"便成了我们那个时候的一个很重要的目标。

李金新：顶岗实习期间，我觉得在生活上最重要的一件事情，就是吃饭问题。记得刚开始的时候，幼儿园的食堂还给我们提供早餐和晚餐，但不知为什么后来取消了。周一到周五的午饭我们可以在幼儿园里跟小孩子们一起吃，但所有的早餐和晚餐，以及周末全天的三顿饭，我们就只能自己想办法解决了。

为了解决吃饭问题，我先后买了两口锅，一个是一升的电饭煲，一个是差不多能泡一包方便面的小炒锅。我每隔一天都会去菜市场买一个胡萝卜，或者一个西红柿，又或者是一个西蓝花，因为买的太少，买菜的阿姨都已经记住我了。有一次去学校附近的村里赶集，偶然看到一个很小的圆茄子，目测不多不少是我一顿的饭量，我问老板这个卖多少钱，老板带着怀疑口气问我："你是要带回去玩还是吃？"最终，老板让我免费带走了那个茄子。除了买菜，我还会买能吃两天的鸡蛋。我把鸡蛋提前一次性煮好，然后每天早上放在牛奶里一热，再加上即食燕麦片和面包，就是我的早餐了。嘻嘻，我的早餐够"丰盛"吧？

邓景丽：在那个人生地不熟的地方，幸好有同学们相伴，互相安慰、互相鼓励、互相帮助，才让我体会到了什么叫作"累并快乐着"。虽然实习学校里不允许我们单独做饭，但我们还是隔三岔五地偷偷做一顿改善一下生活，比如：早晨用小型电煮锅煮个鸡蛋，晚上煮碗面条，等等。虽然做饭的技艺不娴熟，但我们吃起来却很香。实习期间还恰巧赶上了我的生日，我的同学兼舍友为此特意亲手煮了一碗面给我吃。我想，这可能是我人生中吃过的最独特、最有意义的生日长寿面了。

孔　杨：我们宿舍的几个同学除了我之外，大都没有多少做饭的经历，所以，学着切菜、做饭，也就成了她们每个人需要学习的一门"技术活"。至于我嘛，我就不用学了，因为我很早以前就学会做饭了，所以我常常被她们几个"关"在没有空调的阳台上,"寂寞"地为大家做饭、炒菜。不过,每次看着她们把我做的饭菜像风卷残云般的吃个精光,并且还连连夸赞我做的饭菜好吃的时候,我的心里总是洋洋得意,超级满足,哈哈。

贾　琳:顶岗实习期间,我们几个实习生一开始是在学校食堂或外面小餐馆吃饭的。学校食堂一日三餐只收10元钱,确实不算贵,可是饭菜是定量的,如果你不够吃也不会再给添,所以我们这些年轻人便常常感到吃不饱;至于外面的小餐馆,花费比较高,而且饭菜还特油腻。于是,我们决定还是自己做饭吃。

我们实习的地点在镇驻地,街上商铺还比较多,所以每天中午下班后我们都先去买菜,然后回到宿舍分工合作,主要分为洗菜、切菜、炒菜、洗碗四个"工种",开始分头忙活。由于我们的宿舍每天中午都会停水一段时间,所以必须要赶在停水之前至少先把菜洗出来,至于刷碗就只能等午休以后再说了。我们的宿舍里没有合适的饭桌,所以我们只能把饭菜碗放在小方凳上,围着蹲在地上吃。

即便是这样,我们还是愿意自己动手做饭吃,这样既能吃饱,也能吃到自己想吃的菜,还能节省开销,比在食堂和小餐馆吃更划算。我至今依然觉得,那时我们几个同学一起分工合作亲手做出来的饭菜,真是我们在这世上所品尝到的最好的美食!

李欣霖:顶岗实习过程中,每逢周末或者假期都需要我们自己开火做饭吃。在那些日子里,我在做菜方面学会了几道"绝活",有炖豆腐,也有炒肉丝,这两样现在已然是我的拿手好菜了。记得第一次做给大家吃的时候,就得到了大家的赞赏,这让我很是骄傲了一阵子。我想,我做菜应该是有天赋的吧,毕竟我妈妈做菜也很好吃,哈哈。

我的小伙伴高航同学做的各种时蔬炒肉也很好吃,有一次她回家的时候,竟然还在行李箱里装了一箱子花蛤捎回来,当天就炒来吃,还送给负责食堂的大爷品尝,大爷尝过后也赞不绝口。我必须承认,那大概是我这二十多年来第一次尝到那么好吃的花蛤。

与我们住在一起的另一个专业的小姐姐,刀工堪称一绝,她切土豆丝又快又细,看得我很是佩服。现在想来,我顶岗实习期间最大的遗憾,大概就是没能跟着这个小姐姐学会她的刀工吧……

姜美燕: 我在的那所农村小学没有食堂,所以我们四个实习生每天每顿饭都必须自己动手做。一起的两个男生负责每天出去买菜、卖肉,回来后他们三个洗菜,我则充当"大厨"的角色,负责切菜、炒菜。

学校给我们当厨房的房间里没有水,水龙头在走廊另一边,每次洗菜刷碗都很麻烦。更头疼的是由于四楼水管的水压不够,动不动就抽不上水来,所以我们只能跑到一楼去洗菜刷碗。这样折腾来折腾去,吃一顿饭真的是特别麻烦。冬天还好,夏天一动身上就出一身的汗,所以到六、七月的时候,我们都不怎么做饭了,每天出去买点凑合着填饱肚子。农村的镇上也没啥可挑选的,有很长一段时间我每天都是买肉夹馍吃,结果后来都吃出胃病了。唉,那会儿我可真是特别想念我们师院二餐厅的阿姨做的饭啊。

朱林建: 在那个偏僻的农村小学顶岗实习支教的几个人里,我居然是唯一一个会做饭的,所以我也就理所当然地承担起了为大家炒菜做饭的"大任",成了一个不戴厨师帽、不穿厨师服的"厨师长"。在那些支教的日子里,最有意思的事情,可能也就是我们几个一同手忙脚乱做饭的时候吧。不管你对做饭这件事擅长还是不擅长的,那一刻我们都在"喂饱肚子"这个共同目标的指引下合作起来,一起征服锅灶瓢盆,然后再一起享受"劳动"带来的"胜利"果实。

杨文文: 我顶岗实习的学校,给我们几个需要在校吃午饭的教师配备了一个电饭煲、一个煤气罐,还有一口大铁锅,做饭的食材则需要从村里的集市上购买。记得刚开始看到煤气罐和大铁锅的时候,过去在家从未下厨做过饭的我,确实是有些不知所措。但是,这里的生活要求我必须要学会做饭，否则就没得吃。于是，我只能硬着头皮学着做。我一开始先学会了在电饭煲中熬粥，后来又慢慢学会了用煤气在大铁锅中炒菜。要说我们的饭菜花样，那真是太有助于减肥了，因为在头一个月里，我们天天吃的都是绝不会换花样的清炒大白菜！

记得当时在坚持吃了一周的大白菜后，没有吃到一点肉的我就有点受不了了。于是，周末学校里只剩下我一个人的时候，我去集上买了几块钱的肉，准备自己改善一下伙食，犒劳犒劳自己。可是，我的料理能力实在有限，肉下了锅却不知道什么时候熟，或者我也不能保证自己煮的肉到底熟了没有。于是，心里纠结了半天，最后为了不至于吃了闹肚子，我还是选择了放弃，把锅里的那些肉直接送给了一直在学校墙上散步的小猫。哎，现在想来还是觉得挺不好意思，大家可别笑话俺呀……

贾孟双： 顶岗实习不仅是在教学工作上的一种磨炼，更是在生活上的一种历练。我们三个实习生和两位新来的年轻教师住在幼儿园的宿舍里，我们五个人年龄相仿，性格差别也不大，很快便彼此熟悉了。亚姐是我们五个中的大姐，很有主见，因此我们很多事情都听她安排。当然，大多数情况下我们都是商量着决定。比如：买菜、做饭、打扫卫生，等等。

我们的日常生活安排大致是这样的：周一到周五，我们五个人每天轮流做早饭，做早饭的人负责洗碗并打扫宿舍卫生。每周有一个人负责买菜，剩余四人分成两组，分别做午饭和晚饭，做饭的人负责洗碗并打扫厨房卫生。负责买菜的人每天记账，一周一结账，然后五个人平摊。

在四个月的顶岗实习生活中，对我们而言最大的挑战便是做饭。说来惭愧，我们三个实习生居然都不会做饭，亚姐她们俩年轻教师也是在来到学校入职之后才刚学会的，所以我们五个人对于做饭这件事实际上都比较生疏。记得有一次亚姐说要给我们改善一下伙食，于是我们五个人一起去赶集买了许多我们平时都不舍得买的菜，结果回来后却没人会做。于是，亚姐便自己对照着手机上的菜谱边研究边实践，最后做出来的口感居然还很不错哦，哈哈。还有，我的小伙伴璇儿（牛梦璇）为了给大家蒸米饭和做莴苣，跟妈妈发视频请教；亚姐为了给我们做出带有家的味道的疙瘩汤，打电话让姥姥远程指导……现在想想，这些情景仿佛就在眼前，让我一下子便又重新体验到了那种很温馨、很温馨的感觉。

王志霞： 抵达顶岗实习地点之前，我想象中的一日三餐肯定就和学生们一起吃食堂呗。可没想到，刚到学校，校长便对我们说没有食堂，得自己做饭。天哪，这对我们这几个实习生来说，无异于晴天霹雳！因为，我们四个女生都不会做饭。尽管学校里为我们购置了锅碗瓢盆等基本炊具，但当天我们还是不得不出去找了个小饭馆填饱肚子。不过，那小饭馆距离学校实在是太远了，不适合一日三餐。这样，第二天有个老师带我们去了学校周围的一些小学生课外辅导机构，那里面有小饭桌，可供应午餐，于是我们决定以后的午饭就在这些"小饭桌"吃；早饭则买些方便面、面包、点心之类的随便凑合着对付过去。至于晚饭嘛，我们几个人曾经打开炉灶，动手尝试过艰难的做饭"探索"和做菜"实验"，但结果都以"惨败"而告终，我们做出来的饭菜不是半生不熟，就是难以下咽，真是汗颜！尽管如此，一个学期下来，虽然我们自己做菜的次数很少，但也或多或少地知道了基本流程，有时心血来潮，我们几个小伙伴也会手忙脚乱地做顿饭吃。虽然我们整出来的那饭菜实在是不太好吃，但我们那时还是吃得很开心的，哈哈。

张隆鑫： 在顶岗实习支教的这四个月中，我基本上充当了大厨的角色。去的第一天就有个其他专业的女生大概心虚自己不会做饭，所以就抢先给我和另一位男同学分好了工，让他做早饭，我做晚饭，而她们女生则轮流负责洗碗筷、收拾桌子；至于午饭，则在学校食堂吃

（学校食堂只提供午餐）。由于早餐基本上就是喝粥或捞面条，所以做晚饭便成了饮食方面的"重头戏"。即便一起在这里实习的那四个女生饭量不大，但我们加起来总共六人，所以每天晚上也得起码准备两三个菜，另外还要熬粥等，还是比较麻烦的。不过，原本在家时我就比较喜欢做菜，这样的安排对我来说也不算多难，每天下午一放学我就一头扎进厨房忙活。就这样，我的厨艺在这四个多月里算是练出来了。

周末的时候我是不做饭的，因为我要去二十公里外的另一个乡镇幼儿园看望在那里顶岗实习的女朋友，也会时常去看望一下孤身一人在另一个实习点的舍友允健（王允健）同学。在那段时间里，我们学校的音乐老师的电动车帮了我的大忙，让我骑着哪里都能去。所以，周末是我过得最开心的时候，因为我可以和同学、朋友在一起聊天、聚餐，特别开心。

顶岗实习期间，我每天都第一个到办公室的，先烧好热水等待其他老师来上班，为此老师们笑称我是"水师"。我一琢磨，嗯，这个美称还真是很生动形象呢。

高　航：在顶岗实习过程中，我们除了肩负着教学上的任务之外，还有一个现实的"生存任务"。一般情况下，周一到周五我们跟着学生一起吃学校食堂，而到了周末双休日，学生回家，学校的食堂也就跟着熄火关门了。这样，我们几个住校的实习生便只能自己做饭了。一般情况下，每逢周五下了课，我们几个人便冲向村里的超市买菜买米，我们宿舍三个人相互约定，每人负责做一道菜，这样每个周末就会有三个菜，偶尔加餐时我们还能做出四个菜，不简单吧？其实我们还有更厉害的呢，有时候我们五六个人一起聚会，还会整出一顿火锅"盛宴"呢。那个时候，我们围坐在一起说说笑笑、吃吃喝喝，无形中便会冲淡了对家和师院生活的思念……

就这样，四个多月的顶岗实习生活给我们每个人都带来了一些新的改变，面对不同的实习学校，不同的生活环境，不同的领导同事，我们都竭尽所能地学着去适应现实，适应生活。而不必讳言，从以上同学们的口述中可以看出，我们每一位同学的实习生活，都不是一切顺遂心意，特别顺利的。但是，当时看起来虽然觉得有些艰辛甚至有点手足无措的生活经历，现在看来却觉得好像也没有那么困难。事情大概就是这样，我们在生活中所面对的许多困难或麻烦，其实只要自己能坚韧一些、心态平和一些，就一定能最终找到解决问题的办法的。特别是，当有同伴和自己一起面对时，再难的事情也就更不在话下了。在这个过程中，我们有苦也有乐，有抱怨更有欣慰，我们尝试了许多，改变了许多，同时更进步了许多。成长真的好像就是一瞬间的事情，好像忽然之间我们便对生活中遇到的各种困难和环境也都可以坦然地承受下来了。这，应当就是成长的力量吧。

二、一心一陪伴

李白曾有诗云："桃花潭水深千尺，不及汪伦送我情。"的确，朋友是人的一生中最珍贵的财富，他们在你难过时听你倾诉，在你委屈时为你不平，在你快乐时为你喝彩，在你孤单时给你陪伴。顶岗实习支教期间，我们各居一方，面对着陌生的环境，许多同学心里都不免会悄然滋生一种孤独感，渴望着同伴朋友的慰藉，也更深刻地体会到了同学之间那无以言表的深厚情谊。

李金新："五一"假期的时候，我的舍友和同宿舍住的幼师们都回家了，宿舍里只剩下我一个人。我不想就这样孤零零地待在幼儿园里消磨掉这个小长假，就决定去找我在另一个乡村幼儿园支教的舍友聚聚。当我到达她所在的那个乡村公交车站时，舍友已骑着她们幼儿园门卫叔叔的电动车在那里等我了。见到她的那一刻，我觉得她在经历了差不多两个月的支教实习生活的磨砺后，脸上似乎有了一种过去从来没有过的沧桑感，她的皮肤好像也没有以前光滑了。看来，我们的支教生活过得都不易啊！来到她们在幼儿园的宿舍后，我发现婷姐（李婷婷）和鑫哥（张隆鑫）已经张罗着做了一桌子菜正等着我们呢。于是，我们开心地围坐在一起边吃边说笑，孤独感一下子就消失得无影无踪了。嗯，那次与同学好友的聚餐，大概是我在顶岗实习期间所品尝到的最丰盛的一顿午餐了吧。

李婷婷：我们顶岗实习的那个幼儿园的所在地是一个比较发达的村庄，每隔五天都会有一次大集，届时在周围村庄实习的同学都会去赶集。在集市上，我们偶尔相遇，都会倍感亲切，就好像一个村的老友突然相聚，心里特别满足。

每到周末，距离我二十多公里的张同学（张隆鑫）还会骑着电动车来找我，偶尔约几个同学一起吃火锅、一起包水饺、包馄饨，大家为了一顿饭而操劳的样子，真的非常值得怀念。我们还偶尔彼此吐槽自己在实习学校里的一些遭遇，或者分享自己班级学生们的趣事儿，我们在一起说说笑笑，确实变得心情有一种放松的感觉。

记得有那么一个周末，天气很热，原本绿油油的菜地发蔫儿了，火辣辣的太阳仿佛一架烧烤炉，而我们就像是待烤的"五花肉"。与我们相邻的另一个乡镇，是我们的班长健哥（王允健）和我的另一位好友双双（贾孟双）支教实习的地方，我们那天约好要聚到他们那儿一起包馄饨吃。于是，我们一大早便去小超市买了肉馅儿和面皮儿，然后我们几个同学便骑着借来的电瓶车先奔双双那儿去了。双双早就在她的校门口等候我们了，她一见到我们，便兴奋地拉着我们先去品尝当地的鱼锅。我知道，我们的到来，让她很开心！当然，我们也是。

吃完饭后，我们在双双的学校里参观了一下，接着又去健哥所在的学校准备包馄饨。但是，事情好像有点不尽人意，就在我们准备和馅儿的时候，闻到肉的味道有点奇怪，不似早上那么新鲜，不过我们也没有想太多。于是，骑车载着我来的那位张同学和馅儿，而健哥作为东道主找出一些盘子、碗之类的，准备其他的菜，我们几个女生则一起帮着收拾这收拾那。等张同学和好馅儿之后，我们就一起开开心心地包馄饨了。我们几个女生在这边忙着包，他们两个男生则在那边忙着煮——不知从啥时候起，厨房居然成了男生的"主场"了，嘻嘻。

天色渐暗时，我们的"馄饨宴"正式开始了。只见桌子上，一人一碗馄饨，还有健哥做的凉拌金针菇，以及其他小菜。咦，馄饨的肉馅味道好像有点奇怪呀！——果然，由于天气实在是太热，肉馅有点变质了。我们几个人无奈地相视一笑，却又不忍心这一顿馋人的"大餐"就这样浪费掉，于是还是都吃了一些，而且还夸张地连连称赞好吃。

晚饭之后，健哥带我们来到了学校的音乐教室，把圆滚滚的西瓜切成几瓣摆在桌上，并打开了多媒体电脑，于是，我们几个同学有的拿起话筒唱歌，有的吃着西瓜享受着这美妙的夜晚，笑声一阵阵地回荡在校园里。那一天，我们真的都感到特别开心！

王允健：每到周末，我都会骑着电动车去我们班其他同学支教的学校串门，我把这称为"走亲访友"。我们聚在一起后，大都会一边聊天，一边各显其能地做顿"大餐"慰问一下自己。比如说，我们会包馄饨、包水饺、炖排骨，等等。每一次面对自己做出来的颜值不那么漂亮、味道也或咸或淡的"美食"，都会让我们感叹自己的手艺高超。在顶岗实习的那些日子里，我与我的舍友张隆鑫同学虽然不在一个乡镇，但几乎每个周末都要凑在一块做顿美食；另外，我俩与分散在附近几所学校里的贾孟双、李婷婷、曹晖等一众小伙伴也时常聚一下。说实在的，在那些多少会有点孤独感的顶岗支教实习的日子里，我们同学之间的这种"走亲访友"的小小聚会，让我们心中的孤单感冲淡了不少。而每逢那个时候，都是我们感到特别快乐的时光。

于振彪：我在的那所乡村小学，只有我一个男实习生，学校里的老教师们对我比较照顾，其中有我的一个老乡还时不时地请我吃饭，也让我与他们分外亲近，有一种宾至如归的感觉。我平时性格比较内向，比较喜欢一个人待着，也很习惯一个人的生活。尽管那里的生活条件并不算好，但我之前做了充分的准备，心理上比较容易适应陌生环境。当然，这也与我家中遭遇的变故有关系，生活的现实逼着我必须要学会坚强，所以这也让我很容易适应各种艰难的生活条件。一起支教实习的其他几位女生很细心，她们大概是怕我感到孤独吧，每当她们一起外出闲逛或买东西时，也都会叫上我一起去。这让我的心情也变得很轻松，感到很温暖……

刁玮琪：在顶岗实习的日子里，我觉得自己的生活过得很充实，也很美好。和我住在同一个宿舍的是本校数学专业的一个小伙伴，我们两个很投缘，在实习这段日子里不仅从来没有闹过矛盾，反而还是彼此倾吐内心情绪的"树洞"。我俩有时会在晚饭后一起去操场溜达上几圈，相互说说今天遇到的让自己或生气、或开心的事情，放松一天的心情。周末的时候，我们会到附近的超市或市场上买些米面、蔬菜，然后一起做一些简单的饭菜；或者一起坐车到当地的县城里去逛一逛，放飞一下自我。在这样平和的气氛下，四个多月的日子一晃而过，并没觉得多么难熬……

张　晓：学校里给我们住的地方配了锅碗瓢盆等炊具，闲暇时大家会一起动手做饭，能掌勺的掌勺，会熬粥的熬粥，忙活着两个小时做好一桌饭菜，我们一般不到二十分钟就吃完了。不过，那个我们一起忙碌着做饭的过程却让人感觉特别好，特别开心。大家平时出门也都一起，人生地不熟的，哪怕拿个快递也要一起才放心。我们一起逛街，一起买菜，一起打扫卫生，一起分享课堂趣事，我觉得这样的时光是挺快乐的！

贾　琳：在这次顶岗实习过程中，我认识了许多新朋友，也加深了对本班同学的感情，即便原来可能像是不相交的两条"平行线"，现在也因为这次的支教实习生活走到了一起。我们一起吃饭，一起上班，形成了一个嬉笑打闹的姊妹团体，相处得非常开心，最初那种思家的心情和孤独的感觉也就随之而消失得无影无踪了。

孔　杨：在整个顶岗实习期间，最欣慰的是身边还有同学、有朋友。记得我们刚开始讲课的头一个星期，我们整个宿舍里的几位同学嗓子都是沙哑的，虽然学校给我们配了扩音器，但还是一个个的开始生病、发烧，累倒了。这个时候，虽然每个人都很疲惫，但大家还是会在小伙伴生病的时候主动去帮助代课，相互安慰，相互照顾。

岳晓霞：顶岗实习期间，我常常会被班里那些调皮捣蛋的"熊孩子"惹得着急上火，而每次生气上火都会嗓子嘶哑，近乎"失声"。这个时候，都是宿舍里的同学替我上课，或者相互调课，能尽量让我有一个休养恢复的时间。所以，我真的很感谢在那个学校里能有陪伴我、照顾我的舍友们。

苏逸飞：我很庆幸在顶岗实习过程中能有同学们的陪伴，正是靠着大家的相互鼓励和帮助，我们一起度过了那段难忘的支教实习岁月。不管是谁在工作中遇到了麻烦或委屈，大家都会相互鼓励和安慰，扫除心里的那些情绪垃圾；当遇到困难时，大家都会献言献策，共同想办法来解决问题。而闲暇之余，我们最开心的事情就是大家一起徒步去赶集，蛋糕房的月饼、熟食店的火腿、小吃车的凉菜都是我们常去的打卡点。炎炎夏日的周末，我们还会相约一去吃烧烤，一路走一路说笑，心情也顿时变得晴朗起来……

牛梦璇：我很幸运的是，顶岗实习地点的生活环境虽然艰苦些，但这里的老师们都很亲切，处处都很照顾我。由于我们距市区的路程不算太远，所以每周我最快乐的事情，就是周末跟好友"老邓子"（邓景丽）和"小新新"（李金新）同学一起去市里"逛吃逛吃"了。我们还会一起到当地一些历史人物纪念馆去参观，一起去感受这方水土的独特魅力。我们分散在各个实习点的同学好友，有时也会相约聚会一下，彼此交流、分享各自在支教实习中所经历的各种趣事，感受着同学之间的友谊所带来的温暖，真的有一种幸福感。

王　娜：每天结束了教学工作后，晚上我都会在学校的操场上跑跑步，借以释放一天的精神压力。在那个幼儿园里有一个秋千，我经常会孤零零地坐在上面一边轻轻晃荡，一边在心里念叨着什么时候可以回家。由于我支教实习的地方人生地不熟，所以那时我真的是很想家、很想家！幸好，我身边有很多同龄的年轻教师给予了很多帮助和关怀，而且我大学的舍友也在这所学校支教实习，我们有了苦恼或委屈，可以相互倾诉，相互安慰。没想到，大学四年真正让我成长的，竟然是这段时光。

胡菁冉：很幸运的是，我和我的舍友分到了一个学校顶岗实习支教，这样彼此就有了依靠，而且舍友的家离这所学校不远，她还热情地带我去过她家，感受过家的温暖呢。另外，我还结识了很多其他专业的同伴，我们一起生活，相互帮扶，共同面对实习生活中的种种遭遇，让我深深体会到了作为同学之间的真挚情谊……

李月婉：在我顶岗实习的学校里，老师们无论是在教学工作上，还是在日常生活中都给予了我很多帮助。记得刚开始的时候，由于水土不服，再加上春天花粉过敏，致使我的过敏性鼻炎又犯了，每天都昏昏沉沉的特难受，没有力气，特别想家。当学校里知道这个情况后，有位张老师主动带我去了很多地方看病，其他的老师还主动为我分担课程，校长也特别给了我一周的病假，让我好好休息。他们对我的关心和照顾让我非常感动，也让我很快便度过了最初的心理适应脆弱期。

我们那个联合校区共有五六个学校，以我们小学为中心，其他各处学校离得也都不太远，我们班李婷婷同学支教的那所幼儿园离我们学校最近，我俩经常在街上碰见，一起买菜，一起聊天。我大学同宿舍的姜婷婷和张春玲同学也经常来看我，我们的班长王允健同学也曾去我们学校看望过我们，并给我们加油鼓励。正是在同学们的相互鼓励和帮助下，我才铆足了劲，顺利地度过了这四个多月的顶岗实习期。回想起来，我真的很感谢他们。

李　婕：在同一所学校顶岗实习的我们几个实习生，相互之间都建立起了深厚的友谊。我和另一个女生都执教小学三年级的数学课，所以我俩便经常一起备课、一起批改作业、批阅试卷，一起讨论每课的教学重难点，商量该如何处理教材内容，如何联系已学过的知识，等等。同时，我俩也会暗暗较劲，看谁带的班教学成绩会更好一些。这个与同学相互帮助、相互促进、共同提高的过程，真的让我很兴奋，也很享受。

郑克真：实习期间，原来朝夕相处的同学分散在不同的地方，真的让我有些不适应，一有空的时候就特别想念大家。于是，我趁清明假期的时候，从我支教实习的鲁中小县城乘坐长途汽车赶往鲁西北平原，去探望在那里实习的舍友和同学们。由于两地相距路途比较远，当我乘坐的汽车到达那里的时候，天都已经黑了。这是我印象中第一次自己出远门，看来思念的力量真是什么也挡不住啊，哈哈。第二天，舍友带我在市里逛了一圈，我们边逛边交流了那段时间彼此的支教实习心得，相互诉说自己经历的困难与学到的东西，总觉得有说不完的话。

这次访友之行不仅化解了我对同学好友的相思之苦，体会到了同学之间的亲情，而且我们还相互鼓劲，相互加油，相约在支教实习中比比看，争取成为一名受学生爱戴的合格教师。

刁晓淼：我非常感谢我的同学，她在我生病期间主动帮我承担了上课的任务，让我有了更多的时间休息。至今想起来，我依然感到特别温暖。

李　茜：在我们那所小学里，共有来自数学、物理、思政、外语和我们历史专业的 8 位女同学顶岗实习，我们共同住在一间宿舍里。慢慢相处下来，我们从最开始的拘谨到后来的欢声笑语，从互不认识到周末一起逛当地的县城、品尝美食，从刚开始的抱怨到后来不想分开，我们收获了最珍贵的友谊。直到顶岗实习结束一年后，我们在校园里碰到，都会兴奋地互相打招呼，因为在一起的那段时光真的很美好。

朱金萌：顶岗实习期间，在工作和生活上都难免会遇到一些不顺心的事情，有委屈、有抱怨。这个时候，我便总会不自觉地想念家人和在师院朝夕相处的舍友，我总会忍不住给她们打电话，并不是诉苦和抱怨，而是更多地相互聊一聊各自遇到的开心的事情。因为我们心里都很清楚，身处陌生的环境中，大家肯定会有许多不开心的遭遇，所以我们就有意识地选择交流一下那些令人愉快的经历，相互笑一笑就感觉很温暖，也会渐渐忘掉那些烦恼的事情。我们在一所学校实习的同学也都很默契，大家平时都互相帮助，相互关照，宿舍里的关系也很融洽，这让我感到能与她们相处真是一种缘分。

李琳玉：在顶岗实习过程中，我也遇到了一些心理上、情绪上的问题，由于身在高中实习，总是不自觉地会带入自己在高中学习时的那种高度的压迫感，以至于有一段时间自己的体重下降得很快。对于实习过程中的不良情绪，我通常会与身边亲近的同学好友交流，或者去操场散步进行排解。而在向朋友倾诉交流的过程中，不仅进一步拉近了我们彼此之间的友好关系，也可以互相吸取各自的经验与教训，从而让自己更好地进行工作。

谭　欣：在顶岗实习期间，除了与学生之间的相互磨合之外，对于与之前没有在一起生活过的其他专业的支教同学之间，也需要进行磨合。因为，我们来自不同专业或不同院校，相互之间从不太熟悉发展到熟悉是需要有一个过程的。从因作息习惯不同而造成摩擦，到后来大家互相尊重对方的生活习惯；从相互之间缺少交流，到后来习惯于下班后相互交流一天当中所遇到的各种趣事，相互吐槽一天当中所遇到的各种奇葩事……当一个学期的顶岗实习生活结束后，我们相互之间也建立起了深厚的姐妹友谊。

潘玉芝：在顶岗实习期间，我认识了许多同行的"战友"，我们在生活上相互帮助，在业务上相互听课，相互借鉴经验，虚心听取别人的批评意见。我从他们身上学到了很多，如不同的教学风格，教学技巧，等等。我们宿舍内一起住着几个数学专业的同学以及在职的两名老师，我们相互之间从陌生逐渐发展到无话不谈。我从数学专业的同学身上看到了他们专

感谢你们，我的学生们。是你们让我开始懂得了"教师"这个称号的内涵与分量
（图片来源：谭欣 摄）

业所带有的很多特质，我觉得很值得我学习；而那两位在职的老师则经常给我们讲她们的教学经历和教学经验，让我在教学中少走了很多弯路，也为我们对未来的职业选择及人生道路提供了启迪和方向。这一切，都让我真正对"良师益友"这个词汇有了更深入的理解！

张隆鑫：顶岗实习期间，有一天我忽然听说学院的老师们要来这个县的各实习点看望我们了。刚听到这个消息的时候，我的心里既有些激动又很平静。激动的是老师要来看我了，万一听我的课怎么办，我该如何备课，安排时间；平静的是我总觉得老师来看望我的概率很低，因为我的实习地点处在最边缘的一个偏远地方。边缘到什么程度呢？如果以李婷婷同学所处的那个乡镇中心幼儿园为中心，划一个半径10公里的圈，大家都在圈里，而我在圈外；划15公里，我还在圈外；划20公里，我依旧在圈外。

几天后的一个中午，我正要准备去上课，忽然手机震动，我按下了接听键，电话那头传来了我熟悉的老师的声音："隆鑫，我们一会就到你实习的学校了，先跟你说一声。"我紧张地做着回答，同时迈开双腿跑向校长办公室，告诉他这个消息。校长大手一挥说道："好的，我知道了，没什么问题，你先去忙你的事情吧。"从校长室出来我直奔教室，怀着忐忑不安的心情上完了这节课，时不时地望向窗外的学校门

口，生怕错过了老师们的到来。

　　下课后，我直接来到学校门口，等待着老师的到来。就在这时，老师的电话又打过来了，跟我说到我的实习学校门口了，怎么没看到我。我跑出去一看，连个影子也没有，便带着疑惑问："您在哪儿？学校名字叫什么？"老师说了一个校名。我一听才恍然大悟，原来是老师把我跟另一个同学的实习学校弄混了，我的心情一下子低落到了极点。之后我去食堂吃午饭，端着一碗白菜炖豆腐吃了一半的时候，才想起来还没跟校长汇报，只好尴尬地跑到校长桌前挤出几分笑容跟他说："校长，我们老师搞错了，他们去了另一个同学那里，跟您说一声。"校长笑着站起来拍拍我的肩膀，和善地跟我说："没事的，吃完饭早点回去休息吧。"

　　我默默地回到座位上，继续狼吞虎咽碗里剩下的白菜炖豆腐，但心情却莫名地感到很烦乱。就在我快要吃完时，老师又给我打电话来，说他们现在已经到达李婷婷等同学所在的那个乡镇了，问我有没有空过去一起吃个饭。想想有20多公里的距离，再加上大中午闷热的天气和电动车电量的不确定性，我只能婉言谢绝了老师的美意。这时，我们历史学院的李院长接过电话，跟我在电话里交谈了一会儿，大意是叮嘱我照顾好自己。听到这些，我心中不觉流过一丝暖意。虽然遗憾于没能见到老师们，但我依旧感受到了老师们的关心和爱护，心中久久不能忘怀……

　　人们在日常生活中，大都需要有朋友的支持与陪伴。对我们而言，同学即如是。同学之间的情谊是值得我们终身回忆和珍惜的，特别是在我们遇到困难或感到孤独的时候，总希望找到一个可以倾诉的对象，而这个对象除了亲人之外，也就只能是自己可以信任的朋友和伙伴了。在顶岗实习支教的日子里，我们全班同学分散在不同的地区、不同的学校，均处在对我们来说是完全陌生的环境之中，而陌生环境既难以给人以安全感，又容易让人的心中滋生孤独感。因此，这个时候我们同学之间那份纯真的情谊，便显得弥足珍贵了。

好朋友是人的一种重要的财富，好朋友会在不同的情境下扮演着不同的角色。比如：需要他们出谋划策时，他们是"军师"；需要他们解决问题时，他们是顾问；需要他们倾听各种积郁心底的情绪时，他们便又成了接受各种复杂情绪的"垃圾桶"。好像什么时候需要他们，他们就会出现在你的面前，并无怨无悔地向你提供精神上、物质上或实际行动上的各种帮助。他们能够理解你的想法，认可你的世界观，可以一直支持你、鼓励你尽情去做自己想做的事情，可以帮助你去克服一切所遇到的困难和障碍。从同学们的以上叙述中我们可以深切感受到，真正的友谊对生活是否幸福至关重要。同时，越是在困难的时候一起并肩战斗过的人，其友谊也会越深厚。所以，在我们看来，"同学"这个词汇，既可以解读为是漫漫求学旅途中的亲密伙伴，更可以理解为是在我们的人生道路上可以甘苦与共的知心朋友。难道不是吗？

三、一花一世界

记得在一本书上曾看到过这样几句话："一花一世界，一叶一如来，春来花自青，秋至叶飘零。"

是啊，"一花"便是一个世界，一个宇宙。四个月的顶岗实习支教的生活经历，使我们第一次不再以学生的身份与城镇、乡村教育进行了零距离接触。我们身处于一个个陌生的环境，遭遇了一些从未经历过的棘手难题，遇到了一批批单纯而顽皮的学生，以及许多许多让我们发自内心敬仰的甘于寂寞、坚守良知、默默奉献的乡村优秀教师……当然，毋庸讳言，我们也曾遇到过一些言行举止不那么令人敬重，让我们感到困惑、不解乃至惊讶的教师。这一切，都如一滴水、一朵花，从中映射出了身处我国乡村教育最基层的一线教师的职业现状和生活世界，令我们不能不感触良多。当然，在这个过程中，我们也的确学到了很多，比如：我们初步知道了与同事的相处之道，了解了与学生相处的底线，也理解了教师这个职业的艰辛与幸福。可以说，在顶岗实习支教这短短的四个月中，让我们初步懂得了未来数十年教师职业生涯的基本规则。作为实习生的我们，尽管在这中间也遇到了一些困难与挫折，但也正因如此，反而使我们对于未来真正走上教育这条道路充满了信心。且听同学们发自肺腑的心声：

邓景丽：人总要学着自己长大，我们不能总是躲在学校的屋檐下和老师的羽翼下，我们不能总做经不起风吹雨打的温室花朵，因为我们终究还是会离开单纯而安全的学校走向纷繁杂乱的社会。作为一名教师更是这样，自己不成长起来怎么教会孩子成长呢？我们要学着提升自己，充实自己，在嘈杂的社会大环境下，坚守自己，做一名有文化有思想的老师，毕竟我们要面对的不只是一个个的物品，而是一个个鲜活的生命。作为教师，我们有责任引导天真的孩子成为一个人格健全，生命完整，全面发展的社会新人。从这个角度来说，我们的确任重而道远！

韩　雪：第一次离开家这么远、这么久，只有几位同学陪在身边，大家都是同龄人，没人会来照顾自己，只能自己照顾自己，以及同学之间相互扶持。所以，这段顶岗实习的历程，也就是一段自我成长的过程。

我在乡村小学顶岗实习过程中，不仅比较圆满地完成了语文学科的教学任务，而且还积极为孩子们进行道德与法治、地方课程等其他教学工作。我本身所学的专业是历史学，所以，虽然我被分配教小学二年级的语文课，但我会在教学过程中，有机穿插一些历史小故事，这也算是对我本身专业的呼应吧。另外，我还协助班主任做班级管理工作，跟随班主任老师学习到很多管理班级的经验和技巧，为以后真正走向教育工作打下坚实基础。同时，我还积极协助学校开展课程建设活动，在老师人手不足的情况下，积极参与，积极分担。

实际工作的经历,让我更加深刻地理解了"关爱学生"这句话的含义。同时,这段顶岗实习经历使我基本排除了只会死读书、认死理的缺点,更加清晰地理解了"理论与实际相结合"这句话的含义,在教学秩序的维护,学生积极性的调动,教学原则的实施应用,教师威信和与学生平等和谐相处上都有很大收获。

虽然我距合格教师的标尺还有一定的距离,但我会继续努力学习,用理论丰富自己,在实践中充实自己。对于未来从事教师这个职业,我充满了信心。

岳晓霞： 说老实话,在这所农村基层学校所经历的一些实际状况,让我对当下的学校教育确实也曾有过一些失望,但也同时让我更加清楚地认识到了办好教育的重要性。作为教师,肩上的责任的确很重。

苏逸飞： 这段不长也不短的顶岗实习支教时光,是我人生中一段很难忘怀的经历。夸美纽斯说:"教师是太阳底下最光辉的职业。"我认为这份光辉源自教师这个职业与生俱来的责任感和使命感。因为,教师或许会影响着一个学生的未来、一个家庭的未来、甚至是一个民族的未来。在这四个月里,我的角色第一次从学生转变成了教师,第一次真正站到了讲台上授课,第一次面对着真实的教学场景,第一次与学生们面对面地接触。这让我真切地体会了作为一名教师的职业生活常态,懂得了教师所肩负着的责任和光荣,也了解了当下乡村教育的状况。教育事业任重而道远,吾辈自当上下而求索。

牛梦璇： 短短四个月的顶岗实习支教生活很快就过去了,回想起来,我要感谢实习学校的指导老师,她对我上课的点评,让我受益良多,真所谓"听君一席话,胜读十年书"啊。我还要感谢我执教的第一批学生,虽然我还不能记住他们每个人的名字,但他们的欢声笑语和那一张张稚气可爱的面孔,会永远地印在我的脑海里。我不会忘记这所充满绿色的小学里的无限生机与活力,更不会忘记孩子们亲昵地喊我"牛牛老师"时带给我的愉悦和感动。顶岗实习给我步向人生的另一个阶段犹如上了一节悠长而充实的公开课，是我人生路上一笔不可多得的财富，也给我留下了很多美好回忆。那些快乐、那些难得的经历，我一定会好好珍惜！

李婷婷：我虽然没有和熟悉的同学在一个学校顶岗实习，但是我认识了两个年龄比我小，却总是照顾我的其他专业的女生。因为我们都是"初为人师"，每个人在自己的班级上都会遇到这样或那样的事情：有时会因为一些事跟家长起冲突，有时会因为当班老师的不理解而烦心，有时会因为学生的调皮而生气。我们互相包容，相互倾诉，彼此学习，我跟着她们学习到了很多，学会了很多为人处世的道理。其实，纵然在那四个月中有很多不愉快的事情，但是现在回想起来，还是愉快的事情居多，就算当时委屈掉眼泪，现在跟伙伴们谈起悲伤往事时，竟然可以将那些事情笑着说出来，并且会不自觉地弯起嘴角，好似在炫耀一般：你看，我经历过你们没有经历的事情！

姜美燕：说真的，顶岗实习挺锻炼人的。不只是学习上的，在生活上也一样。我们四个搭伙做饭，分工协作，有什么困难一起解决。我非常感谢这次实习，让我学会了为人处世，也进一步加深了对"为人师表"这句话的理解。

范明慧：在这所乡村小学实习支教的整个过程中，我初次体会到了作为一名教师的酸甜苦辣，也让我充分体验到了教师这个太阳底下最光辉的职业的崇高和艰辛。"教师"一词，对于我们来说既真实又遥远。真实的是，此时此地我就是一名"教书育人"的实习教师，一名将知识浇灌给祖国花朵的辛勤园丁，这种感觉令我着迷和自豪，内心竟不自觉地产生了就这样一直教下去的想法。真想就这样一直走下去，与这群孩子在一起学习、成长！作为一名尚未真正踏入社会的在校大学生，我现在还不能算是一名真正意义上的老师，而面对未知的前途，做一名教师又何尝不是一种很好的选择？

其实，在我的顶岗实习支教生活中，我也曾有过迷失、彷徨，不知怎样才能把自己的所学完整地传授给孩子们，甚至对自己的能力产生了怀疑。所幸，是那些孩子们孜孜不倦的求知探问，给了我不断研究和前行的动力。在这个过程中，我的教学实践水平着实有了不小的提高，我也对自己未来的教师职业前途充满了信心。不仅如此，我在生活中也变得更加独立，从刚来时自己对做饭等日常生活技能的生疏到后期的渐入佳境，我的小伙伴们给了我很大的支持，也让我感受到了来自家人以外的温馨，我们之间相互鼓劲、相互陪伴的同学情谊，是我一辈子都忘不了的。

我知道，顶岗实习支教的结束并不是教师成长之路上的句号，而是我们矢志于教育事业的起点，我愿今后真的能成为从事"太阳底下最光辉的事业"的一员！

张春玲：短短的四个月的顶岗实习支教生活让我有了许多改变，它让我明白了什么是艰辛与付出，让我分清了理想和现实。在这之前，我认为学校的一切都应该是美好的，教室是明亮的，学生是可爱的，老师是和蔼的，课堂是精彩的！而到了这里才知道，这一切的"美好"都是需要我们付出很多努力的。所谓"台上一分钟，台下十年功"，说的应该就是这个道理。

在顶岗实习支教的乡村学校里，确实每天都很忙碌，但每当看到孩子们在那样艰苦的条件下还在努力学习，就会让我有一种把自己所有的知识和爱都全部传递给他们的冲动！在这里，我学到了许多未曾学到的东西，而这一切将使我在以后的学习和工作中获益匪浅。支教生活虽然辛苦，但是它锻炼了我的意志，增强了我的毅力，收获了教育经验和提高了教学能力。在实践中，我得到了锻炼，也看到了期望，更坚定了我从事教育事业，服务社会的信念。

于振彪：这次顶岗实习是我获得的第一个教师工作岗位，在那所乡镇学校里，我遇到了许许多多的优秀老师，我的学生管理经验与课堂教学经验都有了大幅度的提升，这是我们将来走向社会的最宝贵的财富。这次顶岗实习的经历，也进一步坚定了我未来继续投身于教师这个职业的信念。无论将来走向哪里，我都会为这段"实习教师"的经历而感到自豪。

陈　彤：在这四个月的顶岗实习过程中，我学到了如何给学生上课，如何备课，如何监考，如何和学生相处，如何做一个称职的老师，也学会了一个人如何独立生活！我真切地认识到，在现实生活中的很多时候，我们都是需要一个人面对困难和挫折的，而我需要做到的就是不被挫折所打倒！我自己可以哭，可以流泪，但就是不能畏难，不能放弃。

这四个月真的很累，也有很多困难，但是我学会了转移注意力，只要我见到我的学生，我就是开心的。因为他们就是我的朋友，而不只是我单纯的学生。这是一次历练，环境的陌生与艰苦，让我的心变得更强大了。以前安逸的日子过了太久，没经历过风雨，突然间这一次好像自己长大了，会照顾别人了，也学着不让别人为自己担心了。而且，这一次是身份角色的转换，自己从一个学生、一个孩子瞬间变成了一名老师，有了一定的责任心，我为此而感到很骄傲，很自豪！我真的好想自己是一名真正的老师，那样的话我就永远都不会离开那些可爱的孩子们了，我就可以永远地听到他们喊我老师了，当然，我也可以永远地把自己心中的爱奉献给他们了。我突然发现，我居然在不知不觉中已经开始喜欢上了教师这个职业，我觉得这真的是"太阳底下最光辉的职业"。多年以后，我希望那些孩子们还能记得曾经有一位实习老师教过他们，给过他们一丝温暖。

我感谢这次顶岗支教实习，它让我真正喜欢上了学校的教育生活，未来我如果真的成为一名教师，那么我希望自己能够成为孩子们都喜欢的一位教师！

潘玉芝：这四个多月的高中顶岗实习生活，让我感受颇深。一方面，看到那些昼夜苦学的高中生，便似乎看到了当年自己的影子，不自觉地总是回忆起高中那段艰苦并快乐的时光，这也时刻激励着自己不断汲取知识，更好地服务于学生；另一方面，我也体会到了教师这个职业绝不是像别人所说的那么容易，当然也更加清楚地认识到了教育这个事业的崇高与伟大。同时，顶岗实习支教生活还磨炼了我的意志力，并促使我对自己的人生道路有了明确的发展方向，我将脚踏实地朝着自己的奋斗目标一步步前进！

赵红艳： 此次顶岗实习支教是我人生中一次难忘的旅程，也是我人生经历中的一笔宝贵财富，它为我将来更好地从事教师这一职业打好了预防针和强心剂。

通过这次经历，我也认识到了自己的不足，比如：心理适应能力有待提高，教育教学能力有待增强，需要继续努力提高自己的专业素养，不仅要向承担本专业教学任务的教师学习，也要注意向其他学科的教师学习。

和学生们在一起的时候，感觉自己又回到了那个"肆无忌惮"的青春年少的时光，看到他们就像看到了当年努力又调皮的自己，既喜爱他们又常常被他们弄得哭笑不得。最令我惊喜的是在顶岗实习结束后临离别的那一天，学生们用彩纸布置了教室，画了板报，给我送上了鲜花和祝福。这是我第一次收到鲜花，我感到这就是身为一名教师最有成就感的时刻，我会铭记一生的。他们不仅是与我相处了一个学期的学生，更是我永远的朋友。这段经历是我作为教师的首秀，是我一生的珍藏，这也是我的教师梦开始的地方。

朱金萌： 顶岗实习作为我的一个成长过程，真的是教会了我很多。首先就是为人处世，因为在之前的二十多年间我的身份都是孩子和学生，但是在这次实习中我不再是孩子和学生的身份，而是作为一名教师而存在。只有身处其中，才能感受到两者的不同。在这个过程中我发现，只有学会与人相处才能做好工作，首先学会讲话是十分重要的，交谈是与人交往的最基本、最常用的途径，会正确地与人沟通才会更易处理好与他人关系，更好的工作。作为一个老师更是如此，老师主要就是通过讲课来使学生获得知识的，所以说话的方式和措辞都是十分重要的，这是在实习中我感受颇深的一个方面。

总之，顶岗实习支教生活让我懂得了什么是对知识的渴求，什么是感动，什么是艰辛。如果让我说支教的感受，我会说：艰苦并快乐着，忙碌并享受着，付出并收获着。支教对我来说是一次磨炼，更是一种宝贵的人生经历。

李　茜：在这四个月我也学会了很多。我所在的学校办公室负责整个学校的主要事务，比如接待重要人员、为学校活动拍照、下发通知以及联系已退休老师，等等。而在这个过程中我学会了拍照，学会了调试 LED 屏，更是在端茶倒水中学会了为人处世的方法。虽然很多同学听到我平时干的这些活都笑，但我觉得这何尝不是一种学习的过程呢。总之，这是我人生中难忘的一段时光。

高　航：光阴匆匆而过，我四个月的乡村中学顶岗实习支教生活结束了。当自己把物品一件件放进行李箱中时，在这里度过的点点滴滴，一幕幕在我眼前重现。要走的时候我让每位同学拿出一张纸，写下对我的教学意见和想说的话，告诉他们不用署名，尽心说自己想说的就好。在回学校的大巴车上我翻阅着学生们的留言，有的表达了对我的不舍，有的也给我提出了一些意见。我珍惜他们的留言，这是对我这四个多月教学实践最直观的评价。

这四个月的时光是宝贵的，我用这四个月的时间走进了基层教育第一线，从过去的理论知识学习到真正站上讲台，从刚开始被学生气哭到后来能坦然面对不顺，唯一不变的就是那颗想要教书育人的初心。可能有人会觉得只不过是去乡村学校顶岗实习支教一个学期而已，过后那个遥远的支教实习地点，以及那群乡村的孩子们也就与我们渐行渐远了。可是，我们不要忽略了作为老师对于学生那种持久的影响力，也许我的一小个举动就会影响他们对于教师这个群体的看法，甚至会影响他们一生的方向。所以，作为教师，真的是责任重大啊！

李琳玉：在顶岗实习支教的过程中，让我看到了自己许多的不足之处，当我真正进入实际工作中，才发现自己以前不曾注意到的某些欠缺，让我知道了自己需要改进的地方和未来努力的方向。同时，这也让我对教育的追求更有自信心，并促使我更加努力完善自己，不断提高自身的专业素养，为争取早日成为一名优秀的教师而奋斗。

时光如白驹过隙般转瞬即逝，四个多月的顶岗实习支教生活，我们有太多的不舍，有太多的收获。可能我们在这段经历中遇到了许多波折，可能我们在这段时间里的大部分生活都是平淡无味的，也可能我们在这段时间里见证了太多理想与现实的差距……但无论如何，这段顶岗实习支教生活的经历却会成为我们人生中一次难以忘怀的经历，而永远留存于我们的心底。

李　婕：总体来说，这段顶岗实习支教生活给我留下了十分深刻的记忆，我想我会永远记得它。它不仅仅锻炼了我的教学实践能力，也让我明白了书本与现实的不同之处。

李金新：顶岗实习的这段时间，我似乎一直没有归属感，好像一片被安错位置的拼图一样。但另一方面，我却有很多的感动和成长。

刁玮琪：相比而言，顶岗实习期间我是幸运的，因为除了周六、周日之外，我可以不用自己做饭，而且食堂里的饭菜也很好吃；我是幸运的，没有遇到奇葩的舍友，反而遇到了很聊得来的朋友；我是幸运的，没有遇到冷漠的领导和同事，他们对我的工作都给予了很大帮助。实习的这次经历让我收获了很多，学会了很多，对此我是感激并想念着的。

王允健：我在学校里负责的体育课一般会在上午的第三、四节进行，下课后需要我立即放下上课过程中的不快和疲惫，但是在实际当中确实很难，所以在动手做午饭的时候就会出现莫名的烦躁情绪，但我总是告诉自己，这就是生活，这就是历练。在顶岗实习支教的四个月里，在孤独、厌烦、快乐的情绪里，我收获的最多的就是懂得了如何去生活。

李欣霖：顶岗实习支教的过程固然辛苦，生活里也充满了酸甜苦辣，但正是这些酸甜苦辣，才使得我对这段时间难以忘怀。不管怎么说，这段经历，让我们成长，也让我们对新的美好生活充满了向往与期盼。

孔　杨：在顶岗支教实习的日子里，我们一直在不断努力，在让学生变得优秀的同时，我们也变成了最好的自己。

朱林建："孤独"这种东西是可怕的，它能够在你不知不觉间用恐惧和空虚侵袭你的灵魂，摧残你的肉体，但它也不是不能够战胜的，比如：老友间的一个问候、一次相见、一次谈心等，都是治愈"孤独"这一病症的绝佳良药。在磨难中磨炼自己，或许这就是我参加顶岗实习支教生活的一个难得的体验吧。

郑克真：在顶岗实习中，我感受到了工作和学习的不同。在我们自己的学院里，老师会把我们当成孩子，关心我们爱护我们，为了我们的学习和成长严格要求我们；而一旦工作了，就要学会对自己负责，没有可能再把自己当孩子。领导的话要服从，分配的任务要保质保量完成，即使自己不那么喜欢也要硬着头皮去做，因为没有人再会为我们的任性来买单了。所以，我们必须学着长大，学会独立面对工作和生活中的一切。因此，我最想说的便是：感谢生活，我会继续努力。

黄　靖：顶岗实习的生活对我自己来说，就是一次成长的过程。对学校的教学任务而言，我要上好每一堂课；而对我个人，则是在实践中学着独立面对生活中的一切！我很欣慰，自己坚持下来了整个过程。

给高中生上课，还挺累的。无论从备课，还是习题讲解阶段，高中生的练习与检测又比较多，每一次我都要先把一张张试卷的每一道题吃透弄明白，而且每周都会有早上六点进教室检查早自习、晚上再跟进晚自习的情况。起初，我总想一下子把所有事情都做到最好，结果虽然每晚都忙碌到一两点，却常常还是顾此失彼。慢慢地，我学会在执着于尽善尽美中同自己妥协与和解，调整步伐，专注于一个个小目标。无论有课还是没课，我都坚持每天六点到办公室，晚上十点才回宿舍。这种与高中生的作息时间同步的紧张节奏，也让我深刻感受到了那里的高中生的辛苦。实习结束离别时，一些学生送我信、给我小纸条，纷纷为我考研加油！他们是如此的细腻，让我感动也备受鼓舞；有的学生甚至说自己也要努力，以后不仅要考上大学，还会立志也考研，去看看外面的世界。我很开心自己能影响到他们也树立了自己未来的奋斗志向！

四个多月的顶岗实习支教生活，让我们班所有的同学都有了很大改变。四个月前，我们还是稚气未脱的学生，充满了理想主义与浪漫主义，认为顶岗实习支教的生活会精彩纷呈，学校是温馨的，教室是明亮的，学生都天真可爱，同事都和蔼可亲，课堂总是充满了欢声笑语，总是精彩的。而仅仅在四个月后，我们则明白了什么是教师的艰辛与付出，什么是既要仰望星空又要脚踏实地。我们接触到的每一堂课，看似简单，却饱含着教师课下所付出的成倍努力与心血。正是通过这次顶岗实习的切身经历，才让我们了解了教师这个职业的酸甜苦辣，同时也在实践中认识到了自身的不足。

顶岗实习支教的生活是充实的。我们每一天都要上课、备课、批改作业和管理班级，忙忙碌碌的，没有空闲时间。我们秉持对每一个学生负责的态度，尽心尽力地去关爱他们，课上认真传授文化知识，课下耐心倾听学生的倾诉，并努力去排解他们的烦忧。虽然辛苦疲惫，但当看到学生们一天天的学习进步和开心的笑脸，我们的心里便总是会充满着幸福感与满足感。是的，当孩子们把他们的真诚与信任交给你时，你就会觉得自己所有的辛苦和付出都是值得的，也会在潜移默化中增强着自己对于教师这个职业的认同感。正像许多同学所说的，在顶岗实习支教的这段时间里，所有我们该做的事情以及那些必须做的事情，都使得我们的生活变得有滋有味了，也更有价值了。正是这段难忘的经历，使我们进一步增强了前进的动力，也开始真正从心里爱上了教师这个职业，以及教育这个事业。

师　说

在我看来，顶岗实习支教对于年轻的师范生而言，其磨砺的不仅仅是他们的教育教学实践能力，更重要的意义是可以使他们零距离地深入认识现实中的社会百态，品尝到基层生活的千般滋味，尤其是历练了他们独立面对生活挑战的自理能力和生存能力。从这个角度来看，顶岗实习对于促进这些尚未离开大学校门的年轻学子走向成长，其重要意义显然是不言而喻的。作为大三学子，当真正迈入社会的大门后，面对形形色色的复杂环境，究竟该如何自处，如何生活呢？这真是一个不可小觑，且必须要回答好的、很现实的重要问题。而顶岗实习支教，则恰恰就为这些年轻人提供了一个可以亲身尝试和体验的"演练场"。我认为，他们借此而累积的应对复杂的现实生活的经验与能力，也许要比那些仅仅是拘泥于课堂内的纯教学与管理技能的获取，其价值和意义都要大得更多。

四个月的顶岗实习支教生活仿佛就是一个缩影，从中可以倒映出这些年轻学子未来步入社会后，在独立生活时可能面临的各种状态：或从容，或狼狈，或欣喜，或愁苦……但无论如何，他们终究还是要迈出独立的那一步。过去，大家都处在自己已经习惯了的生活圈子里，衣食住行自有父母家人操持，自己并不须操心；可这次顶岗实习支教生活，硬生生地把同学们拖出了生活的舒适圈，分处于陌生的环境中，生活中的一切都需要自己去面对。正如同学们在叙述中所提到的，大家不得不每日都会思考这样一些很现实的实际问题：一日三餐怎么解决？

镇上逢集市时，有没有需要去购买的生活用品？还有，最近这里的天气有何变化？是否有雷雨？今天下课后是否要早一点赶回住处接一桶干净的自来水备用（有些地方自来水需要每天中午提水桶接）？……如此看来，大家每天所牵挂的问题，居然都是如此琐碎且显得很"庸俗"的芝麻小事。可是，我们的日常生活本身不就是如此这般的平凡而琐碎的吗？！

其实，让"95后"学子掌握一些实际生活技能是必要的，是不可缺少的。因为，它至少可以帮助他们学着在生活中照顾好自己，而倘若这一点都不能做到，那又何谈其他呢？当然，努力营造一种和谐的人际关系也很重要。这一点，用国际21世纪教育委员会向联合国教科文组织提交的报告的话来讲，也就是要"学会共同生活，学会与他人一起生活"①吧。之所以强调这一点，是因为教师这个职业的特点，决定了我们必须要学会与人打交道。不仅要努力追求和谐、团结的同事关系，还要追求温馨、和睦的师生关系，以及与学生家长之间的信任关系。而在这中间，加强沟通是第一位的，与人为善，态度真诚，能够合宜地表达自己的想法和看法，在了解别人的同时也能让别人了解自己，在别人适应自己的时候自己也学着去适应别人。学会这一点真的是很有必要的。

说起来，"学会生活"不仅不是一件简单的事，而且还是每个人都无法回避的。从同学们的叙述中我们可以看出，四个月的顶岗实习支教生活对每一位同学的成长而言，都具有不可估量的重要价值。正像有位同学所说的那样：大家所经历的顶岗实习支教生活，不仅是一首黑板粉笔与锅碗瓢盆碰撞的交响曲，更是一首欢笑与泪水相辉映的青春奏鸣曲。虽然他们的表现还稍显稚嫩，前行的脚步还有些不稳，但透过他们的叙述却已经让我们可以欣喜地看到，这批"95后"学子每

---

① 联合国教科文组织总部中文科译：《教育：财富蕴藏其中——国际21世纪教育委员会报告》，教育科学出版社1996年版，第82~85页。

个人都在竭尽全力地打理好自己的生活，努力学着处理好生活与工作中的各种矛盾，虽然在这方面还只能说他们尚是初窥门径，但难能可贵的是他们的表现已然证明学有所得了。而对他们来说，这不就是一种在经受了历练之后的成长和进步吗？

——"我们要学会生活"[①]，"学会做事"[②]。这是联合国教科文组织早在20世纪90年代即已提出的对于面向未来的教育职责的呼唤。确实，对于每一个年轻人来说，还有什么能比学会这些更为重要呢？！

（齐健）

[①] 联合国教科文组织国际教育发展委员会编著，华东师范大学比较教育研究所译：《学会生存——教育世界的今天和明天》，教育科学出版社1996年版，第98页。

[②] 联合国教科文组织总部中文科译：《教育：财富蕴藏其中——国际21世纪教育委员会报告》，教育科学出版社1996年版，第75页。

尾声
盛夏，正当时

我们将会永远铭记住 2018 年的那个早春和盛夏。

当我们乘车奔向乡村基层的时候还是寒气料峭的初春，而当我们结束这一程顶岗实习支教生活，告别那些朝夕相处了 120 多个日日夜夜的乡村学校时，却已是花开遍野、瓜果飘香的盛夏时节。

在这漫长而又短暂的四个多月的时光里，我们这群初次接触处在中国最基层的乡村教育前沿的大三师范生，从稚嫩学着成熟，从怯懦学着坚强。我们以最真实的模样奔向基层，是忐忑，是期盼，抑或是恐惧，这一切都是那么自然而难忘；我们以最真实的视角寻求师者何为，是"见贤思齐"的体会，抑或是"见不贤而内自省"的自我校对；我们以最真实的姿态初登讲台，是师院赋予我们自信的色彩，更是历史带给我们的家国情怀；我们以最真实的感情乐在其中，是我们给予学生的满腔真诚，也是学生带给我们无尽的感动；我们以最真实的态度学着生活，是闲暇时光里相互慰藉的欢歌，是在艰难当中的超越自我。其间的所学所见所想，都会化作我们未来前行的翅膀。简言之，此番顶岗实习支教，不仅是我们教学能力与育人能力的历练，更是我们学着面对生活，学着为人处世的重要一课！而今，我们把这一课的"课堂笔记"整理出来，冀望它能原生态地呈现出我们彼时真实的心路历程，以及我们最真实的支教实习生活状态和现实的乡村教育生态。

在不久的将来，我们将会像种子一般，播撒在祖国各地的教育田野上，努力破土而出，继续收获成长与希望。而这段顶岗实习支教的时光，就会变成我们未来教师生涯的一个缩影——从早春出发，带着期待与彷徨；在盛夏绽放，以我们的微薄之力，努力托举起明天充满希望的一轮朝阳。当然，也许我们当中有的同学可能不再走上讲台而奔向另一个职场，那这段时光就更值得我们把它珍藏在心底！因为，我们相信：当我们将来遇到挫折、失望或彷徨的时候，它一定能默默给予我们继续前行的力量。

不知不觉间,我们走过了春天,迎来了盛夏。而盛夏是一个生命力最旺盛、最蓬勃的时令,是世间万物尽情恣意生长并孕育着累累硕果的美好季节。就连那位享誉东西方的诗坛泰斗泰戈尔先生不也曾满怀渴望地赞叹"生于夏花之绚烂"吗?如果我们稍加留意便会发现,盛夏时节乡间的石缝、路旁,总有一簇簇、一丛丛不知名的小草在顽强生长,不管是雨夜的惊雷还是燥热的狂风,都从不曾让它们胆怯和低头。而这小草多么像是正在努力成长中的我们啊!在经历了顶岗实习支教这番有欢乐、有泪水、有苦恼、有喜悦的历练之后,我们愈发清楚地明白了这样一个其实并不深奥的道理:那路边的小草尽管看上去身姿微弱、渺小,但不管经历怎样的风吹雨打,只要它的根须是牢牢地、深深地扎进泥土之中的,那就一定会向世间散发出一种绵绵无尽的清新的生命气息!

这是一个属于我们这群"95后"学子从初春到盛夏的乡村学校顶岗实习支教的故事;

这更是一个属于我们这群青春年少的后来者不惧艰辛,奋力破茧,化蛹成蝶的成长故事。

当然,我们知道,成长是没有止境的。所以,属于我们这群年轻人的成长故事,也将会永远地书写下去……

——盛夏,生命正拔节,成长正当时。

后　　记

  本书是基于我们齐鲁师范学院历史与社会发展学院2015级历史学专业本科班43名同学参加顶岗实习支教活动的切身感受编纂而成的。在长达四个月的乡村学校顶岗实习支教过程中，同学们每天都注意记录下所经历的点滴小事与所见所想，实践所学的教育教学理论，反思教学中的相关问题，总结在支教实习生活中的得与失。不仅如此，我们还以大三在读师范生的视角，观察农村基层教育的现状，梳理乡村学校教育发展的阻抗，思考乡村教育发展的未来，从而形成了自己对于诸多教育现实问题的基本感悟。

  在此基础上，我们历史与社会发展学院的院长李红艳教授和我们的老师齐健教授共同策划了本书，并由齐健教授亲自帮助设计、拟定了编写体例框架和各章主题。书中的素材则来源于我们班全体同学所提供的顶岗实习过程中的亲身体验（实习日志和口述实录）。在齐健教授的具体指导下，分别由王允健、李欣霖、邓景丽、郑克真、张隆鑫、李婷婷六名同学分别执笔进行系统整理与编纂工作。具体分工如下：

  王允健：引言、尾声。

  李欣霖：第一、第四章。

  邓景丽：第二章。

  郑克真：第三章。

  张隆鑫、李婷婷：第五章。

  其中，王允健同学除了执笔"引言"和"尾声"部分之外，还承担了全书编写的统筹、协调工作；李欣霖同学除了承担第一章和第四章的编写整理任务之外，还担负了全书初稿的统稿工作。在此基础上，全部书稿最后由齐健教授亲自进行了全面修改和二次统稿工作，并最终审定。

可以说，本书的完成自始至终离不开我们的老师齐健教授所给予的悉心指导和全面把关。同时，本书最终能够得以出版面世，则要感谢我们的母校齐鲁师范学院的学校领导、教务处等所给予的全力扶植与支持；感谢时任历史与社会发展学院院长的李红艳教授的不断鼓励与全方位帮助；感谢经济科学出版社有关领导的鼎力支持，特别是责任编辑老师的精心编校与倾情付出。另外，我们还要特别衷心感谢母校历史学专业的全体老师对我们大学四年本科求学期间所给予的无微不至的关怀、指导与帮助。如果没有老师们的全身心付出，也就不可能会有我们的专业成长！

最后要说的是，我们当时作为初次接触乡村学校教育第一线的大三年级的师范生，受当时的年龄、阅历和学识水平等种种因素的制约，书中所记述和反映的关于乡村基层学校教育状况的感受与看法中，肯定会存在着诸多这样或那样的问题，肤浅、片面和不当之处一定会有许多。不过，我们编写本书的初衷，就是旨在尽力还原我们43位参加顶岗实习支教的同学在那个特定的时间段内真实的实践经历，如实记录、保存下我们在那段初为人师的顶岗实习支教的日子里的原生态心路历程，并以此为我们四年的大学生活画上一个句号。所以，尽管您拿到这本书的时候，我们已经大学毕业，告别了我们亲爱的母校——齐鲁师范学院，或继续深造，或踏进社会，走向职场……但我们还是热诚期望大家对于书中的不当之处能够不吝批评、指教，以帮助我们在未来的日子里都能够迅速成长，走向成材！

谢谢大家。

齐鲁师院2015级历史学专业全体同学

（王允健　李欣霖　执笔）

2019年9月初稿，2021年8月修订

跋
成长无止境

齐　健[*]

萌生策划、指导我的学生们编写这样一本书的念头，缘于2017年冬天我在给本校2015级历史学专业师范生所上的最后一次课上。那时我已获悉，在春节后的新学期，这个班的全体同学就要按照山东省教育主管部门的统一要求，分赴本省中小学师资力量比较薄弱的部分地区的乡镇中小学，进行为期整整一个学期的顶岗实习锻炼去。

所谓"顶岗实习"，与高校师范生的常规教育实习活动还是不太一样的，它在很大程度上是带有支教性质的。所以，它并不讲究专业对口，却要求实习生不论担任哪个学科的教育教学任务，都必须要独当一面，完全承担起相关教师岗位的全部职责。显然，这对顶岗实习的师范生来说，无疑具有很大的挑战性。由此，我基本可以预见，我的这些学生所要去"顶岗实习"的那些基层学校，其办学环境、生活条件等一般都相对会比较差、比较艰苦，所以，这就注定了他们将要在工作和生活上都会面临着诸多不可预知的现实挑战与考验。但从另一个角度来看，这对他们自身的成长来说，却未尝不是一件好事。因为，这些学生从小到大，基本上都是从校园到校园、从书本到书本，而从未真正深入乡村基础教育的第一线去，对处于我国基础教育基层的乡村学校教育的实际情况普遍缺乏深入了解。从师范生培养的角度来看，他们虽然在课堂里学到了一些教育教学理论，却缺乏将这些理论应用

---

[*] 齐健，齐鲁师范学院历史与社会发展学院教授，主要从事历史教育、基础教育和教师教育研究。曾先后担任本校山东省基础教育课程研究中心、教师教育研究中心主任，以及教育部基础教育课程与教材专家工作委员会委员、山东省人民政府督学等职。

于教育教学实践的实操历练，等等。另外，据我所知，国内高师院校开展师范生"顶岗实习"已有十几年的历史了，但我们迄今却仍难以寻觅到一部正式出版的来自这些师范生笔下，全面展示顶岗实习支教生活面貌的纪实性原创著作。我觉得，这不能不说是我们高等师范教育文献宝库里的一个重要缺失，令人深感遗憾。因此，出于一名学历史出身的教育研究工作者的本能，我想：何不让这些即将奔赴乡村进行顶岗实习支教的大三师范生，把他们在基层乡镇学校顶岗实习支教生活的所见、所闻、所历、所感，如实地一一记录和描摹下来呢？若能系统整理出来，则无论是对于他们自己，还是对于高师院校以后的师范生培养及其专业成长来说，都是一份极具启迪价值和指导意义的宝贵财富。另外，这对于那些从事基础教育（尤其是农村学校教育）和教师教育的专业研究工作者来说，也能为他们的研究工作提供一份最真实的、具有相当高的实证研究价值的第一手重要参考资料。

正是基于以上考虑，我在那堂课临结束时，遂向同学们提出，希望他们从开始顶岗实习支教的第一天起，都能每天坚持写下一篇实习日志，如实记录下自己在乡村中小学顶岗实习支教生活中的所见所闻所历，以及面对实习支教生活中遇到各种难题和考验时自己的心路历程。我向他们承诺，我将竭力帮助大家在此基础上整理、提炼、升华，最终形成一部完全属于大家的原创性著作，以作为同学们大学学习生活的一份永久纪念。我当时还特别强调：我们是学历史专业的，而历史学专业最重视的是"求真"二字。因此，我不要求大家所记述的文字会有多么成熟，篇幅也不拘长短，但大家却务必要做到所记所述文字的真实性！——真实，是我们每一位同学都必须要恪守的第一要义！

让我感到欣慰的是，我的这个建议当时不仅得到了同学们的积极响应，而且后来还得到了历史与社会发展学院领导班子的认同与支持，并正式作为一项教育实习任务向同学们进行了动员和部署。

那年春节过后，春季一开学，这个班的43名同学便如期分成三路奔赴鲁中山区和鲁西北平原地区的部分乡镇学校顶岗实习支教去了。由于他们顶岗实习的学校比较分散，交通也不是很方便，那段时间我同他们的联系和了解主要是借助网络、微信进行的，但这种联系和了解往往停留于碎片式的只言片语之中，至于他们在顶岗实习支教过程中每个人究竟具体遇到了哪些困难、哪些挑战，他们又是如何应对、如何渡过的，说实话，我并不是很清楚。也正因为这样，在那些日子里，我常常会忍不住有些牵挂：他们自己都还是一些孩子啊，初为人师，他们能经得住在乡村教育顶岗实习支教生活中的各种不可预知的挑战与考验吗？我心中这个弯曲的问号，直到近半年之后才终于得以拉直。

那年夏天，当他们结束长达四个多月的顶岗实习支教生活归来后，他们的班长王允健同学如约向我的信箱里先后分批发送来了全班43位同学在整个实习期间所写下的洋洋近30万言的实习札记电子稿。不过坦率地说，当时我看到的那些文字非常粗糙、杂乱，只能说是一堆原始素材。但当我耐心地一篇篇翻阅下来，我却从那些粗糙的字里行间，读出了这些年轻的师范生在顶岗实习支教的日子里，对于教育这个事业和教师这个职业，从无知到有悟，从懵懂到清醒，从摇摆到坚定，一路走来渐行渐长的心路变化历程，以及在努力实现自身专业成长的道路上所留下来的一行行蹒跚学步的脚印……

是的，这段身处乡村基层学校的顶岗实习支教生活的磨砺，实实在在地推动了他们自身成长的步伐——而这种成长，不仅仅是体现在他们对教师这个职业的专业认同方面，更重要的是体现在他们的人生观、世界观和价值观的变化方面，以及面对现实生活的各种挑战和考验时的应对能力等方面。而他们这些亲身经历所得，对于未来更多的年轻学子——尤其是对于后来的师范生专业成长来说，显然是一笔价值无量的精神财富，也是一面可以教会他们时时注意自觉检视自我、以正衣冠和行为的镜鉴！

之后的秋季那个学期,这些学生进入了考研前的最后冲刺复习阶段,而我则利用这段时间开始着手拟定本书的编写大纲、设计编写体例及各章主题。待他们考研面试结束后,我根据学院院长李红艳教授的建议,确定由班长王允健作为总协调、召集人,与李欣霖等六位已通过考研面试的同学共同负责执笔完成书稿的编纂工作,我则具体跟进指导他们的编写全过程。在他们毕业前夕,这部书的初稿编写工作顺利完成。之后,我又继续请李欣霖同学对全部书稿进行了初步统稿。在此基础上,我本人再对全稿进行了逐字逐句的审读与修改,完成了最后的统稿与审订工作。

需要说明的是,在我对本书书稿进行最后统稿和审订期间,遭遇了突如其来的新冠肺炎疫情冲击,致使书稿的修订工作和出版计划不得不放缓。也就在此期间,我在断断续续地审读中发现,书稿中有些学生对农村教育现实中存在的一些现象的看法比较感性,甚至在个别地方不乏偏颇之处。我觉得,这是可以理解的,毕竟他们还只是一些尚未真正踏入社会,对基层学校教育的现实问题尚不具有深刻而全面的理性认识的年轻人。不过,我们究竟应当如何正确看待乡村学校教育现实中存在的尚待改进和完善的问题呢?未来继续参与顶岗实习支教活动的师范生从这批"先行者"的学长们的实践经历中究竟又该汲取什么、借鉴什么,以及需要注意些什么呢?……为此,我决定对书稿的结构稍做调整,在每章后面又单列了一个"师说"部分,即从一个教育评论者的第三方视角,对同学们在各章中所反映的某些情况和看法进行整合、归纳,然后在相关认识上力图作出一些必要的、客观的理性阐释与引导。至于所谈是否恰当,还请大家批评指正。

转眼间,2015级历史学专业的这届学生毕业离校已有两年了。这43位同学中,有些至今尚在高校继续读研深造,而更多的同学则已走上了工作岗位,其中从事教育工作的又占了多数,他们中的不少同学现已成为深受孩子们喜爱的教学新秀了。我从他们在微信朋友圈里所晒出的他们所教的孩子们所给予的一个个小惊喜、一张张孩子们亲手制作的温馨的小贺卡，以及他们所获得的一件件标志着自己在学业和工作中不断取得进步的各种小奖品或荣誉证书中，再一次欣慰地感受到了他们继续努力成长的付出与收获！

在这里，我要特别感谢齐鲁师院的校领导对学生们这项成果的大力支持。正是得益于学校领导的关键性支持，才使得这部在两年前即已初步完成的书稿，终于得以正式付梓出版。因此，我在这里也谨代表我的2015级历史学专业的学生们向学校领导和教务部门对本项成果所给予的全力扶持与支持表示衷心感谢！

此刻，独坐于这个秋虫低吟的清夜灯下，眺望窗外山林间那抹似有若无的淡淡月晖，我的眼前不禁又浮现出用自己的青春韶华来写就了这部书稿的43名同学那一张张年轻的面庞，我不禁从心底里想轻轻地问候一声：

——孩子们，你们都好吗？

记得一位哲人曾经这样说过："每天反复做的事情造就了我们，然后你会发现，优秀不是一种行为，而是一种习惯。"那么，你们是否已经养成这种"习惯"了呢？

所以，孩子们，我衷心希望你们要继续努力，不懈进取啊！

想念你们。祝福大家。

齐健

2021年白露时令，于泉城千佛山